不完美的舞者

甘露——著

中国工人出版社

感谢所有有缘读到这本书的人。

感谢所有为这本书的出版付出心血的人。

感谢中央芭蕾舞团。

序

甘露

不知道专业的芭蕾舞者在其他人的心目中是怎样的，在我心里，她们既是艺术家，又是一群匠人。

日复一日，她们呼吸着充满芭蕾术语的空气，在她们象牙塔似的空间里，不断地寻找一个被我们唤作“完美”的词语。

对于这个词语，我们都没有答案。

夜深人静之时，在月亮的注视之下，在各自不同的生活中，我们或许悲喜相同。我们都想过好自己想象中的完美的一天，但逐渐懂得，“不完美”才是你与世界最为密切的关系。

因为拍摄纪录片，我与书中的每一位口述者相识多年。那时候她们十岁、二十岁、三十岁、五十岁……她们常被人定义为芭蕾女孩或者芭蕾老师。

二十年很快过去了，今天的她们，都活成了真正的自己。

两年前，我突然想做这样一本书，在节奏越来越快的生活中，让彼此稍稍停下来，回顾一下这一段段看似与自己无关，却又感同身受的成长经历。只是观看，只是感受，它也能留下些什么，如同那遍洒月光的暗影中，我们仍能清楚地看到自己的影子。

我们在跳舞，只是跳舞的方式不同。

书、绘画、音乐、摄影机……而已。

我们都在跳舞。

目录

完美

甘露

世间本没有完美，完美只是对失去的事物的描绘。失去时你充分相信完美存在过，它残存在你的大脑里，挥之不去。

它可能是某次芭蕾舞会上，享受过的掌声。

有一天下午办完事，偶然经过一所大学校园，里面有条小路很安静，那会儿正好也没什么人。光透过梧桐泻了下来，地上有一片落叶，它居然没有平躺着，风过，与地面成了90度。就是在这个时候，那么一瞬间，光临幸了它，轻轻地照在它身上，没想到破败的它竟然异常美丽。这或许是它一生中最动人的时刻。它刚得意地摇曳了一下，就被一个骑车人经过时带起的风吹走了。它踉踉跄跄地摇了几下，静静地躺在不远处的地上，没有了神采。树上的叶子恐怕还在嘲笑它，可是有什么关系呢？完美有时候就是来得这般不动声色。

■ 2019年秋，张瑾在纽约

没有朋友，也没有敌人

口述者：张瑾

一个最初的执念

小时候，在舞校时我总有一个执念，就是要完成的任务我必须完成它，特别较真，有点儿强迫症。比如老师说："Tendu（一只脚沿着地面擦至绷脚），你一定要多做多练，基本功才能扎实。"我觉得老师说的一定是对的，于是每天上课前、下课后我要擦100多个tendu，才觉得能涨功，才相信会有进步。我常常一个人在教室的小角落里，双手扶把做tendu。如果自己练一个半小时，我就要做一个小时的tendu。别人早都已经练到转圈了，我就还在原地练tendu，我深信tendu是最重要的。虽然它确实也重要，但是我会深陷其中，就像走进了沼泽地，越陷越深。我非常疯狂地练这一个动作，练到所有的鞋底都磨破，脚大拇趾也磨破了，可能因为受力不均导致的——所以我的软鞋报废率是全班最高的。

芭蕾课上，老师最多也给我们出三个tendu组合，都做完差不多15分钟。这个时间达不到我给自己定的量。我记得那时候别人总说："我们都练完了，你怎么还在练 tendu？"我说："对呀，因为我没擦够，我还没找到腿部肌肉的感觉。"每天好像做到第 50 个，才觉得肌肉稍稍有点儿感觉。那一段时间有点儿走火入魔，一定要练到自己的腿又酸又疼，心里才踏实。

老师总会跟我们强调要练好基本功，要把 tendu、plie（蹲）做好。我就完全相信，没有其他多余的想法，不会去投机取巧。芭蕾没有捷径，就像一位老师说的"练 tendu 就是在给自己存钱"，积攒到一定的量，才会产生质的飞跃，你才会变优秀。这句话直到今天我还记着。

当时觉得自己练得很到位，现在想起来，那时有点儿用过了劲。但凡你做某个动作，做得太费劲，太努力地使劲去做的时候，往往就做过头了，效果也不一定好。好的效果应该是一种很舒服、很自然的状态，而不是练习过量导致大腿僵硬、喘不过气。不是说练两下就够了，但也不是非要练到几百下。所有事情做得太过、太极致，你太想把它做好的时候反而效果出不来。就像我练 tendu，只想到要腿部肌肉结实，却忽略了我的上半身。就好像身处大森林，你只看到了眼前的树，而忽视了整片森林。这就是那时的我。

小时候我其实有很多无奈，想把所有的要求兼顾，可是我只看到这一个点我没练好，就要把这个点巩固好，再去想别的。其实不是这样，是所有的点融合在一起，同时进行。这种训练方法，以前老师应该也提醒过我们，但是怎样真正运用在自己身上，我觉得她还没有更有效地告诉我们，没有让我们体会到要怎样把 10 个点贯穿，然后用自己的身体表现出来。也许因为我当时年龄太小，很难真正领悟老师的要求吧！

舞校二年级下学期是我在附中 7 年里最痛苦、最崩溃的一学期，好像"鬼打墙"一样，就是做什么都不对。那时候在芭

星期一　　晴

今天是第一天开学，有的孩子的父母都走了，她们哭的多么伤心呀！连我都快要哭了，爸爸妈妈，爸爸今天晚上就要走了，我想，我都快要哭了。爸爸，妈妈跟我们相处了11年，这下她们要离开我了，肯定是会哭的，只要好好学习，就能不想爸爸，妈妈了，又能把成绩给搞上去，考高分，今天我第一次上芭蕾课，感觉挺苦的，但是我一定会坚持的学好，

也期望老师多多关注下我！

2005年9月5日

■ 2005年，张瑾考入舞校后写的第一篇日记

蕾课上，有一个声音一直萦绕在我耳旁：“找到内侧肌的发力。”我天天去找，课上练课后练，练到走火入魔都找不到。其实就是不通，这个东西不在你身上。我能理解老师的意思，也知道应该这样使劲，但身体就是不听脑子的使唤。一点不好就会导致另一点也不好，当时做什么都做不好，圈也转不好。我觉得老天给你关上一扇门时，就会为你打开一扇窗，那学期我的文化课就特别好，都在 90 分以上。虽然芭蕾课的整体成绩不算低，但是我很清楚自己没有领悟到内侧肌如何使劲，基本功还是不扎实，好像随时都有可能被摧毁。

那时候我的情绪也很脆弱，甚至有想过要放弃芭蕾，也是第一次这样想，之后就再也没有想过。在芭蕾课上，我会时不时听到“对，她做得对，她能领悟到那个劲儿”，可我就是领悟不到，感觉自己比同龄人要慢很多，12 岁的人总做着 10 岁的事，还怀疑自己在芭蕾上缺少天赋，真有过那种头往下栽、想跳楼的感觉。现在听上去很夸张，但小时候多少都有点儿抑郁，没有人可以倾诉，也想不通自己为什么做不到。这种状态持续了半年，三年级的时候就没有了。

每学期学校都会把成绩单以信的方式寄给父母，他们看到成绩时倒是挺开心的，还鼓励我说：“今年表现得很不错呀，再接再厉。”当时我只是抿嘴微微一笑，其实这些都是假象。那段时间我一直感到很沮丧，也对自己很失望。比起同年龄的人，我更知道自己内心真正需要的是什么。我一直追求的是真正的获得，它是能够让你走得更远的东西。通常大家都会追求成绩，只要分数高了就行，或者你在别人眼里是什么样的，我在乎的已经不是分数了，而是有没有真正练到。所以我觉得自己比较早熟，比别人有更多苦恼，也是第一次对自己感到很失望。这种感受其实挺少的，也挺难得的。那种失望更多是无力和无助，可能就是没有开窍吧。

一双完美的脚

我刚上北京舞蹈学院附中时，晚上经常看到高年级的学姐们三三两两地从澡堂往宿舍走着，趿着人字拖，迈着八字脚，发出“吧唧吧唧”的声音。她们在路灯下扭着胯，左一下右一下往前顶着胯走，从远处看是上身后仰、胯前倾的姿态，以胯带动着身体走的。当时我就觉得：哇，她们走得还挺有气势的。那时候觉得专业练得越好的人走路越外八，因为她们天生都很开，这对我影响很大，好像我走路外八字，就说明我也可以像她们一样练得好。

在附中二三年级，在周围没有熟人的时候，我开始模仿外八字走路，我觉得如果走得跟优秀的学姐一样，我也可以成为优秀的芭蕾舞者。到了四五年级，经过了长年不断的训练，外八字就已经深深地“长”在我身上了，我再也不会去刻意模仿。这时候，我开始意识到芭蕾训练已经占据我生活的全部，内心开始产生波动，不再想通过外八字证明自己的专业，不想把我的专业痕迹标记在身体上，我又开始想要证明自己走路没有外八字。虽然训练时是八字脚，但生活中我希望自己是正常走路的，并没有与众不同。有时我会刻意地正步走路，就是不太想让外人知晓我是一名芭蕾舞者。

小时候是排斥足尖鞋的。考舞校的时候，老师会看我的脚趾长度，对脚趾有着严苛的要求：脚趾头最好等长，至少前三个脚趾是这样的。这样立起足尖时脚趾才不会很痛。如果你的脚趾很痛，就会直接影响跳舞。我是属于大脚趾偏长的，为了缓解疼痛，我会在足尖鞋里垫各种棉花和纸，有时垫得过厚，导致我的脚顶不进鞋里去，脚后跟总有种要从鞋里掉出来的感觉。所以，不管我怎么垫东西，它都不均匀，很难垫到完全适合我脚的程度。棉花和纸在与脚的摩擦下，位置不容易固定，而且垫的纸会慢慢瘪下去。这对我的脚来说一点儿用都没有。

在三年级之前，我开始掉脚趾甲盖，脚趾出血。后来，出现了硅胶脚套，是它拯救了我的脚。在没有硅胶脚套之前，有一次我右脚的大拇趾甲盖处于半脱不脱的阶段，整个脚大拇趾都有淤血且呈紫色，痛到连软鞋都穿不进去。上课的时候，我胆子比较小，不敢说，只能憋在心里。做动作的时候，需要舒展的动作反而是缩着的，显得很不自然。越是缩着越容易踩到自己的脚，结果左脚不经意踩到了右脚大拇趾上，鲜血即刻染红了鞋头，我也没敢吭声。老师后来走到我旁边时才看到我的脚在流血，才让我别跳了先歇一歇。我紧绷着的弦终于放松了……脚出血时，既痛又开心，只有这一刻我才能让自己停止跳舞。而且是光明正大地休息，不用再因此忍受了。

除了脚趾甲盖脱落，脚还会破皮，这个也是日常现象。有点像牙痛的感觉，虽不是大病，但是疼起来会要命，像针扎一样，也会影响到舞蹈动作。当你的脚破皮并且立起足尖时，你可以想象一下，全身的重量都压在你的脚上，你的痛点就会被放大……在跳舞的时候，我总想通过脚的挪动来调整脚在鞋里的位置，希望可以找到一个相对不那么痛的地方。如果破皮了，我一般会先用碘酒消毒，再用百多邦那种药膏涂抹在伤口上，它在缓解疼痛的同时还能快速愈合伤口，最后，再裹一圈创可贴。日常穿鞋的时候，我会选择能晾着脚的拖鞋，这样就有正当理由穿着拖鞋走在校园里了。

在脚没有问题的时候，我不会太在意脚的保护。只有在痛的时候，我才会去关注它。我在美国的时候，脚做了手术，做的最多的就是每天用热水泡脚，我会拿一个很深的水桶，大概在膝盖高的位置，热水和凉水混合到偏烫的温度去泡。即便是晚上泡过脚，白天工作时依旧觉得脚痛，效果还是一般。我的脚经过很长一段时间都没有恢复，我甚至都认为自己跳不了舞了。大概是到美国的第三年，我开始尝试国外演员的治疗方法。我试了冰桶泡脚，有一种痛感的爽。当我把脚放入冰桶的刹那间，冰到刺痛，这个痛感完全覆盖了原先脚的酸痛。这种感觉从双脚一路向上到达小腹，有一点儿憋尿的感觉。过了 10 分钟左右，这种痛感就开始消失，双脚变得麻木了。冰仿佛不再冰了，慢慢会有灼热感。因为这种强烈的外部刺激，伤口本能地去自我修复。这种方式对我当时的脚伤有显而易见的作用。找到适合的治疗方法真的很幸运，让我对自己的舞蹈生涯又开始充满期待。

后来我进了全球无数芭蕾舞演员梦寐以求的舞团——American Ballet Theater（美国芭蕾舞剧院，简称 ABT），团里也看得出来我野心十足，所以比较重用我。进团的第二年，团里的艺术总监给了我一个独舞的角色。我们当时准备去法国巴黎演出，我们团非常重视巴黎演出的项目，毕竟 10 年一次，我赶上了一个非常好的时机。作为一个刚进团的新人，可以在知名团长和名人面前以独舞的身份来展现自己，我感到非常光荣。因此，我很重视这次的演出，内心也很紧张。在中场休息时，我在舞台的侧幕边上一直练习舞蹈中一个叫 pas de chat 的跳跃动作，也可以说是猫跳。我们以前学的是一个脚离地，空中屈腿膝盖冲旁，在前一个脚快要落地的同时另一个脚再重复空中相同的动作。然而团里的编舞者却要求我们双脚同时离地在空中形成跳跃舞姿，再同时落地。所以，pas de chat 就变成了跟

■ 2018年春，张瑾在美国纽约的街头

兔子似的那样跳。还要从舞台的最左边跳到舞台靠近观众的最右边，连跳5次，有点像我们以前玩的超级马里奥，“嘣，嘣，嘣”，这样做就需要腿部有强壮的力量，这对我来说很费力。如果这个动作完成得不错，就会显得你的弹跳力比较出彩。我觉得自己并没有达到编导的要求，但又想在台上展示出自己最好的一面。当时，身边的同事看着我说：“天哪！我觉得你跳够了，不用再跳了。”我感到不可思议，心里想着：“你又不懂我，每个人的状况都不一样，我还能跳。”我继续自己的练习，就在她说完话没多久，“吧唧”一下，我就绷着脚摔到了地上，大脑一片空白。因为我绷得过头了，导致我的脚在落地之前无法回弯，整个身体重量压在我的右脚脚踝附近。那一刻，我觉得自己连站起来的力气都没有，坐在原地一动不动，一分钟不到，脚踝附近就开始发肿。旁边的同事都看着我，我的眼泪哗哗地流。脚就像摔破的玻璃瓶，一旦有了裂缝，就无法复原。这几年，直到现在，伤痛都一直影响着我的舞蹈，脚无法再像以前一样，无论怎样都要差一点儿。

芭蕾舞演员一双完美的脚是美与实力共存，要有足够好的脚背以及足够强的脚部能力。这样的脚还需要经过时间的磨炼和一定的磨难。

我的脚背属于天生比较好的，但脚的能力稍微弱点儿，我一直关注于如何增强与提高脚趾、脚底、脚腕的能力，每个地方都要练到。除此之外，单单练脚也不够，臀肌和腹肌比较紧实，也能辅助我立足尖。像是身体运作中的某种配合，缺少了其中一个零件，这个机器都没有办法运行，这样也达不到“完美”。脚受伤这件事对我来说，起初是打击，后来痛苦慢慢沉淀下来，我开始思考，面对这双薄弱的脚，我能去做些什么？现在对脚的要求一定会比之前更多，才有可能达到以前的水平。脚受伤后，我反而想起老师跟我讲过的话，“你要把臀部收紧”。我以前常常不明白，我知道外人总说我臀部松，可自己还是缺乏意识，不太会使对劲。我做单一动作时，能感觉到臀部收紧。跳连贯的舞蹈时，又没感觉了。这种若即若离的感觉是比较难掌握的。为了脚，我也开始关注怎么收紧臀部，好像这是唯一能够帮助到我的方法，我开始按照老师说的一步一步地去做，静下心来去练习弱点，这时的状态比之前进步得快多了。

花大量的时间练习单一脚部动作，仿佛又回归到了附中一年级，每天做双手扶把的简单动作。一位脚转开，从 plie 蹲下去经过伸直膝盖到 releve 立上脚尖，类似给业余初级学生练的动作。从中找到真正的发力点，发力点是一种巧劲儿，是用内在的力而外表看起来毫不费劲的状态中做出来的。好的演员知道如何发力使劲，主要演员跳完一场舞剧，她具备那样的体力，她清楚什么时候该发力，什么时候不用太使劲，看起来一样优美。不会有人说她在偷懒、动作是懈的。她的动作照样是提着的，内在是放松的，她没有使多余的力。一部舞剧持续一个半到两个小时，如果每一场每一个时间段都是绷着的，跳完肌肉都要报废了。

巴黎歌剧院在脚这方面的训练是比较完善的，更注重脚下的动作。我会看一些国外相关网站上的视频，了解到她们从学生到演员对脚的能力及表现力的要求最为极致。一双“会说话的脚”，是对脚下的规范和要求。脚是身体下方末端的存在，就像地基一样，要牢固结实，这样往上走才会顺一些。如果缺失了地基，肢体多少都会受到影响。在基础训练的时候，要看你对自身的要求是否严苛，严苛到趋向于“完美”。

一双合适的鞋

找到一双合适的鞋就像大海捞针一样，即便如此，我也不愿意让脚穿不合适的鞋。我在美国一直穿的是澳大利亚的 Bloch 鞋，试了数不清的款型，总算找到一款我觉得舒服的鞋。然而，脚背好也会有烦恼的时候，别人五天穿一双，我就得一天一双。费鞋量比较大，没有那么多的时间去做改造。这样的付出与回报不对等，我不愿意把时间和精力浪费在这种事上。我觉得一双鞋令我最舒服的状态就是最新的时候，我很少去掰鞋。一双鞋对我来说软得特别快，刚穿上最合适，穿久了就塌了。国内的鞋普遍偏硬，穿上脚之前就需要掰一掰。我试过英国的 Freed、美国的 Capezio、俄罗斯的 Grishko，唯独 Bloch 中的某一款版型是最适合我的。我的那双足尖鞋底部是全板的，全板的鞋对于脚背好的人起支撑作用，脚背好就会比较容易往前拱，全板就能往回拉，同时让我快速找到自己的立点，鞋板的弧度也是贴合脚部的。如果是 3/4 板，虽然非常显脚背，但是脚腕能力不足的话，穿在脚上会晃动。鞋头宽度适中也是我喜欢的点，太宽的话转圈就转不动。太窄的话又容易前后晃导致崴脚。具体的宽度还得因人而异，只有试过后才能清楚。鞋头上下的高度也很重要，太高会觉得脚在鞋里空荡荡的，太瘪脚趾头没办法呼吸，时间一长就容易抽筋。

一双鞋也不会有十全十美，大概 90% 满意，剩下 10% 是需要自我调整的。如果我立起足尖觉得鞋头不稳，我可能要开始加强脚腕的能力，把更多的精力放在训练上，我会想如何用脚去掌控这双鞋，而不是去改造鞋来适应我的脚。前提也是需要找到一双比较合适的鞋，找到一双合适的鞋不容易，但凡找到，就太幸运了。

回国后，我需要自己花钱买鞋。一方面，国外的鞋很难买，也没有找到合适的渠道；另一方面，足尖鞋比较贵，目前在这样的情况下，我觉得买一双鞋有点儿不划算。我就找了一家国内试鞋的地方，商家也是按照我的要求帮我尽力改造，过程中也有各种不合适。有一次商家就寄来了一双鞋，我试穿后觉得不舒服，无奈当时没鞋，只能凑合穿这双。它的鞋头从脚大拇趾到脚小拇趾的距离太宽了，包括脚底板也是，脚穿在鞋中直晃荡，导致我的脚趾痛又犯了。我就往鞋头及两侧塞了很多纸，立足尖既不舒服又费力。我穿着这双不合脚的鞋就开始做 pirouette（单腿转）。我知道是不舒服的，但没有办法，我想穿足尖鞋，就继续做这个动作，用了小腿力量，硬往上顶着立的，一个寸劲使我的小腿筋别住了，导致小腿韧带撕裂。后来我反思，跳舞一旦使过了劲儿就不对。包括我之前在巴黎的那次受伤也是，当你使很大的劲儿，说明肌肉是劳累或费劲的状态，最好是在肌肉所能承受的范围之内去跳。经历过这次受伤后，我宁可不穿鞋，也不向一双不合适的鞋妥协。

我的芭蕾包里会有：软鞋、足尖鞋、脚套这些必备品。弹力绷带会在课前用它来练习增强脚踝力量，同时也能活动脚。我每天都要涂口红，打扮得漂漂亮亮的，练舞时才能心情好。我接受不了素颜，看着镜子里没有神采的自己就失去了动力。有人说“女人化妆是给男人看的”，我却认为是给自己看的。路过镜子的时候，我会瞄一眼自己，嗯，状态不错。演出前包里一般会备三双鞋，一双是平时排练穿的，一双是演出穿的，还有一双是快要报废但能将就穿的。我在台上出现过鞋带断的情况，如果鞋带一断，我跑到侧幕发现没有鞋换会很慌。其实到侧幕换鞋再跑上台也是有风险的，可能会被观众看出来，但总好过没鞋换的境况。备鞋就是防止意外的发生，不是说我真的会用上它。上台前，剧团会准备放置松香的盒子，我会在鞋里踩一些松香。对于一场重要的演出，我格外紧张的话，我会先光脚在松香板上踩，然后再套上裤袜，这样裤袜就不会打滑；接着，套着裤袜再踩一遍松香，从脚尖到脚跟均匀地踩；在穿鞋之前，我也会把鞋的内里翻出来蹭一蹭松香；穿上鞋以后再踩，特别是鞋头前面椭圆形的地方一定要踩上松香，因为我看到很多演员在脚落地的时候打滑。里外里四层都抹上松香，脚和鞋才能完全涩住，这会给我带来安全感。

在化妆间的时候，也有很多人会把鞋放在化妆台上，我不会。新鞋还好，旧鞋会有臭味，怎么能放在化妆台上呢？灯光照射在鞋上，一烤，全是味儿。毕竟在地上踩过的鞋，跟化妆品放在一起，感觉灰尘都要从鞋底飘上来了。

我刚穿足尖鞋的时候，觉得足尖鞋很硬。鞋两侧有两根带子，我会先绑脚外踝的带子，绕着脚腕缠两圈后，再绑脚内侧

■ 2018年6月，张瑾在纽约林肯中心演出《天鹅湖》二幕

的那根带子，先交叉再缠两圈，一般不会缠三圈，那样会显得带子很厚重。最后，打两到三个结，留出一点儿长度，剩余的带子会剪掉，然后把鞋带塞进绑带中。穿好后，我会踩一踩半脚掌，顶一顶脚背，就是一只脚的脚跟顶住另一只脚的脚心窝一窝。之后，会做从全脚经过半脚掌到脚尖立起来的动作，上下往复，直至鞋完全跟脚贴合。我喜欢穿硅胶脚套，自从附中三年级接触了硅胶脚套就再也离不开了。刚去美国的时候，我从一家业内知名的舞蹈用品店买了很多双硅胶脚套，它可是我的命根子啊，可惜现在那款已经停产了。穿薄硅胶脚套还是会感觉到脚痛，我还是得往鞋里塞纸。我会把纸从脚大拇趾到脚小拇趾绕着圈的去包裹，完全让脚卡住鞋头，这样能减轻脚趾的负重。我的脚比较容易出汗，一般要用有一定厚度的纸巾，如果纸巾不够厚、不够韧，等我的脚从鞋里出来时，就会产生雪花一般的碎纸屑，我就得不停地搓，满地的纸屑让我很尴尬。

寻找恋人的过程可以从我和鞋的磨合中学到一些，再运用到我和恋人之间的关系。最开始，我要去找这双合适的足尖鞋，不合适的鞋穿上后，最终受伤的还是自己。在那么多不同的款型中，要有足够的耐心，要知道什么是最舒服的。舒服感是遵从内心的，不给自己找理由。我对鞋的态度跟对恋人的态度是一样的，不需要改造太多，他就是那个比较适合我的人。我不会去找 100% 合脚的鞋，就像之前说的，10% 的空间留给自己去调整。即使再适合我的鞋头，穿到脚上还是有不够贴合的地方。这时把鞋的松紧带拉得更紧一点儿，也许会弥补肥一点儿的鞋。在恋人身上，他在这些方面是适合我的，包括跟我聊天、肯为我付出、关爱我，也许有时候他会犯懒，不爱做家务。那么在这一点上，我就会多做一点儿。磨合后，两人之间会习惯对方。慢慢地进入一段稳定的关系中，就像一双软硬适中准备登台演出的鞋。

每一双鞋有相似也有不同的地方，有的鞋很快就能上脚，有的鞋磨合很久后还是感觉不舒服。我觉得“完美”很难定义，会给我和恋人带来很多压力。尽量去找自己最舒适的状态，再去找到一双合适的鞋，我认为互相妥协和包容比完美更好一点儿。

最终，鞋还是会报废的。这个恐怕是跟恋人不一样的地方，一双鞋终究只能陪我走过一段短暂的时间，然后就要换另一双新鞋了。但是，恋人不是只能陪我一段时间，我们都期许找到长相厮守的另一半，找爱人比找鞋难多了，我依旧在探索的道路上前行。

我在 ABT 的一天

我从早上 10：15 开始上班，一个半小时的芭蕾课，上到 11：45，然后会有 20 分钟休息时间，从 12：05 开始排练。团里规定每排练一个小时就必须休息 5 分钟，老师不可以拖堂或延迟，确保演员有足够的休息。因为很多国内的团体会拖堂或是会有晚 10 分钟的现象，在国外是不可以的。团里有工会，在时间把控上还挺严格的。比如从 12：05 至 13：00 排练，下一个排练是从 13：05 开始。如果排练老师有时忘记时间，演员会提醒老师排练时间已经到了，老师也不会生气，会说：“噢，对！不好意思！”然后，老师会收拾东西赶紧下课。

通常我们从 12 点开始排练，会排三个小时，排练的时候一般都是穿足尖鞋跳，除非是排穿软鞋跳的剧目。上芭蕾课也都是足尖鞋，如果我说我的腿不舒服也可以穿软鞋。无所谓，只是说大部分的演员会自觉地穿足尖鞋。

上芭蕾课的时候，我一般先穿软鞋做把杆，等到了中间再换足尖鞋。团里有一位韩国首席演员，她练把杆会时不时地穿足尖鞋。我觉得把杆上穿足尖鞋可能更能练到位，也更难，对脚绷紧的能力要求更高，倒是可以强迫自己一周穿个一到两次练把杆。穿足尖鞋就算是平脚站着，也跟穿软鞋的脚感不一样，因为鞋底跟软鞋不一样。总之，你能养成练功时从头到尾穿足尖鞋，不管做什么动作都能很舒服的状态，说明你的脚的能力还是很不错的。

课前的暖身肯定要稍微活动一下脚底、脚，一般不会上来就直接穿足尖鞋的。基本上团里女演员的包里都会有一根弹力绷带，用它去活动脚。不光是掰脚，还会借助弹力绷带前后勾绷，左右摇摆，去激活脚、脚腕，包括小腿肌肉整个部位。前后勾绷训练的是脚底，左右摇摆训练的则是小腿两侧的肌肉。立脚尖不仅需要脚底板有劲，还要整个小腿有劲。不管你左崴脚还是右崴脚，都是小腿两侧肌肉不够强大导致的。所以，用弹力带左边绷、右边绷，来减少崴脚的可能性，起到一个保护作用。增强小腿及脚腕的能力训练，再穿足尖鞋就能更好地去驾驭。除此还有 Dome Exercise，就是脚平铺在地面，脚趾尖抓地，脚心拱起，再恢复原位这样，也是为了激活脚底深层的肌肉。

15：00 ~ 16：00 是午休、吃饭时间。有时，我会前一天晚上做好第二天的饭，团里也配置了微波炉和冰箱。如果是带饭的话，大家一来就把食物放进冰箱里，等到 15：00，大家到冰箱那里取食物，用微波炉热饭。楼下也有快餐店，日料、中餐……还挺方便的，大家也会去楼下买。但我觉得长时间待在那里，每天吃楼下的餐厅也会吃腻。我常常吃一家餐厅，里面的食物都是有机的，各种三明治、鸡蛋……早、中、晚餐都有，混合的，非常有营养，简单又能吃饱。我总吃这个，好像也没有说吃得多腻，就像天天吃面包一样，可能也会腻，但面包就是粮食，不会说因为腻了就不吃面包，既腻又离不开的感觉。因为我平时也会控制体重，根据自己吃的量而定，即使是这样的食品，要是吃很多也会长胖的，量还是很重要的。

16：00 以后又开始排练，16：00 ~ 19：00 三个小时，19：00 下班。相当于一天有 6 个小时的排练时间，加上一个半小时的芭蕾课。不是说所有这些时间都会占满，团里的训练比较极端，有时特别闲，闲的时候可能会上完一节芭蕾课，后面就没有排练了，等到 18：00 ~ 19：00，才有一个排练。这样的话，有些同事会选择不待在团里，做他们想做的事。出去喝咖啡、回家躺着，或是去看展览都行。而有些同事就比较好强，会选择跟私教上健身课、瑜伽课、普拉提，这是一个常态。一般上一对一这样的私教课，一节课有一小时，将近 100 美元，他们会选择早上芭蕾课之前就去上。我特别佩服这种人，早上要很早起床，可能 7：00 左右，上完课再来团里上班。我就坚持不了，感到早起毁一天。当然她们也不是每天都上，一周上一至两次。

团里会有按摩服务，可以预约。不过因人而异，有人是一周按两次，有人是一周按一次，有的人甚至半年按一次。按摩完还蛮有效果的，每天的训练是一个让肌肉不断工作的状态，所以，工作完以后，必须让它休息。不然，一直让它工作，像机械一样，它会坏掉、会受伤。当你的肌肉很疲惫时，再让它去工作，这个时候最容易受伤。受伤就是在你肌肉疲劳，你又强迫它去做某些动作的时候，它就没有集中注意力，不在状态，这时就很容易有闪失。我会根据自身的疲劳程度来调节自己，选择什么时候去按摩。比如，昨天我健身了，多了一点儿量，第二天上芭蕾课的时候可能就会稍微轻一点儿，不能练得太狠。不能说周一至周五每天练的量是一样的，要学会上下调节。

19：00 下班后，我一般会直接去吃晚餐，或者回家做饭，要不就直接点外卖。如果回家做饭，大概 19：45 到家。做个饭就到 20：30，吃完饭就快到 21：00，再洗碗具、洗澡就快到 22：00，一天就这么结束了。

22：00 以后，我有时会缝鞋头，或是排练中间也会缝。我们很少会出现从 12：00 一直排练到 15：00，再从 16：00 排练到 19：00，这种高强度的工作不是说每天都持续，可能只是某一段时间会很忙。也许，一周会有三天能达到这种工作量。在芭蕾课和排练之间，还是会有大量空闲的时间，有时我也会利用这段时间赶着缝缝鞋头。

我们还有专门的休息室，这点特别好。休息室里有沙发、桌子，都是请了专门的设计师来设计的，非常舒服。休息的时候就可以坐那里，你会发现有不同的人做着自己的事。有人除了团里舞者的身份同时还在读大学，就在那里写作业；有人在那里吃饭，屋里还有电视、游戏机，可以在那里玩，有书，可以在那里阅读；有人躺在沙发上睡觉；还有人带着自己的狗，陪狗玩。大家在休息室都非常惬意，想聊天就聊天，不想聊天就躺在那里。

晚上有演出的话，工作变化不会太明显，只会更累。依然从 10：15 开始上课，12：00 排练至 15：00，15：00 到 16：00 休息，16：00 到 17：00 也有排练，或者有时中间没有休息，直接从 12：00 排练到 17：00。白天的芭蕾课和排练都是在剧场里进行的，剧场里有两个排练教室，在那儿上课加排练，部分排练会在舞台上进行。17：00 到 19：30 吃饭、休息、化妆、演出前热身，时间比较紧张，两个半小时之内要把所有事项做完。一般 17：00 排练结束，大家会飞奔去吃饭，尽量在 18：00 前吃完，18：00 ～ 18：30 化妆，18：30 或 18：40 热身活动至 19：00 左右。演出前，有的人吃得很少，有的人又吃得很多。因为，演出前已经有一天的排练了，所以会很累很饿。一般晚上大家都吃得不少，不过也是吃到饱就行，不用吃得很撑。吃完也有时间消化，距离演出还有 1 个多小时呢。19：30 正式开幕。

难忘的登台

我第一次登台参演的剧目是《灰姑娘》，是作为一名群舞，没有参演重要的角色。群舞一般分四组，第一组和第二组会登台，第三组和第四组是候补。当时我扮演的角色是帮两个坏姐姐穿衣服的小丫鬟，我们有两个人分别帮大姐和二姐在舞台上穿衣服。团里那版灰姑娘的姐姐是男演员扮演的，我其实是帮两个哥哥穿衣服。搞笑喜剧版，演员的妆故意化得很滑稽，表演要搞笑。因为是第一次，我很紧张，帮人穿衣服压力蛮大的，要在有限的时间内帮他穿上穿好。音乐很短，大概四个八拍的节奏。有一次，我没给他穿好，因为他穿好后要做动作，要跳。结果，忘了是服装扣系反了还是没系完，那“姐姐”就不管了，我不能影响他完成之后的动作，他说：“不管了！我走了！”他很小声地说。我们经常会在舞台上说话的，窃窃私语，因为舞台上的表演是很生活化的，像参加舞会的场景，会跟对方打招呼说：“你好呀！”也会用英文说：“How are you。”就很自然。在舞台上表演可以微微地出一点儿声音，比不说话只是做表情或动作更真实。如果你很难投入舞剧的话，可以小声地说，会更容易让你表现出来。

表演结束后，总监还说：“怎么回事，衣服没穿好呀？”我说：“时间来不及了。”他说：“别紧张！下去练一练，练练怎么快速把衣服给他穿上。”扮演姐姐的男演员还挺埋怨我的，可能是我影响到他跳舞的情绪了。我第一次不是因为自己做动作而是给别人穿衣服紧张，现在想想还挺有意思的。

最开心的一次登台大概是在疫情之前，我扮演了《胡桃夹子》里的中国娃娃。这个角色都是团里独舞演员才能跳的。我跳过两次，第一次是临时被叫上去跳的，因为有个老演员令总监不满意。那一次，我没有准备好，硬顶上去的，跳得不是很好，跳完有点儿失落。第二次再跳这个角色时，我的状态非常好，完成得也不错，得到了大家的夸奖。我就很开心这一次赢得了大家的掌声，终于把第一次不满意的地方弥补回来了。第一次和第二次的状态特别不一样，第一次没有怎么排练，芭蕾就是需要花很多时间排练，台上一分钟台下十年功，台下没排练好台上一定是完成不好的。这第二次跳……当然，第二次跳，我整体的状态好很多，因为之前脚受过伤，慢慢地调整恢复也需要时间。这是这么多年以来，我自己跳舞最满意的一次。自从受了伤以后，跳舞都很费劲，自己跳得总是不满意，团里看我一直恢复得不好，给我机会也很少。其实我进团就给了我那个位置，可是一直以来都没有让我演出过在那个位置的角色，好不容易在疫情前熬到了，终于有机会可以很好地表现自己了，不是勉强自己去表演，是真正呈现了自己最佳的状态。很久以来，我都没有那么开心过了。

侧幕

演出前在侧幕的时候，整个人都沉浸在舞蹈动作里。那些完成不好的动作，我一直在琢磨，在调整，想着该怎样去做。不是要做多大的动作，而是会在旁边比画，算是默动作。通过这种方式希望能达到登台的最佳状态。有时，我可能只是站在侧幕，脑子里一直想动作。自己害怕完成的动作，提前想想怎么样能不害怕，做的时候我要把这块儿或那块儿的肌肉收紧，在心里提醒自己。到了很累、很喘的地方，容易什么都想不到，这时，我会努力地让意志力告诉自己，哪块肌肉必须格外地使劲，一直不断地告诉自己，才会坚持住、完成好。

汗水和喘息

跳舞会出很多汗，有一种爽、一种释放的感觉。

如果是拍一张照，我大汗淋漓，汗从我的锁骨上流下来，我觉得有一种艺术的感觉。

一种付出，包括我运动完以后，还特意自拍一张，我会出很多汗。

一种成果，不管我练得怎么样，我为此付出了，汗水就是我的证明。

如果我感觉到很累，下到侧幕时，我会发出巨大的喘息声，要死了的那种感觉。我会一屁股坐到地上，两腿伸直，双手撑在身体后面，我体力一直都不太好。跳同样的舞段，别人可能微喘，我就会喘得更大一点儿，累到不行了，喘一会儿就好了。呼吸是身体的本能反应，要根据自己的频率呼吸。

享受舞台，哪怕只有一刻

我在舞台上跳芭蕾的那一刻享受的是音乐和舞蹈的结合，很难用语言去形容。我上台前都会很紧张、很焦虑，马上要登台了会有一种“啊，我不想跳，好累”的感觉。但是当我站在舞台上的那一刻，就完全不一样了，之前的那种心态瞬间转化成“我要展现，我要漂亮”的感觉，负面情绪在一瞬间全都消失了。其实很多负面情绪都是在我跳舞之前会有，跳起来后虽然也有压力，不能出错，但自己有那种“要顶下来”的毅力。当时音乐带给我的全身心的享受，还有舞蹈本身，被灯光照着的感觉、舞蹈延伸的力量，让我整个人一下就投入角色当中了。

我只有在舞台上跳舞的那一刻才是最开心的，其实平时底下排练包括上台之前，并没有那么开心。

舞台上那一刻的感染力、那种快乐的力量，才能让我继续保持对芭蕾的热爱。

虽然舞剧的音乐我已经听过很多遍，但是我从来没有听腻的感觉，没有觉得“我怎么又听了一遍这个音乐”。因为每个人的每一天都是不一样的，今天的你已非昨日的你。虽然 24 小时你的外表变化不大，但你的心境是不一样的。“人的身体里每天都会有细胞死亡，又有一些新的细胞诞生”，身体里的细胞全都更换的时候，是不是也是一个全新的你呢？所以每一天我跳这个舞蹈的时候，我的状态就是一个新的我，不可能还是 2022 年 9 月 10 日 10：00 的那个状态下的我了。

恐惧也会带来惊喜

舞台上除了享受也会有一种未知感。一段舞蹈，在最初跳的时候，通常是没有把握的，从练习到完成的过程中也不是美好的，最终是否能很好地完成你不知道，唯一知道的是每天要去练习和打磨。

在最坚持不住的时候，你需要顶住那一口气，相当于每天都在挑战自己的极限，最终能否挑战成功你不知道。在舞台上我特别害怕做 fouette（挥鞭转），特别是跳完双人舞和变奏之后的 coda，简直处在人生崩溃的边缘，已经到了我不行却要告诉自己我行，真真是硬着头皮往上顶。明显的体力不支和心理压力会让我感到前所未有的恐惧，那一刻身体已经不由头脑去控制了，纯粹是靠我的意志力撑下来转的，就像极限运动一样，好像在完成一件不可能的事情。

跳舞的过程总是变幻无常的，没有东西是稳定的，稳定就不够精彩刺激了。

有时你想去抓住某种稳定，就是你希望自己是完美的，一上来就能把事情做好。其实很多事情刚开始是做不好的，做不好的那些瞬间，你只能选择坚持去做。比如你马上要去参加考核，选了一段双人舞，这段舞能跳得很好吗？你不知道。最终到底能跳到多好，是 91 分还是 99 分呢？你没办法现在给最终的结果打分，在不知道结果前就是会有这种惶恐。未知带来的好处是意料之外的结果，就是因为你不知道，一旦你做到了，就像获得一枚奥运金牌一样惊喜。

■ 2019年圣诞节期间，张瑾随美国芭蕾舞剧院在加州Orange County 巡演芭蕾舞剧——《胡桃夹子》

没有朋友，也没有敌人

我刚回国进国内的舞团时，前几周是非常不适应的。我记得工作日的第一天和前一天晚上，我都没有住在团里，都是住在外面的。舞团里的氛围不是我预期的那种。当时进去的时候，我感觉大家挺严肃的，没有人说话，没有人打招呼，进了教室也没有人说话。一般我们在国外课前活动时，大家都叽叽喳喳地各种聊天，特别吵。但是在这里永远都是安静的，好像大声说一点儿话就很奇怪，都是各做各的，自己活动，不说话也不怎么聊天。即使问旁边演员专业上的问题也是那种很小声地问，要不会显得你很奇怪。可能大家的习惯不同。

包括人与人之间的接触，好像也挺冷淡的。在舞校附中的时候，我是 2005 届，我们上下几届的学生会经常聊天，还在一起练功什么的。因为课后就一个教室，所有班级都进去练功，大家也会经常聊天。后来毕业以后我出国就没有再见过她们了，所以我对她们的印象还是停留在毕业之前的状态。等我现在再见到她们的时候，我会以那种熟悉的状态来面对她们，但是我发现她们已经不是那样了。只有我一个人觉得我跟她们还很熟，但人家都觉得“我跟你并不熟”。那些已经是过去式了，人家已经前进了，我还停留在原点。这时候心里会有些落差。

其实，我还是很希望能跟她们去交流，能融进去的。虽然我们是同事，大部分也会有竞争关系，可我希望是良好的竞争。我还是可以每天很开心地工作，就算她做得比我好，我这个动作没做好，她完成度比我高。我会想“要怎么样可以跟她做得一样好，或者能比她更好，或者能去请教她”，如果这个机会给了她而没有给我，而且确实是因为她比我好的话，没有问题，我还是很想跟她做朋友，我们私底下还是可以出去吃饭、聊天，这对于我来说是可以的。但是在这里，每一个人都是一个独立的个体。

之前在一本书里看过："芭蕾舞演员既没有朋友，也没有敌人。"

芭蕾舞演员彼此没有办法成为知己，可能是这个环境、工作，工作的性质导致我们很难成为知己，因为这个竞争是很表面的。比如今天这个排练表上写了你的名字，没写我的，说明这个角色就是属于你的，我就是没有。你跳主角的时候，我就得站在侧幕看着你。这是一种非常表面的竞争，现实很直接地显现出来你不行。但是芭蕾舞演员又没有敌人，大部分的敌人其实还是自己心里的那个敌人，我会把自己当成敌人，更多的是跟自己竞争。所以"既没有朋友，又没有敌人"这句话特别能描述我现在的一种感受，特别是我回国以后。

我觉得如果能在逆境中或者没有得到的时候还能快乐地跳舞，这其实是件非常好的事情。因为只有在这种情况下，后面才有可能得到机会。如果在逆境的时候自暴自弃，坚持一种"我不好……我不爽……我不跳"的态度，后面只会越来越糟糕。

成功的人，她的态度很重要，要有那种积极的态度。每一天，那些糟心、困难的事情超过50%，快乐的事情只有那么一点点。我们就是要学会如何应对每天那么多糟心、不快乐的事情，以一种非常快乐的心态把它积极消化掉，最后变成比较好的结果。

从毕业以后到现在，我一直在朝这个方向努力提升自己的心态和心境。因为在学校的时候，我是那种我努力了、付出了，我就一定要得到；我没有得到，就是不行，就是失败的。这种是非常极端的想法。也有人可能会觉得"那你现在就变得不上进了"，我觉得我没有，不是不上进，我还是上进的。所以怎么去平衡你的上进心跟你的逆境，这个点如何去找？就是要通过社会上每天发生的各种事情，没有说谁可以教你怎么做，岁月会告诉你。现在书上不是写着 20 岁到 30 岁之间要多经历吗，我觉得特别好，一定是尽可能在这个阶段全都经历了，经历得越多越好，越多苦难越好。

30 岁的女生其实是很迷人的，她会散发出另外一种光芒和自信，以及她 30 岁独有的性感。

自媒体

大数据时代，每个人多少都会有分享欲，也许是为了找到某种存在感，刚开始我也是。在美国我就开始在自媒体上发一些短视频，最初发的大部分都是美妆视频，没有芭蕾。回国后，我看到很多舞者在网上分享芭蕾，我觉得很有意思，偶尔会收藏和点赞。既然我是一名专业的芭蕾舞演员，当然也可以去分享，如果有很多人愿意观看和收藏，这对我来说也是有意义的，因为我想去表现自己，也希望更多人去了解芭蕾背后的事情。后来，我分享更多的是芭蕾视频。在平台上我分享过一些芭蕾的教学内容，像如何提升技术技巧，如何练身体的肌肉线条等。我偶尔也会发一些自己跳舞的视频，观看量和点赞量会明显增加，也许大家更喜欢看我跳。在平台上能有这么多喜欢和欣赏我的观众，我会更有动力坚持跳下去，也更加笃定自己要跳而不是去教。

社交平台是了解芭蕾的一个方式。很多人想要了解的不仅仅是芭蕾，更是每一个舞者舞台后最真实的样子，包括他们的生活和情感。我最近发过一条视频，视频中最真实地展现出了演员在剧场舞台上课的状态，没有任何的做作。视频一发出去，立刻获得了很多的关注和点赞，连评论区都很热闹，好像大家特别好奇我们的日常生活和训练究竟是什么样的。你会发现越神秘的人，大家越感兴趣，越想了解他。就像一些优秀的影视演员，他们一般不会去参加太多综艺节目，因为他们需要在剧中保持一种神秘感，如果你过分地去了解，就会对他们的职业带来一定的破坏。

当时，我发这个视频原本是想表现自己的，结果大家的注意力一半都在我身后的男演员身上，之所以这么火也是因为他。有时候你发视频并不知道它带来的后果是什么样的，评论有正面的也有负面的。在评论区里他被许多人吐槽，特别多的人对他有言语上的攻击，其实他在团里非常优秀，也算是团里的台柱子之一，大家不但不欣赏他还批评他，有评论说芭蕾舞演员怎么可以胖，胖了怎么不好，他们认为芭蕾舞演员应该都是纤瘦的，但凡胖点儿的怎么可能是跳舞的，其实这都是刻板印象。有时做自媒体的意义就是希望大家能有一个正确的认知，打破刻板印象。谁说芭蕾舞演员只能是瘦子，确实胖子在一些人的印象中是不美的，作为观众来说，我也能理解“胖”在一定程度上对你心中的舞者形象，包括视觉审美没有达到一个完美的标准。但这并不影响他把动作做到完美，体型偏胖不代表你不优秀，你可以当一个优秀的微胖舞者，不要片面地认为跳舞一定要瘦成什么程度才是完美的，而胖一点就是不好。国外的很多舞者就胖太多了，按我们的标准那都是胖子，好多都是世界各大芭蕾舞团的明星，如果用体型来定义，难道他们都是不好的舞者吗？我觉得大家在这方面的认知应该再打开一点儿，再包容一点儿。

这场小小的风波也对我造成很大的影响。我想要在自媒体上告诉大家“不是这样”，我一直在评论区里回复，后来评论才慢慢变得积极正面一点。

以前的互联网、社交媒体没有现在这么发达，老一辈的艺术家也没有办法通过这种方式去传播知识，基本上都是言传身教。这跟社会的发展与科技的进步是息息相关的，如果以前的科技就达到现在的水准，他们没准也会跟年轻人一样呢。

自我治愈

疫情这段艰难时期是芭蕾治愈了我。刚回国的时候，我有过放弃跳芭蕾的念头，打算从事教育行业，去当一名芭蕾老师。我教了一段时间的芭蕾课，过程中有开心，但更多的是不甘心，就是不能完全放下跳舞，还没到真正教的阶段。我认为我在跳舞上是有天赋的，当下更多的兴趣是在享受跳舞的这个过程中。后来，我遵从了自己的内心，决定继续跳芭蕾。

进团以后，团里没有给我特别多的机会，跳的都是群舞，这并不是我想要跳的。从工作层面上看，你会觉得各个方面都不太理想。即使是这样，我也没有放弃过自己。来芭蕾舞团之前我也想过，如果我只是来跳跳群舞，可能体现不了我的自身价值，所以我也没想过能在这儿待多久，也许团里也感觉到我好像不想长期待在这儿。待了一年后，慢慢我就发现其实人生很长，不是短短的几个月或几年，我没能得到我想要的东西就不要轻易放弃它。我能够坚持下去，是因为跳舞本身是我发自内心喜欢的一件事，不是因为我从事的是这个行业。有时简单的东西反而更有力量，它能够让你抛去其他欲望单纯快乐地去做。

每个人都会面临三十而立，我也是。我会想我现在在干什么，从高处跌到了低处，还在低处徘徊；也会想我就要放弃了，这就是一条失败的路。看到演员名单上没有我的名字，同事就说你要是想跳就跟在后面。刚开始我对这种想法很排斥，我觉

■ 2020年7月，张瑾从纽约回国，加入了中央芭蕾舞团；2023年5月，她第一次以编导的身份参加了中央芭蕾舞团创意工作坊的排练

得自己快30岁了，又是刚从ABT回来的演员，还得像实习演员一样在教室的后面跟着别人跳，是一件非常丢人的事情。有一阵子我始终都没有去做，没有办法放下面子。经过这一年，我意识到面子是最不值钱的东西。我开始跟在独舞后面一起排练，渐渐地看到一些曙光，虽然团里现在没有给到我理想的舞剧角色，但时不时也会让我跟着排一些独舞，比如《吉赛尔》里的农民双人舞。我不知道自己上升与前进的空间有多大，但我知道应该努力坚持下去，只要坚持就一定会向前进。逆境对我来说是好事，是一种磨炼，把我身上的心高气傲和特别有棱角的部分打磨得比较圆润。

现在的我与刚进团那时相比，变化最大的就是心更踏实了。刚进来整个人太浮躁了，希望马上就要拿到什么位置和待遇，如果得不到就要离开，当时还是有点儿心高气傲。其实，我发现你得不到的时候，反而能沉下心来思考，能一步一个脚印地往前走，变得更加踏实。即使现在没有达到我的最终目标——主要演员，至少我一直在这行里努力去做。我相信最后能够成功的一定是经得住逆境的人，不放弃并且努力追寻着自己想要的东西，无论最后能得到多少成果，收获一定是比现在更多。有时你甚至需要一点点盲目自信，这种自信也是非常重要的，它是能够支撑着你继续向前走的动力。

每天能够持续做着自己喜欢的事情就很开心、很满足。这种愉悦感也跟芭蕾的职业性有关，跳芭蕾要求你必须全身心投入，没有多余的心思想杂事，像同事之间的人际关系或者生活中跟父母发生的不愉快等，在起舞的那一刻，就会把所有这些事情暂时忘记，身心完全沉浸在舞蹈中。你就能很单纯地去享受舞蹈本身的纯粹感，你的世界就会变得很简单。如果每一天你的大部分时间都在跳舞，你就能在一个很简单、很享受、很努力去提升自己的状态中。当然，如果工作很长一段时间，连续跳了好几周舞或是到了某一个节点，身体上和精神上也会感到疲乏，你也会觉得好累，也许那一天芭蕾就不再治愈你。人的状态是在不断变化的，身心上也需要不断调整，但我那颗一直想要跳舞的心从未改变过。

完美

芭蕾能让我保持一个比较好的身材，这是最直观的；能从里到外提升你的气质，使你高贵优雅；性格变得比以前好强、不服输。进附中之前，我是属于班里考 70 ~ 80 分都能接受的，小时候就是无所谓，能及格就行，从来没有要求过自己一定要考 90 分，都是家长要求的。进附中以后，每天的芭蕾训练要求你做动作要到位、精致无误，这些会潜移默化地影响我做事情的态度：追求完美，避免错误，但凡去做就一定要把它做好。比如我最近要参加舞团的编舞工作坊，我是第一次参加，希望自己第一次就能做好，不希望别人看到我的不好。既害怕又期待，导致我很紧张，每天会很焦虑、不开心。好强是好事，但也要适度。必要时要与自己妥协，告诉自己不是每一件事都要追求完美，只要努力、尽力就行。就是行动上朝向完美，心理上放松，告诉自己没关系。就像芭蕾的用力方式，很多时候是对抗的，一个力量向上，另一个力量向下，以此来保持平衡。

足尖的声音

甘露

听过芭蕾舞演员足尖擦地的声音吗？我很喜欢。

当你作为一个普通观众时，你不会注意到这种声音，因为坐在舞台下，你看到的永远是举手投足间轻盈和矜持的她们。

如果你在侧幕，你会看清那些地板上舞蹈专用地胶上密密麻麻的划痕，在灯光的“注视”下成为抽象的线条，这是她们舞蹈的痕迹。

光鲜美丽的足尖鞋里包裹的是一双双伤痕累累的脚，就像这地板的划痕，没有外人注意和发现。

在中国，真正在舞台上跳芭蕾的职业演员不超过550人。严重稀少的一个群体。真希望这个群体未来在中国能被更多人所关注。她们是一群不断追求完美的人，因为她们坚信，只有不停地付出，才能收获芭蕾的那种孤绝的美。从她们9岁、10岁起，这就是她们的生活。她们经过7年专业的训练，毕业后被苛刻地挑选，或进入专业的芭蕾舞团，或改行，或读书，与芭蕾擦肩而过的大有人在，能被挑选最终留下来并甘于付出的演员少之又少。

长久关注一个题材，都是刻骨铭心的。但是过了最初的狂热和投入之后，会经历一段冷淡期，就是很想离开这个题材。不管你有多爱，都会想逃离，因为生活中已经满是它的影子，无处不在。有些题材你可能开始没有那么爱，但是在拍摄并了解一段时间后，也会日久生情。

我最近总在想对这个芭蕾题材为什么如此难以割舍，想了很多原因。对舞蹈的喜欢？不是。对这些舞者的感情？纪录片冷静但不是无情，纵然你已经看到最为残酷的真相，你也会在那一瞬间生起最强烈的感动。这是一份可贵的感动，是人生一次最五味杂陈的体验。你记录的不是你的生活，但是，当你随着那些一开始与你毫不相干的人们慢慢进入他们的生活时，那种微妙、复杂的感觉是难以言表的。一开始你没有那么坦然，毕竟是闯入别人的生活，他们在你的镜头下越真实、越坦荡，你就越会在内心升起强烈的想保护他们的欲望。你会数年间从一个简单的人变得很“复杂”，这种“复杂”是因为你承载了太多的感情。

有一天，我和一个主要演员聊天，她谈到芭蕾，说真正了解她们的人很少，懂得欣赏芭蕾的人更少。有时候，在失望时，她们赌气会说这是一个费力不讨好的事儿。很多人会觉得她们优雅的舞蹈真是太轻松了，因为舞台上的她们光彩照人，观众常常想象她们动作轻盈，应该不用费力就可以起舞。甚至很多人不知道，芭蕾舞演员们需要十数年日复一日每天不间断地练功和排练，不然一个天资再好的演员也无法在舞台上跳芭蕾舞。一年 365 天，她们不是在练功房就是在去演出的路上，而且她们会无常地在未来的某一天由于伤痛或者青春不再就黯然离开舞台。这里说的青春不再并不是说人到中年，也许就是 30 出头甚至 20 来岁。这是很残酷的一门艺术。这门艺术对演员的身体要求也近乎苛刻，它也常常让人感到患得患失，今天转得好好的圈儿也许明天一早起来就没了，无法控制，好像你从来没有拥有过一样。说了这么多芭蕾的残酷，那什么是让她们不停地去跳舞的动力呢？除了那些日久生情的对芭蕾的爱，也许还有不甘心，这个舞蹈总是会让你产生追求完美的欲望。因为芭蕾代表的就是完美。

诗人叶芝说过：“让她跳完她的舞，让她跳完她的舞，现实太狭窄了，让她在芭蕾舞中做完尘世的梦……”

其实有时想想，纪录片跟芭蕾舞也挺像的，很奢侈，它不是那种让大家普遍理解的事情。你可能花上很多年拍一个人，别人会觉得何必这么费劲呢，还不如做个电影，几个月就能展现人的一辈子甚至好几代，拍纪录片是费力不讨好的。纪录片甚至是需要沉下来看的一个东西。由于条件的限制，它也做不到每部都能像看电影一样，在电影院关了灯，大家静坐着去观赏，甚至跟随电影去到那个想象中的未知的世界。在快节奏压力递增的今天，他们更愿意在这两个小时的时间里，暂时脱离现实，不要沉重，要更加轻松一些。因为在那个黑匣子里，可以不想现实中那些烦心的事，可以在这一刻跟电影里的人物去做一场大梦，醒来后大呼过瘾。

但是纪录片常常是直面现实的，创作者、观众和片子里的对象一起面对，不能逃避。好的纪录片会让你思考，让你感动，跟你一起去分享看问题的方式，也会是有趣的。但是，再美好的现实后面都有一面镜子，人一反观，就沉重了。这恐怕是另一种完美，是一种被质问的完美，或者说一直在质问完美。所以，它注定孤独。

但是它给予的精神方面的东西太多了，让人受用一生。在拍摄别人的同时，其实也是在反观自己的内心。这是一堂奢侈的人生之课，用自己的生命去体验别人的生命。其实也可以说，纪录片也是在体验别人生命的同时反观自己，终极目的都是在寻找生命的真相。

拍摄多年的浩瀚的素材也常常会在一瞬间让你迷失，但是在这个寻找的过程中，也会坚定你的内心，它能锻炼人的神经和心理的承受力。当然很重要的是，它不会让你无情，它最终让你更懂得生活和感情。这是我喜欢它的最好的理由。当然它的不可预知也吸引着你一直走下去，因为下一秒钟是未知的一切。你以为真相就在下一秒，你就不停地走下去，看下去。这是一个很有趣的过程，就是寻找吧，寻找自己和未知的真相。也许在生命中就是这一分一秒的寻找，才让生命本身变得更有意义，也更有存在感。纪录片让我学会了对时间的珍视和对生命个体的尊重，因为你深知生命的下一秒无法控制，人终究是很脆弱的，但当你领悟活在当下时，人又是很强大的。你不会去想未来会给予你什么，你只在意当下这一刻的付出，甚至不能说是付出，是自然的感受，这种感受将回馈你找到生命的价值。就像你在她们翩翩起舞时只听到她们足尖的声音，这比舞剧的任何音乐都来得真切和实在。已足矣。

■ 改造一双舞鞋：胶、针线、钳子、剪刀、手工刀……还需要一双灵巧的手

芭蕾的痕迹

口述者：杨梓

抻胳膊

小的时候在舞蹈业余班，我喜欢表演，表演能力强，本来是想考民间舞专业的，却意外地被分到芭蕾舞专业，学校根据我们每个人的自身条件来分专业，芭蕾科是择优录取。

我当时11岁，一位看起来很严肃的中年老师是我们的主考官，她给考生们分了组。我也不知道她到底是教什么专业的，考到最后我才知道被分到了芭蕾科。我当时完全不了解芭蕾是什么。但我姑姑和姑父是总政歌舞团的，我姑父特别喜欢芭蕾舞，我姑父诓我说："跳芭蕾最大的好处就是以后能经常出国，你不是想去迪士尼吗？"就是这个愿望，让我心甘情愿地练了芭蕾。

我考舞蹈学院之前上小学的时候，我家门框常年为我挂两个像皮条似的东西，为了给我抻长胳膊。中午放学，我就被爸爸放到像体操吊环似的东西上吊着。我姑姑是职业舞者，她每年回家第一件事就是拿软尺给我量全身，当然先量胳膊长长了没，致使我从小就觉得自己的胳膊是弱项，就一直狂练胳膊。

那时候我年龄小，可能伸缩性好，长年累月，我感觉自己真的把胳膊给抻长了。

我脚的跟腱也不够长，在考试之前也会突击压跟腱。当时老师说："1、2、3，蹲。"我就蹲住，一直蹲，一直在压跟腱，我特别担心蹲时间长了，真蹲不住就完了。

从芭蕾的综合条件看，比起我身体的其他方面，我的胳膊稍微弱了一点儿。从学芭蕾的那一天起，我们就永远在追求完美。

偷偷地练习

我们刚进舞校时学芭蕾就是练基本功，学民间舞、古典舞也都会练这些，只是当穿上了足尖鞋才感觉不一样。

我这些年离开舞台后回想起时，才觉得自己的芭蕾之路还算是顺利的。直到今天，我周围的人还以为我是因为自身条件好，并没有付出太多努力。其实我属于私下偷偷努力的那种人。从舞校附中一年级开始，我一直在偷偷地努力，根本没有任何人知道。我那时候特别希望让别人以为我有天生的好条件，完成这些舞蹈动作对我来说很轻松。我渴望那种被关注、被表扬的感觉。

每天早晨我偷偷去跑步的时候，天还没有亮，同宿舍的其他同学还在睡觉都不知道。跑回来以后，我就假装开始梳头，好像自己刚起床一样，然后再跟她们跑一次。就在学校的操场上跑，就这样我坚持了七年。每天晚上我会给自己加课。那会儿大家都在宿舍躺着，只要灯一关大家就会聊天。我先跟着大家聊聊天，聊着聊着其他人就没动静了。突然安静下来时，我就偷偷开始做背肌运动，在床上吭哧吭哧地练。每天晚上我规定自己要做 200 个背肌和 200 个腹肌运动，然后压腿抻筋，搞得浑身出汗后才让自己睡觉。第二天早上 5：00 我又准时起来跑步，这些都是偷偷练的，我那时候是真的特别努力啊！

上附中的时候，我们专业老师觉得我的后腿特别好，是因为我先天条件好，其实我的后腿是自己生练出来的。我天生软，但是软的人的通病是缺少力量，因为太软就缺少肌肉。所以软度我不用练，只要加强肌肉，加强能力和力量，我的后腿就能抬得很高了。为了增强力量，我就必须练背肌。有一次深夜，我练的时候被床对面的同学发现了，她把床帘拉开说："你在干吗呢？"我马上给她扔过去一包零食示意她不要问，她就不说话了，帮我守住了这个秘密。

我们班是一个特别不像学芭蕾舞的班，因为学芭蕾舞的孩子在学校都特别守规矩，我们班不是。班里很多男生很叛逆，有一段时间甚至排斥学习好的人，谁学习好就孤立谁，所以这也是我要偷偷学习的原因，不然就会被一些同学孤立。

印迹

芭蕾舞演员大多给外人的感觉是挺傲气的，比较清冷，这跟我们从小跳的舞种有直接的关系。芭蕾特别像童话，它的表达形式看起来比较高雅，不像民间舞、古典舞更接地气，他们招收的学生也比我们大一两岁，所以他们比我们显得更成熟一些。我们在舞校的时候还只是很单纯的孩子，只知道跳舞、训练、跑步。后来，我跟其他系的校友聊天时，才知道他们在青春期的时候都很开放，我很惊讶。也许对他们所学的专业来说，也需要早熟一些，理解和表达舞蹈的情感才会更丰富。后来，我发现芭蕾这个舞种确实让我们相对比较简单、单纯。古典芭蕾常跳的角色是王子、公主，你的内心必须得对此深信不疑。在芭蕾营造出的这种充满极致美感的氛围里，让我不得不相信

■ 杨梓早在十几年前就退出了舞台，但她依然常常想念芭蕾

我所扮演的角色，我仿佛就是生活在童话里，就是跟别人都不一样，要拥有那种气质才能跳好。所以跳芭蕾舞的人内心相对封闭一些，没办法，从小就是这么训练的，长大了又生活在一个小小的围城里。

如果在舞蹈学院走一圈，基本能分辨出谁是学芭蕾舞的。如果这个孩子的面相特别简单，除了跳舞以外，她看起来好像什么都没想，眼神也比较单纯，走路八字脚，她就是芭蕾专业的学生。

鞋

我习惯缝足尖鞋的鞋头，这样立脚尖会感觉稳一些。但是也得根据自己的习惯，或者看鞋，像布面的鞋有时会缝，有时也不缝。

从舞校开始，我们必须学会改造鞋，因为学校的鞋和舞团的鞋不一样。学校附近卖一些品牌的鞋，因为是给学生练功用的，鞋特别硬，板子也厚，所以在学校老师就教我们改造：先把布撕下来，接着把第一层掰下来，把里边的小板割断，割断了再接上，然后拧上钉子，上面部分再粘好，随后就开始使劲掰鞋。班上的男生手劲儿大，我们有时会让他们帮着掰鞋或踩鞋，因为我们脚宽，鞋头窄，必须把鞋踩瘪到一定程度，脚穿进去才会舒服。

掰完后开始敲鞋，鞋头朝下敲地板，如果不敲它的话，上舞台跳舞鞋头落地会发出“咚——咚——咚”的声音。像我们演仙女、公主，要求落地没有声音，鞋头那么大的声音，显得很笨拙，就不轻盈了。落地一定要有很轻的感觉，几乎没有声音才行。当然，除了调整鞋头，我们还要有对身体的精准的控制能力，才能让鞋头不发出声响，在舞台上即使再累都要控制自己的呼吸和重心，所以通常只能在侧幕下才能听到演员浓重的喘息。

偶像

我杂念最多的时候是进舞校的第一年。11 岁，我们跳一个叫《苏沃洛夫》的舞蹈，男孩、女孩一起跳。那个时候杂念太多了，不知道为什么，我感觉很害羞，好像有点男女授受不亲，每次排练都会特别紧张。最开始的时候是男孩伸手，然后女孩搭手。这一个搭手的动作，大家半天都搭不上，彼此脸都红了，心想，怎么办，手搭不上去呀，可能老师就是要从这个舞开始培养男、女舞者的默契关系。“搭手”是我们那时觉得最尴尬的，比后来我们正式开始跳双人舞还觉得尴尬。可能跳《苏沃洛夫》时我还没有一个专业舞者的意识。等我开始学双人舞以后，反而逐渐明白和认同这是我的专业，就没有那么害羞了，该怎样就怎样。

我们的双人舞课是从三四年级开始的，那个时候男生都没怎么发育，个头比女孩还矮。如果女生太胖了，他们很难举起来。班上有几个女孩青春期发胖，这门课都免修了。男生还会嫌弃女生，时常提醒女生少吃点儿，再瘦点儿。比如下午有双人舞课，中午男生就会对女生说：你可千万别吃了，我举不起来了啊！现在觉得他们当时很幼稚。

有些芭蕾舞男演员的身体看起来孱弱，即使他们身体整体条件非常好，却还是让搭档感觉不是一个结实的、让我们有安全感的舞伴。在舞校，男生、女生入学时都是同龄的，男生发育本来就比女生要晚，身心都不成熟。所以，我们小时候基本不太会跟同班男同学交往。

我小时候特别喜欢芭科高班的一个哥哥，他比我大三届。

■ 12岁的杨梓特意在自己喜欢的北京舞蹈学院的沙龙舞台前拍了张照片

他跳芭蕾有一种很潇洒的劲儿，我们就像他的舞迷。他在学校时非常帅气，尽管他现在不做演员了，开始发福，但是他留在我们印象当中的还是当年那么帅的样子。

那时候在学校里，只要他走在操场上，我就会远远地、默默地在后边跟着，心想：高班哥哥肯定也不会搭理我，没关系，就这样看看也挺好。

后来进了舞团，在团里的一次年终考核时，我终于跟他跳了一次双人舞。他是团里的主要演员，我们关系不错，他就跟我说："考核时我陪你跳吧。"按规矩来说，主要演员一般不会陪我们群舞跳，那会儿大家都觉得挺吃惊的。我挺感谢他的，他是我崇拜的偶像。

在舞校是有这么个氛围，因为所有人会看到高班的哥哥、姐姐，还有其他舞种的，我们有很多自己的偶像，我们天天在这样的一个氛围里，想着以后也能成为他或她，这跟业余班完全不一样。

师生

考进舞校后，我的专业老师可真是没少折腾我。有一次，减肥好几天后，我好不容易在舞校南门的小吃店买了份蛋炒饭想大吃一顿，刚打包好就看到对面走来的我的专业老师，我想躲已经来不及了。她盯住我足足有好几秒钟，一抬手直接把我的饭打飞了。主要是她生完孩子后，第一次回来看我们的课，看我长胖了。之前另一位老师代课，我有点儿松懈就稍微胖了两斤，那天跳得可能也没让老师满意。她正在气头上，看我还敢拿着蛋炒饭堂而皇之地进了校园，居然还加了一根火腿肠，她就直接发飙了。当时，我的头发乱糟糟的，又正好赶上中午各班下课，那些低班的学弟学妹都看到了我这一刻的狼狈，我哭得很惨，在那儿还站得笔直。但自从那次以后，我整个人就醒了，赶紧又开始努力。到期末考试的时候，专业老师又来看课，下课后我在楼下大老远看到她，转身就想跑，她喊着："跑哪儿去，站着，你给我过来！"把我吓得够呛。她说："这回还可以啊！"

她教我们的时候，是她第一次独立带一个班，她把我们全班的学生当作自己的孩子一样。她那个时候基本一整天都不回家。那会儿她结了婚，家在外面，离得远，她就干脆住在学校宿舍。有时候，我们上午的课有可能提前半个小时下课，不知道她是怎么知道的，她每次都要跑来给我们加课。下课后，我们中午还得到外面跑步，再加上晚自习，一天到晚累得不行。

我们班虽然还是一年级，但当时在能力上却达到了三年级的水平，我们那么小就已经能穿足尖鞋在中间做一些组合了。她会给我们加课，一直加，我们那时候确实每个人的能力都特别强，是老师打好了底子。

底子太重要了！前面要是像有些老师带的班气势没起来，

后面三年级后老师再抓就抓不起来了，人已经习惯了那种状态。像我们老师带的班，其他老师和学生看了都说“这个班以后不得了”。但是后来老师生孩子，她就只能休息了，我们大家就又松懈了。如果她一直带我们，可能我们的个性都会发生变化，我也不可能偷懒，她肯定会天天盯着我。她教我们教到三年级，三年级的我跟毕业以后几乎是一样的能力，之后我几乎没涨功，三年级差不多就是跟后来考团一样的水准。一个好的芭蕾老师太重要了！

打压

在学校的时候，我一直站在中间的把杆，好像一直看的是自己的侧面。因为在舞校，基本最好的那一个才会站在中央，它是一种肯定、一种荣耀，心里会产生一定的优越感。我们老师在没人看课的时候，一进教室就会跟我说：“去，那边站着。”我就站在钢琴旁边，也就是旁边把杆最靠门的位置。但凡有人来看课，要我们示范的话，她会对我说：“去，中间去。”

我现在理解了，但小的时候也不理解。可能老师怕我有那种傲气，因为我总站在中间，然后她就特别想打击一下我。所以刚进校的时候，我总是跟老师起冲突，感觉她总不给我面子。比如那时候排《苏沃洛夫》，男孩、女孩站在一起的时候，她当着男生的面说我，说得很不好听。小的时候，我几次都跟老师有那种带有敌意的对视，然后老师就觉得这孩子太傲了，一点儿都说不得。但是若学芭蕾的话，你必须得听话，怎么捏怎么是。刚进校的第一年，我基本上都没有好好地上过课，不是被打压就是被责备。她就怕以后摁不住我，条件好今后又跳得好了以后，完全说不得，所以从小就开始打压我。

孤独

这种自我的努力一直延续到考进中央芭蕾舞团后，我们班只有我和另一个女生考进了芭蕾舞团，我俩在学校的关系比较一般。进了团里以后，我比她能力好，她一般分在 B 组，我一进来就开始学《红色娘子军》，当替补演员。那个时候正好赶上团里有个别老群舞演员排斥新演员，当排练老师排完后跟她们说："行，现在你们再教教她吧。"老师走了后，现场气氛让人很紧张，我无论怎么跳她们都说这不行那也不行，"你往哪儿看？眼睛往前看"，又说"你把腿抬一下"，各种不耐烦地挑毛病。当时我觉得挺沮丧的，加上刚进团，还没有完全适应，感觉团里和学校的感受不一样。在学校，我只要努力就能跳到那个位置；在团里，除了努力以外，我还要搞好人际关系。这些我并不擅长，于是我干脆放弃了。放弃以后，机会就更少，长此以往就进入了恶性循环。我开始从心里比较抵触，不知道是跟自己置气还是跟别人置气，内心也有点儿崩溃了。我感到孤独。

同时，我感到不公平，积极性也没了。我开始不想好好练功，觉得好好练功也没有用，没有人能看到我，这一切都没有用了。我自己越放弃，专业能力就越往下滑。

刚进团的时候，我跟她们一起上课，有些老演员做四位转只能转两圈，最多转三圈。我一上来其实就能转三圈，但是心里又顾虑这些老演员，因为在大环境里，越出风头越容易被孤立。为了不太显眼，我就故意只转两圈，慢慢地就变得真的只能转两圈，明显退功了。其实我本来可以比展现出来的更好，但当时自己并没有拼尽全力，这跟小时候的自己完全不同。

那个时候我还是不成熟，还没有真正意识到真实的自我才是最重要的，起码不能辜负自己。这道理我从小知道，但是并不能真正理解什么叫不辜负自己，到现在，30 多岁的我才真正理解它的含义。

那个时候我感觉在那个环境里特别压抑，这也是来自自己的精神压力。很多时候，我不太会跟别人去交流什么，就越发感到孤独。其实真的特别不好平衡，我想要去争取，想努力，想等着大家都下了课或者下了班以后我自己去加课。但是又特别害怕，要是自己练，会不会被人说风凉话，我感觉自己面对不了这些。其实我特别想要那个结果，但又害怕去争取，心想着团领导跟我说句这样的话："杨梓，你甭管别人，你练你的。"当时并没有人跟我讲这个，就是那种脆弱的心理，有点儿不知道该怎么办了，就只有逃避。其实还是自己内心不够坚强，总希望别人给我力量，不懂得自己去获取。

落差

回想当年跳舞的时候其实挺开心的。我现在开始学习冥想，才感受到跳舞的人只要一专注，好像就产生了一种力量，完全不顾及时间，特别投入，是一种忘我的状态，脑子也不可能分散去想别的事情，那一刻就只有跳舞。那时候每次演出完从剧场出来以后，我为什么会感到很失落呢？因为之前什么都没有想，在舞蹈的状态中太投入了，突然一下子从那个状态中抽离出来，那种落差感实在太大了。可能影视演员演戏也会这样，太投入的时候就忘我了。我们可能比影视演员拍戏还要投入，就算平时我是一个再不爱表演的人，把我放到舞台上，情节、音乐、灯光，自然而然地我就能融入那个情境，我就是那个角色了，这就是我的状态、我的一种人生，这是一件特别神奇的事。但是当演出完谢幕的时候，我马上就要从剧中抽离，好像突然就醒了，尤其是从舞台侧幕走下来以后，我回归了现实，在大街上背着大包、拿着足尖鞋往回走的时候，回到宿舍就剩我一个人的时候，那种落差感是极大的。

鲜花和掌声不过都是几分钟以前的事儿，但跟现在的我没有关系了。我觉得演员为什么都特别想演出或者想当主要演员，这会有一种上瘾的感觉，但是从舞台上下来以后，就会有一种好像从天上被抛下来的感觉，心里特别空。

每个演员都有落差，无论是主演还是群演，当一上台，台下面漆黑一片，只有舞台那些炫目的灯光照着我们的时候，就算是再小不过的一个角色，就算是演个小仆人端个盘子走个过场，我也不会分心，因为我已经完全进入角色，享受其中了。

我们一场演出结束，大家会一起聚餐，除了因为跳饿了，也想找一个这样的场合，把刚才那种兴奋刻意释放一下。特别是在外地演出的时候，我们特别喜欢聚餐，一起庆祝一下，大家都很兴奋，争先恐后地讲着刚才舞台上的事。但在北京本地演出完一般就各回各屋了，尤其是谈恋爱的，人家就两个人出去吃饭了。其实演出完的那种状态，如果真的背起包就回家的话，会觉得少了点什么，就这样结束了？但也不方便贸然敲开对门宿舍的门，说“咱俩再聊会儿”，只能回屋自己消化。男生回去后一般会疯狂打游戏，女生基本上都得独自坐会儿，有时候关上灯，可能妆也不卸，先平复一下心情。其实我当演员的时候，没感觉演出这个事有多了不起，这就是我生活中再平常不过的片段，但是不跳了以后，坐在剧场下面看演出的时候，我反而会特别激动。

紧张

我第一次在中央芭蕾舞团正式登台时还是很紧张的，紧张到完全不能在侧幕和后台聊天，自己沉浸在紧张的状态中，不停地深呼吸，总想上厕所。然而，脑子里面还得趁上台前赶紧再过一遍动作，还得活动腿，又生怕身体因为紧张变冷后腿想抬都抬不起来。这是一种异常矛盾复杂的心理。

我特别害怕上台以后忘动作，这个失误可能跟影视演员笑场一样，不可饶恕。如果在这个地方忘了某个动作，不知道为什么，下次再跳这个动作时都会懵，一旦错过一次，就会一直错，像一个魔咒，很可怕，所以不能在某个地方留下结点。上台之前我们都在侧幕默想动作，尽管练了千百遍了，还是要在脑子里不停地想，不仅记动作还得练技巧，不停地转、跳……实在是太紧张了。

芭蕾真的太难了。

其他舞种只要表演到位，就算一个转有失误，也能用脚尖、脚跟倒一下来弥补；芭蕾，一个动作没稳住是完全不能遮掩的，需要演员大脑小脑同时运作，不仅要记住动作，还要做得很标准。在舞台上，脑子完全处于一种高速运转的状态，肾上腺素分泌达到了极致。

伤痛

我有非常严重的脊柱侧弯，侧弯以后再加自体旋转。每次去找团里的队医，他就给我牵引、各种掰。身体因素也是我后来退出的一个原因，因为我脊柱侧弯以后会压迫右脚神经，脚腕经常会积水，脚踝这个地方总是会肿。

我那个时候只要练舞的强度加大，脚就开始积水。只能通过扎针灸还有其他方式放水……总是反复，我觉得挺辛苦的，我只是个群舞演员，团里没人能理解我，我也不擅于表达自己。

有一次医生对我说："你要是自己生孩子的话可能也挺费劲，因为骨盆也是歪的。"如果要顺产的话，骨盆现在是歪的，宝宝会下不来。

虽然每天运动是好的，但是极致的拉伸会导致一定的变形。尤其是当我的腿抬到超出常人抬起腿的范围，脊椎就必须得给它让出一个位置。比如我这条腿抬得高的话，脊椎如果是直的，腿就上不去，它必须得往一边弯，腿才能上得去。所以我另一条腿就比这条弱一点，因为我这边的脊椎已经形成那样了。

这个估计是我以前在学校的时候自己练得太狠了。

现在跟以前简直不一样，现在的演员会适当练一些普拉提来修复肌肉，那个时候都还在摸索阶段。

我的脚趾甲都掉了不知多少次，脚都没法看，尤其是十个脚趾甲盖同时掉了的时候。那时候我十四五岁，当时我有一种“这堂课如果不上，就比别人少一堂课，她们都在涨功，只有我会退步”的感觉，所以我一堂课都不能少，自己特别较劲。

我是一个特别极端的女生，我刚进舞蹈学院的时候特别努力，我们上芭蕾课的时候，即便练得那么累，比如有时候老师会说“谁出来给打节奏或者什么”，我都要举手，属于特别积极、努力和认真的那种人。

可能是因为小时候的自己太努力了，到后来我心里有些失衡，进团后我开始叛逆。包括染头发、喜欢嘻哈……可能小时候我对自己的要求特别高，自我控制力很强，长大后反而开始叛逆。

跳芭蕾舞，你本来的性格要先给你磨平，太激烈的性格是不能跳芭蕾的。我的性格可能属于比一般人来说稍微有点自我。

在我们艺术教育的环境里，你一定要达到某一个标准。比如说跳群舞的时候，大家一定要非常整齐，你要有点儿个性或者突出，都是不行的，你必须得跟大家是一样的。所以从小我们必须要听话，这是第一点。像我这种性格就属于我们班上有点儿另类的，但其实放在学其他舞种的人中，我已经算相当听话的孩子了，他们更为另类。尤其是学现代舞的学生，都是很自我的性格。可能我们在舞校时就需要磨砺性格，等融入芭蕾舞团的集体以后，大家才能更好地配合吧。

我当年所在的芭蕾舞团的群舞在世界上都是一流的，这个一点儿不夸张，或许就是因为舞团的大多数演员来自每一届的北京舞蹈学院附中，在舞校只有班上最优秀的学生才能被选入中央芭蕾舞团。我们在舞蹈学院时老师已经把学生们磨合得差不多了，同一个体系出来的，融到一起后，非常默契和齐整。

我们去国外看到的外国芭蕾舞团的演员，他们都挺自我，每个人都不一样。而且他们来上班就是来跳舞、排练，下了班洗完澡就去酒吧过夜生活……该干吗就干吗，他们有自己的生活，把上班和生活分得很开。可是我们下了班全都住在团里的宿舍里，大多是双人间，依然过着集体生活，几乎没有自己的秘密，我会感到很不放松，不能完全做自己。一直以来的这种传统造就了大家都会在这么一个死循环里面转，好像大家生活在一个象牙塔里面，永远也不能长大。

在团里，有些领导对我最大的误会就是觉得我外面或许有车接送，或许经常去酒吧玩儿，不够朴实……其实我只是经常在周末的时候坐公交车去西单，自己逛一圈而已。那时候西单很热闹，商场也很集中，我从小爱臭美，喜欢穿短裙，他们就觉得我应该穿个大T恤、牛仔裤，素颜盘个发髻出去。他们认为跳芭蕾舞的女孩就应该有一个模式，包括你的装扮也要像在舞校一样朴素。

艺术应该是开放的，你可能热爱芭蕾，也可能热爱其他舞蹈，可能你也喜欢现代舞，同时也喜欢街舞。谁说跳街舞就不正规，这也是一种舞蹈。你可能喜欢各种各样的舞蹈形式，就是想单纯地去享受跳舞的过程。那时候，很多圈内人还是不理解，会觉得你不务正业，好像跳出了芭蕾的范畴，芭蕾舞演员不应该这样。但是国外的芭蕾舞演员也有街舞课程什么的，他们觉得芭蕾舞就只是一个舞种，你应该会各种各样的舞种，不能太单一了。如果你只会跳古典芭蕾，你一跳现代芭蕾就会很僵，所以我觉得有些观念需要更新。

我那时候谈了场恋爱，男朋友不是团里的，那时候的领导找我谈话，说："你这么早就要把自己嫁出去吗？"我心想："我只是谈个恋爱，怎么就是着急把自己嫁出去呢？有这么严重吗？"我说："我没有着急啊。"她说："那为什么你现在要谈恋爱呢？"

那时候，他们有一个固定的思维模式：你跳舞就要很朴素的样子，必须得把自己全身心奉献给这个舞蹈，全心全意地付出。可是现在这个时代不可能要求孩子们都这样了，可能当年他们那一代人是这样的，可以不管家庭，甚至不管自己的孩子，他们完全投入芭蕾事业。所以他们看重的也是那些能够全身心为芭蕾付出的演员，像我们这种稍微有一点儿私心的就不行了。

我觉得从事艺术还是应该有自己的生活，舞蹈是我热爱的东西，但并不是我生命的全部。这一点以前我理解不了，我感觉不到这只是我的一部分，"为什么一定要把这个东西占满我生活的全部时间"，我只是感觉不太对劲儿，但是我又说不出来自己应该再干点什么。因为我从小到大都是这样，很多人一直在打压我，"这不对，那不对"，但我自己感觉像她们说的那样练我更不对，但我也找不到改善的方法，所以最后还是离开了。因为我骨子里面可能还有追求其他东西的欲望，但是他们不让我去追求。

重温舞台

离开芭蕾舞团后我有一段时间完全不看演出，我特别排斥去看。一切跟芭蕾有关的东西，我都不愿意去碰。这样过了10年，多少释怀了，可以偶尔回团里看看，也可以去看演出了。当我去曾经常去的天桥剧场看演出的时候，我坐在观众席上，情绪会异常激动。我当时在台上跳舞的时候为什么没有现在在台下这么激动呢？当时在台上的时候可能是过于紧张，一直在考虑我一会儿怎么跳，只是单纯感受到了那种气氛、灯光，还有下面的掌声。跟现在已经离开，在台下看的角度完全不一样。我坐在下面看芭蕾的时候，会有“我以前也那么厉害吗”“原来自己以前真的不是一般人”的感觉，尤其看到一些我也会跳的剧目和角色，我会觉得“原来的自己也可以呀”，对做舞者的自己很认可。

成长

芭蕾，它从骨子里给予了我一些东西，才有了今天的我。我感受最深的一点，是我会对一件事情特别执着。我之前在芭蕾舞团时是很容易放弃的，倒是离开舞台以后，我好像产生了一种莫大的责任感，干什么事都不那么轻易放弃，别人都说“算了，别干了，差不多就得了”，但我会觉得某个地方好像还没有完全尽力，我就不会放弃。

之前我在北京开了一家服装店，开了将近10年。一开始生意很好，后来因为疫情受到影响，大家都劝我关掉，但我觉得自己还有很多东西没去尝试，比如用直播的方式，这些东西我还没有去试，等我试完了实在不行再说。就这样，服装店又挺了一年。我把所有想尝试的东西都试了一个遍，发现确实不行我才关掉的，但是关了以后我一点儿也不后悔、不遗憾，因为

■ 2022年，退出舞台十几年后的杨梓在练习普拉提

■ 疫情期间，杨梓被迫关掉了在北京国贸附近开了多年的服装店

我尽力了。我得对自己的人生负责，不能再像以前那么任性，说不干就不干了。

离开舞团时，我确实有点儿不太想跳了，团里也在调整演员队伍，其实如果我那时还想继续跳，我觉得怎么都能再坚持一下。不过，如果我真的继续跳下去，也许现在还是不开窍。我从团里出来以后，开了服装店，才发现自己还有销售的才能。

回望

芭蕾天生有一个标准，所有人都会用那种标准来衡量我们，我们总是活在标准里，被别人挑剔着去看。以前认定的完美，是别人认为我们的完美。我连跳舞都特别希望别人能给我一个肯定，说我太努力了、太完美了、跳得真好。

我自己最大的问题就是特别在意别人的眼光，在意别人怎么看我。如果能重来一次的话，我不会再管别人怎么看我，即使在舞团没有朋友我觉得也很正常，我要变得更勇敢一些。

现在的完美，是我自己心里觉得这个东西我做到了或者我自己觉得行就行，跟以前不一样了。

如果能重来一次的话，我肯定还是会从舞蹈学院附中毕业以后努力考进芭蕾舞团。进团第一年，我不管任何人，不管她们是孤立我还是怎样，下班以后我就留在教室一顿狂练。我会给自己一个期限，比如两年之内或者三年之内要达到一个什么标准，如果达不到我就不耗着了，如果能达到我再给自己定下一个目标，不会那么盲目地待着。我应该更主动一些、大胆一些，不能特别被动地等着别人来给我机会。我应该主动争取机会去跟领导交流，这样更可以了解自己的不足和可以改进的地方。

小的时候我就觉得很难进入社会，现在也是因为自己成长，觉得很多东西没有那么重了。如果能重来一次的话，我肯定会好好跟大家相处，然后尽自己最大的努力去争取机会。比如在这个团待两年，那两年内我能跳到一个什么位置，如果跳不到那个位置，不管我是出国还是做其他选择，我的人生也不至于停滞不前。

过了这10年，我现在特别能理解的一句话是：人生本来不就是一个人的事儿么。不管你结婚不结婚，有没有爱人，首先要把自己过好。所以现在回头想想，小的时候自己并没有目标，总是很被动，想着："团里什么时候能给我这个角色啊？""我要么再跳一年，再签一年？""会不会明年就能怎么着？"你都不主动去争取，让别人看到你的付出和能力，总是空想着这些有什么用呢？

我现在终于活明白了，以前不管是谁的话，我都特别在意，都想知道别人是怎么看我的，或者我这样表达出来，她会不会更不想跟我玩儿，或者她会不会讨厌我，包括在男女关系上，有的时候我特别希望他能对我更在乎一些。其实想想，我得先爱自己，别人才能爱我，不能把所有的事情都寄托在别人的身上。

我属于晚熟的人，开窍得也比较晚。还好现在开窍了，人生总是有机会的。

等我老了的时候，我会想，人生的每个阶段有没有真的尽全力地去活过。这个是最关键的，而不是说我一定要有多么成功，得到了些什么东西。

人生就是一种体验。

一个女孩

甘露

中央芭蕾舞团有个女孩让人很难忘记。她身材高挑，看起来要比同龄的女孩子成熟许多。经常会在舞团的某一角落听到她正旁若无人地爽朗地说笑，似乎与舞团矜持的气氛格格不入，但正是这种格格不入，才让人难以忘怀。

她进芭蕾舞团时 16 岁，那年冬天，凌晨两点她突然犯了胃疼。她一看时间太晚，不愿意去打搅隔壁的女孩，但自己又实在疼得厉害，就裹了件大衣想去北京友谊医院看急诊。中央芭蕾舞团离北京友谊医院有好几条街，那段路很黑，街上也没有几盏路灯。她出门时也来不及多想，只是没忘记在屋里找了一把剪刀顺势裹在大衣里。她后来笑着说，即便真遇到了歹徒，她有这把剪刀也就不会害怕。她是自己走过去的，其实基本是弯着腰蹭到医院的。从住地打车去医院起步价是 10 块钱，但她节约惯了，说 10 块钱多贵呀，她舍不得花这份钱，即使在这种时候。

这个女孩的身材在芭蕾舞演员里不算太苗条，所谓的不苗条并不是显胖，而是发育良好，比较丰满，这对于女人其实是求之不得的，但对于一个芭蕾女演员来说并不是什么好事。穿上芭蕾舞衣的她们要给人以圣洁的感觉，而不能让人产生任何世俗的欲念。她是一个好演员，在舞台上极其灵动，充满了表现力；然而她又是一个群舞演员，在骨肉匀称的姑娘们中间显得过于突出。于是她开始减肥，减下去以后才能上台。她去戴了牙套，说刚戴上没什么胃口，吃不下东西，正好有助于减肥。很长一段时间，她每顿饭都只吃少量的豆腐，不吃其他菜和任何主食，由此得了一个“豆腐西施”的雅号。她看起来总是一副很乐观的样子，仿佛也在很乐观地减肥。

有一天，舞团在北展剧场进行一场重要的演出，演员们都在紧张地准备着。在后台的化妆间里，她一直静静地蜷缩在角落里，眼里全是眼泪。她没有告诉其他人，就这样忍着胃痛跳完了自己的舞。那是一段欢快的舞蹈。演出结束后，她一个人走出剧场门，没有方向地往前走，终于放声哭了出来。她念叨着自己原来 40 多千克，不是没瘦过，现在一直减肥，连例假都停了，这是干吗呀?！她说自己不是为了今天哭，只是来团几年了还只是群舞，突然觉得跳舞没有了方向。

又过了些日子，女孩真的瘦下来了，笑容更多了，人也更自信了些，只是还戴着那副牙套。每年芭蕾舞团都要对现有的演员（除了主要演员）进行考核评分定级，每到这时候演员们都很紧张，大多数人选择了古典芭蕾的舞段，可她偏偏独树一帜，自己编了一段现代芭蕾。她选了段蓝调的音乐，放下高高盘就的发髻，披散着长发，脱下那双芭蕾舞鞋，光着脚痛快地暴露着已经变形的脚趾，第一次这么酣畅淋漓地释放自己，欢快地舞蹈。跳芭蕾舞是有技术负担的，即使技艺再娴熟的演员，她们上台前的准备工作也会很多，脑子也不会闲着，那些美妙的法语术语充满着她们的大脑，一刻也不能停歇。

那段自编的舞蹈获得了团领导的肯定，第一次高调地赞美了她。旁人也都以为她终于熬到头了，会得到更好的机会，特别是在这个重新签约、重新被定位的关口。可是跳完这段舞不

■ 2006年，甘露在拍摄纪录片《我们在跳舞》

久，在团里要重新跟她签约为领舞之前，她决定离开，去国外的芭蕾舞团。很多人不理解，说一个小女孩别折腾了，好好守着自己现实的机会吧。她却很坚定，说就是因为现在中芭的条件很好她才走的，她不想在自己年轻的时候去享福，甘于一段熟悉的生活。她想多去看看外面的世界，尽管不容易，尽管出去了自己更会被忽略，但她也不会怕，也会在追求中寻找快乐。而且现在出去对自己来说时机比较好，前几年太小，还很脆弱，现在自己经历了一些事，也强大了。

为谁而舞

口述者：李怡燃

八字脚

我从小就希望自己变成八字脚，八字脚跟转开有直接关系，说明你芭蕾练得很好。其实八字脚不是你想变就能变成的，是习惯和记忆让它慢慢形成的。

小时候，我特别希望别人看出我是学芭蕾舞的。我考的是辽宁芭蕾舞学校，其实无论去考哪个舞蹈学校的芭蕾舞专业都很难，整个东三省也是千里挑一，并不容易考上。考上之后我感觉很骄傲。我是“80后”，我们那个年代，当时能被选进芭蕾舞专业的都是最好的苗子。我那会儿才11岁，就那么渴望别人知道我有多特别、多厉害。

一双跳舞的脚

我的脚条件不算好，五个脚趾特别不齐，脚大拇趾特别长，第二到第五个脚趾呈斜坡排列下来，致使我穿足尖鞋的时候吃了特别多的苦，因为脚大拇趾最长，立脚尖时导致整个脚趾甲盖脱落。所以我经常把大脚趾往二脚趾的方向使劲掰过去，这

■在中央芭蕾舞团做群舞演员时的李怡燃，为了减肥，常去天坛公园疯狂跑步

样两个脚趾看起来就算等长了。然后，我拿纱布使劲裹起来，一圈圈缠紧实，有点儿像裹小脚。我后来才知道这样的方法并不正确，因为长期裹下来会导致我的大脚骨突出，突出后则影响到身体重心的稳定性。但那个时候没有人告诉我这是不对的或是有更好的方法，连我的专业老师都不知道还有什么别的方法，因为她小时候也是这么走过来的。

正确的方法是找到适合自己脚型的足尖鞋，同时还有适合的脚套比如硅胶脚套，另外可以在大脚趾与二脚趾之间垫一个很小的填充物（一个 pad），类似这样一套保护脚趾的方法，不是让你的大脚趾歪斜变形，而是让它保持正常的直立向前。

说实话，我们小时候学芭蕾时并没有人告诉我们该如何去保护脚，现在的舞者就有很多方法了：一些包扎的手法、预防出水疱的方法，还有很多油状或者酒精类可以缓解疼痛的东西，以及更先进的脚套、更舒适的舞鞋，这些都能更科学地保护舞者的脚。因为脚一旦受伤就会立马影响到你的学习进度，你必须暂时停下来，如果受伤严重可能还会直接断送你的舞者生涯。有效的防护现在能帮助舞者不会再因为受伤而延迟发展和进步。但是，以前根本就没有人告诉我应该怎么做，所以我不觉得我当舞者时会保护自己，最后练得从头到脚都是伤，这是我毕生的遗憾，也是为什么现在我在国外一直在做关于舞蹈运动科学的公益普及和相关研究。

做鞋

我从学校毕业，考入了中央芭蕾舞团。中芭有自己的制鞋工坊，就在我们团里面的一间小平房里。鞋坊时常关着门，有点儿神秘，门外种着几棵葡萄藤，我每次出门经过那里，特别是到了夏天，风吹起青绿的葡萄叶，我都会忍不住看看架上的葡萄有没有成熟，很怀念。那时候我们团里每个演员的足尖鞋都出自这个鞋坊，七八十岁的老师傅带着他的徒弟们按照演员的脚型来定做鞋，我们的鞋软了或硬了也可以随时去找他们调整，非常方便。

当时我根本不懂什么是好鞋，什么是不好的鞋，也不清楚应该让师傅如何调整。出于好奇心，我倒是经常会去那个制鞋的小屋玩一玩。我那时候很好奇一双足尖鞋是如何制成的，只要得空我就会去那边看他们做鞋，甚至帮他们一起烘干那些舞鞋。我发现对我来说比较难的一道工序是把成形之前翻过来的鞋掏回去，正常我们买到的鞋的缎面是向外的，其实刚开始做鞋的时候是被翻过来的，鞋里子在外，后面纯靠人手把它再掏回去。掏回去的过程非常难，我尝试过，相当费劲。因为鞋里子冲外时已经形成了一双鞋的形状，当你把它掏回去的时候需要很大的力气，还得是巧劲儿。每次我都费很大力气去翻，还是很难成功，每次卡在这里的时候，师傅们就会在旁边笑话我，再帮我把鞋翻过来。

掏鞋的时候必须拿捏好一个节奏，鞋不能太干也不能太湿，太干就会有点硬了，会更费劲，太湿的话就还没成形，所以师傅会一边做着鞋一边看晾在旁边的鞋的干湿程度。女生手太软没有劲儿，所以我们那些制鞋师傅都是男的，都有一双只有匠人才有的那种布满茧子粗糙而有力的手，每一天他们都在做芭蕾舞鞋，熟能生巧，掏鞋对他们来说就是小菜一碟，软而无力的手是很难把鞋掏成功的。

师傅偶尔也会借助工具，因为鞋头翻出来的时候都是布和胶去做的，所以在鞋翻回去或是翻的过程中，他会借助杵子之类的工具，借力把鞋形戳得更好一点。翻回去以后，那个鞋头会显得平整光滑。

我只掏成功过一次，简直喜出望外。我发现如果你的手总去掏鞋，慢慢也能找到窍门，像我们练功一样反复不断地做同样的动作，找到窍门就比较容易了。虽然我没有每天去掏鞋，只做了那么几次，手也挺疼的。可想而知，师傅早已习惯了这种疼，就像我们习惯脚疼一样。

亲密“爱人”

舞者与鞋的关系像是“爱人”，跟相濡以沫、患难与共的夫妻一样，不只是外表般配，内在更是契合的。虽然你的脚要去和一双鞋不断地磨合，但这双鞋首先得适合你的脚。不能说这双鞋本身就大小不合适，就跟《灰姑娘》里两个姐姐试穿鞋一样，那双鞋就是小了，它本不属于你，你塞不进去还要硬塞，那是不可能的。如果和对方比较契合，然后你再去跟他磨合，才有可能越走越好。如果一开始就是错的，那根本没必要继续下去了，浪费彼此的时间，而且最终受伤的一定会是自己。

我非常幸运，我觉得我生活中找到一位知己，“一双非常好的鞋”，所以特别感恩。

双人舞

我这个人特别晚熟，青春期大家已经在慢慢成熟了，我却还很幼稚。跳双人舞时唯一的想法是你能不能给我扶好了，别影响我跳舞，别影响我发挥就行了，没有一点儿杂念。

我从小就是这样的人，如果这个事已经定了就一定要这么做，不会有别的想法。比如你必须跟这个男孩跳，就别觉得不好意思，赶紧跳吧，别浪费别人的时间，男、女生摸腰、扶手也没什么，一点儿其他感情都不会掺杂。这点我还挺理智的，我总是提醒自己是专业的。

我胆子还特大。有一次，我记得特清楚，我在辽芭学习时，同届的同学出了好几个优秀的演员，我是跟他们一块儿跳舞长大的。那时候男孩刚开始学双人舞，傻大胆，特想做那些酷炫的托举动作，但这必须找女孩一起练，还得找胆儿大的，他们就爱找我，因为我胆子大。

有一次练托举差点儿把我摔了，且差点儿摔个脸着地，他们都吓坏了，我竟然没表现出害怕。当时做托举动作，男孩手一抖没把住我，我突然掉下来，直到我鼻子离地面只有 1 厘米那么近，脸马上就要撞地的时候，他迅速接住了我，直哆嗦地问：“你没事吧？天哪！你不害怕吗？”其实我心里有点儿害怕，表面却故意装作不怕。因为我想他们这次害怕成这样，未来一定会更加小心，我就没有过多表露心里的感觉。

第一次登台

中芭的经典剧目有《红色娘子军》，我们经常会演这个舞剧。其中有场重要的戏，剧中人物南霸天过生日，我们演的女战士伪装成丫鬟去送礼，抬了一块寿匾，但是琼花怒火中烧，没听指挥忽然打枪，一打枪战士们就暴露了，我们就得硬冲进去。

这是我正式登台演的第一个角色。

彩排的时候道具枪是没有声音的，我们就比画两下，但等到真正演出的时候是有枪声的啊，当时给我吓得在舞台上就把枪扔了。我以为就是“啪——啪”比画两下，没想到上台真有拟声的开枪声，吓得我一哆嗦，没控制住，自己也没有经验，就出现了那个不专业的动作。这是我作为舞者的第一次登台演出。

舞者在舞台上有时会说话，这取决于动作时间的长短，速度太快的动作根本没有语言交流的时间。有时我们在舞台上扮演的角色人物得真交流。演员相互之间提醒的交流是肯定有的，但不能让观众发现，有点儿像救场，大家要一起把这台Performance做好，需要拧成一股绳往一块儿使劲。演员有时候在台上跳着跳着就掉了道具或头饰，一会儿掉个花，一会儿掉个耳环，如果道具掉台上别的演员踩上就很容易滑倒，必须得有个人假装在情境中巧妙地把它捡起来。我就经常干这种事，救个场，也是给自己加点儿戏。

一名专业舞者，上舞台跟上战场一样得全副武装。

在舞台上要想很好地控制身体，一定要100%集中精力地控制身体的每一根神经、每一块肌肉去完成舞蹈组合，不能错动作，要跟上音乐节奏。跳群舞时我们要用余光横竖排看齐，各方面都要眼观六路耳听八方，根本没有心思想晚上回去吃点啥，白天跟谁又吵架了，一会演出结束后去哪儿。跳完和主要演员在舞台上谢幕时我内心真的会有一种成就感，觉得自己跳得不错。虽然自己只是个群舞演员，那一刻也特别为自己骄傲，非常有成就感。

我当年在中芭有一个不错的朋友，近些年我又跟她联系上了。我跟她说问她父亲好，我记得她父亲是一位电视台导演。在舞团我跟她关系最好，休息时经常去她房间聊天。她是北京本地人，她爸爸就时不时来团里看她，我特别羡慕她。有一次她爸爸来了后就教育她，你得怎么怎么样，中央芭蕾舞团这么好的条件，有宿舍、有鞋、有教室的，你得好好练……常常一来就给她上课，我觉得她好像听得都麻木了。每次她爸爸给她“上课”时我都在，我是第一次听长辈说这样的话，我爸从来就不跟我说这些。我当时听了以后特感动，心里暗自下着决心，等于说她爸给她讲的话都被我给听进去了，这给我带来了莫大的力量。

减肥的印记

减肥是我这辈子永远都忘不了的。未来等我的女儿们长大些，我会跟她们聊这些事情，包括我现在在加拿大教舞蹈课也会偶尔分享一些我的学舞经历给我的学生们听。其实我觉得我个人的舞蹈经历并不是多么的骄傲、多么有光彩，它更像是一个反面教材，能让我的孩子和学生们少走弯路。

因为跳舞那时候我并不真正了解自己，我听到的都是外界给我的评价，所以我根本就不知道自己的位置或者我希望自己成为一个什么样的人。我特别容易受外人的影响，别人说我好我就好，别人说我胖我就胖了，别人说我瘦我才瘦了，我对自己从来没有一个很客观的评价。这种评价总是因为别人的说法而改变，非常痛苦。

我减肥的过程中，最折磨我的是怎么减我的胸都不会小。

说出来外人会觉得胸稍丰满点不是更好吗？哪个女孩全身上下还最想瘦胸呢？但是我就是这样的人，现在我都快 40 岁了，才意识到我长了一对“维密（模特）”那么美的胸，没生孩子、没喂母乳之前，我真的有一对这么令人骄傲的胸。

年轻的时候自己不懂，直到我有一段时间已经瘦到不再来例假的时候，我的胸才开始萎缩，缩小了整整一个尺码，但那时候身体已经很不好了。后来跑去看医生，医生警告我说：“你再这么减肥下去，你的子宫都缩小了，以后你就当不了妈妈了。”当时 20 岁的我还觉得当不了就当不了呗，只要我能跳芭蕾就行。现在想想真是一身冷汗，幸亏我的子宫没有萎缩，如果真的生不了孩子，我将后悔莫及。

为了减肥我什么事都做过，无所不用其极。我真的是每天都去跑步，无论是中午顶着烈日穿着不透气的减肥衣裤跑天坛公园，还是深夜为了防身带着把剪刀跑大街，整天不吃饭，吃完一点东西就催吐，一天吐八回，这些事历历在目。有一点我一直没有跟人分享过，因为我不觉得这是件好事，但我又觉得它会给更多年轻的朋友们一个警戒，这样折磨自己并不一定是对的，你一定要想清楚你为什么要这样做，三思而后行。我还记得我当时抠喉催吐，抠到我右手的食指关节，就是咱们手指头一握拳头突出来的那个关节上都长了厚厚的茧子。你想象一下，我一天得去抠多少回，我的牙床才能把手指磨出茧子。

一开始我以为团里的演员不知道，到后来我发现其实很多人早已发现我这个行为。我被发现了，只不过是他们没有当面拆穿我，觉得这可能是我想保守的秘密。

这样持续了好几年，后来我去了香港芭蕾舞团，那边有很多外国演员，外国女孩们的身材都比较丰满匀称，就不显得我“格格不入”了。这个时候我慢慢地意识到这一点，我不再想那么祸害自己的身体了，就决心不催吐了。过了一年以后我右手食指关节上的茧子才慢慢变薄，过了这么些年，现在若仔细看，我右手跟左手比那个位置的皮肤质感还是不一样。这就是我减肥的印记，像一个终生无法去除的文身。

现在我在加拿大也在坚持做自媒体，很多朋友就说，小李老师你能分享一下你跳舞时减肥的经历吗？我在自媒体上分享的内容，从来都不是我多么努力，后来怎么读到两个硕士拿到全额奖学金满分毕业，学业怎么成功的。好像都不是这些，而我更多的是告诉她们我做错了什么，希望她们不要步我的后尘。

每个人的经历就像做过的实验一样，有过错误但同时也是有价值的研究资料。做 research 也是一样的，我做错了，我是失败的，你们就不要再重复做，不用在此浪费时间，剩下的就是捷径。别人告诉我这个 A、B、C 是死胡同不要再走了，我就会去试 D、E、F，这样的话成功的概率会更大。其实，我就是那个失败的案例，告诉他们不要再这么做。

我老是形容自己是出师未捷身先死，努力是使劲努过了，力也没少出，但就是使的劲不对，长期下来，把自己身体都折腾坏了。就算这时候你有机会了，你的身体也早已不行了，得到机会又有什么用呢？你腿抬不了那么高，腰也伤，脚也坏，膝盖还疼，身体积攒了太多问题。你已经没有能力很好地操控你的身体的时候，你的梦想都是奢谈。

我学习研究舞蹈运动科学也好，公益分享也好，就是想告诉大家，真的可以有更好的方法去解决一些错误或者急功近利的练习。而不是一味地觉得“以前的人都是这么练的”“咱们国内那个芭蕾明星当年不也是这么练的吗”。你必须先愿意去相信科学的方法。

烧了十一本日记

我在中央芭蕾舞团时曾写了 11 本日记，之后我背着这些日记去了香港，在香港待了七八年，这些日记都跟着我。直到我要去纽约了，实在拿不了这么多的行李，我想要淘汰一些东西，我就看这些日记，心里特别难过，日记里几乎天天都在记录自己“今儿胖了，明儿瘦了”。我一边看一边哭得直想吐，真的一点儿都不夸张，我看这些东西我就想吐。里面几乎没有一页纸写的是关于艺术和学习的，艺术的感悟更没有，几乎篇篇都是减肥，今天胖了两斤，明天瘦了八两的，全是这些……就这样写了 11 本。日记中 90% 的内容都是减肥，10% 可能是在团里遇到的一些小事情，包括自我感受，全都是负面的情绪和内容。真的，没有一行字说“我今天特别高兴怎样怎样”，一点儿让人开心的东西都没有，看得我自己都抑郁了。

我说：“李怡燃，你在芭蕾舞这条路上走了这么多年，有你非常宝贵的青春，在这么一段美好的艺术学习和工作当中，怎么只剩下这么一点点东西了呢？你竟然给我留下这么多让我觉得失望的东西。”

最后，我一把火把日记本全烧了……

我受不了了。

烧了日记以后，在去美国的飞机上，我就告诉自己不管未来的路多么艰难，现在我都可以从头开始了。

前段时间我在加拿大还参加过《奇葩说》节目，受我老公的影响，所以我看过一段时间《奇葩说》的辩论赛。他们有一个很有意思的辩题：“你要不要当邀功精？”就是要不要在领导面前告诉他你有多努力。我听辩题的时候就跟我老公说：“一定要当邀功精，你要让领导知道你有多努力，有多在意你的这个位置和你想要得到的东西，不要像我年轻时那么傻，什么都藏

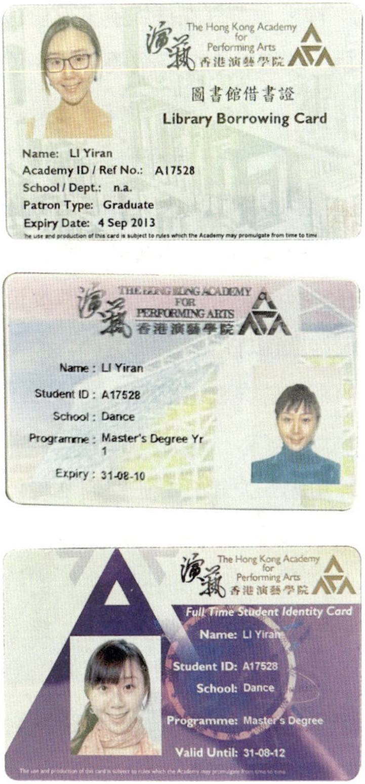

■ 李怡燃学生时代的部分证件

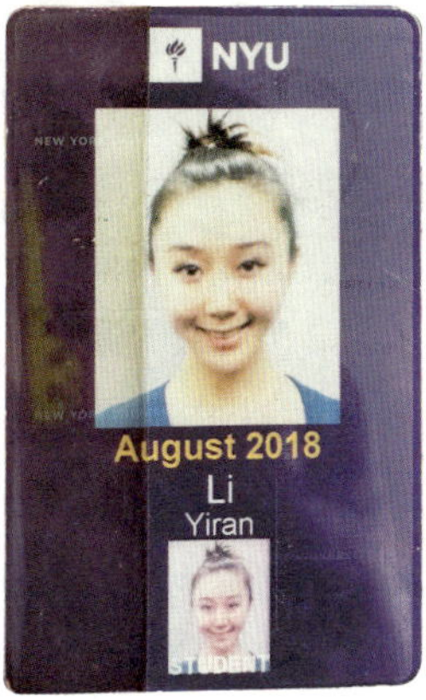

■ 李怡燃在纽约大学的学生证

着掖着。”比如自己辛苦地减肥，晚上黑着灯在排练室里偷偷练功，我不想让别人知道我在练功，就把教室的灯全关了，在练功房里摸黑练。

在舞团，我们一周工作五天半，周六上午半天班，下午继续去练功，周日全天也去练。那个时候芭蕾舞团教室的门没有现在锁得这么紧，很容易打开的，听说现在教室门锁得特别严，轮到谁排练谁才能进；那时候就没有，非常简单的一把小锁，只要说“老师，我想去练练功”，这把钥匙就可以暂放在你那儿。

可是我们演员和乐队人员的宿舍就在教室的旁边，你开了灯别人不就看见你了吗？

为什么不让他们知道你在练功呢？为什么不让他们了解你有多想跳好呢？哪怕使劲努力，都没有达到芭蕾精准的要求，可是如果有领导和大师看见你在努力，没准儿他们心生怜悯给你个机会呢？我何苦装作好像不怎么努力就一夜涨功了，成了特厉害的演员呢？但是这就是当时的我。

其实你想做就应该大胆地去做，就要做给别人看，不要怕，你没有做错任何的事情，你是对的，你是在非常努力地去热爱舞蹈，你认为它是你生命的全部，你就想把它做好。这一点儿错都没有，还应该得到嘉奖，不是吗？并不应该藏着掖着。

后来我跟我在香港芭蕾舞团的一个舞伴，他是匈牙利人，我跟他学到了如何更真实地表现自己。

我俩跳《胡桃夹子》里俄罗斯娃娃的角色，这是新编的版本，我俩跳双人舞。当时的编导是团里从国外请来的，要挑 A、B、C 三组演员，他要先选谁是 A 组。我就发现这个匈牙利男孩特别积极，他特别知道在什么时间点上要让编导看到我们俩在练习。其实他不是有心机，他就是这么努力的一个孩子，他很真实。这位编导是第一次来团，还不了解每个人的性格。他要创编一个新的东西，也需要演员们的配合。这个匈牙利男孩就拉着我说："我们不要这么早离开教室，要协助他把这个舞蹈编完，他要试什么动作，我们都尽可能帮他试。"就是这么一个努力和积极的态度，让我们争取到了 A 组。

教学

不能说我更喜欢现代芭蕾，只是觉得现代芭蕾给了我很多自由发挥的空间。当时，我在中央芭蕾舞团跳的更多的是古典芭蕾舞，必须是很规矩的，有一种很讲究、很严谨的感觉。有一次我认识了一个现代舞老师，她那时又教了我现代舞，我就觉得挺不一样的。那会儿年轻，也不了解这个现代舞到底有什么不一样，但是，我知道我很享受那种舞动自己、内心释放的感觉。

我也同样喜爱古典芭蕾，只不过我似乎没有得到很多机会在舞台上去跳我想跳的古典芭蕾的角色。现在我在加拿大做芭蕾教育，都是以基础芭蕾舞的教育为主，教 classical ballet basic foundation training，还是一些古典芭蕾的东西。我非常尊重芭蕾，我去教学生的时候，越教就越觉得我是那么的幸运，可以接触到这么一套严谨系统的教学，并且它还会在不断地发展和完善中变得越来越科学。这让我感觉非常好，今生今世我能被选择成为芭蕾世界里小小的一员，真的感到很幸运。

我没有刻意地去回想过芭蕾带给我的感受。我很享受那一刻，并且可以非常好地控制自己身体舞动的每一个瞬间。因为你要控制身体去完成那些高难度动作，如果你能控制得很好，就有一种好像胜利的感觉。"I made it！ Wow！"你的身体能够帮你的大脑去完成梦想，大脑实施命令你要做什么，"来，身体你给我做一个"，我的身体一下就能做出来。身体和大脑有一个非常好的沟通，呈现出来的动作达到了很高的水准，我会觉得非常骄傲，有种不一样的成就感。我从来没有觉得我在舞台上或在任何时候跳芭蕾舞孤独过，我没有觉得孤独，我感觉就是挑战。

对于舞者来说，了解身体是第一步。我个人觉得了解自己身体的方法是要从一开始学习芭蕾舞就灌输的，孩子六七岁时能做芭蕾的 plie、tendu 差不多就行了，让孩子先保持一个良好的兴趣更重要，毕竟是启蒙。在北美这边，孩子在 8 岁的时候，无论是专业还是业余，就要开始正规的 level one（一级的学习），开始比较严格的训练。作为老师就应该开始引导孩子对自己的身体去更多地了解，这是老师的责任。现在有时候我在自媒体上聊一些话题，很多人认为我附加了很多压力给老师，其实老师们真的要知道你在教一个动作的时候，不仅仅是在教这个具体的动作，而是在告诉孩子这个动作会给予她什么样的感知，让她慢慢感受，可能她未来才能够越来越明白，她做一个 plie、tendu、jete、fondu……到底有一个什么样的心境，一种什么样的内心感受，这样才能越来越了解自己的身体。

Inspiration，这种启蒙是要从老师开始的，是要从老师嘴里说出来的。比如做一个 plie，我可能会用："你要感觉到什么，你感觉到了吗？如果你现在没感觉到，没关系，但是你能告诉我你感觉到什么了吗？"类似这样的方式。

选择

作为一个群舞演员，我非常羡慕主要演员们，而且非常崇拜和欣赏，觉得他们实在太棒、太优秀了。

很多时候我对自己没有自信，因为我的自信总是来自别人，如果别人没给予我肯定，我就很难自信。所以我没有可能成为她们想象中的样子，因为我连想都不敢想。我不知道我是谁，也不知道我能走到哪一步，我跳舞那时候很少得到外界的鼓励。直到我离开芭蕾舞团之前那年考核我跳的最后那段舞蹈，才得到了团里的认可："龙儿不错呀！"在团里大家叫我小名龙儿，最终我还是选择了离开，辞职了。我现在回想当时，我真的挺勇敢的。

我 2005 年去了香港芭蕾舞团，7 年之后拿到香港身份。后来当我跳到领舞这一级就离开了。拿到香港身份后没过多久，我获得了全额奖学金，去了纽约上学。在我的时间坐标上好像差一点儿都不行，哪怕晚一个月我都赶不上全额奖学金，我觉得人生还挺有意思的。

当时决定离开中央芭蕾舞团有许多不舍，毕竟我付出了那么多，终于得到了一些认可，你会纠结离开还是留下。那时候我还不到 21 岁，当时我反复地问我自己，我热爱芭蕾艺术，我甚至可以为它而死，可以死在舞台上，为什么这一路走着走着就变成了只有一个目标——减肥，好像我瘦了就是成功，胖了就代表失败。为什么我跳舞会落到这步田地呢？这难道是一个艺术应该给予我的感受吗？

我就想，艺术这么美好，我怎么能够最终放弃：一直循环在减肥这个圈儿里，一定是哪里出错了，一定是！可是没有人告诉我是什么错了，如果我还是在这样的圈儿里永远像驴拉磨一样一圈接一圈地在原地绕，我可能这辈子都找不到答案。我那时感到迷茫并且特别害怕，所以我要找到那个答案，就算不是当下也一定要去找。其实在当时离开是一个很冒险的决定，因为你也不知道未来是什么样的，也许下一步你踏好了能够上一层，要踏不好的话就掉下去了。我当时年轻愿意赌，想着这一步如果迈错了还有时间从头再来。如果是现在让我选择，这一步恐怕就不敢这么勇敢地迈出去。

为了芭蕾真的什么都可以失去吗？

当今是自媒体时代，我相信很多舞迷们以及很多年轻舞者，一定都知道很多国外的女舞者生完孩子还在继续跳芭蕾舞。我们国内就会少一些，有些人生完孩子就退下来当老师或者做全职太太了。这或许是中西文化的不同。从我来到国外将近 10 年，也曾在香港这座中西文化结合的城市里生活过，近些年跟西方人打交道比较多。

从 2005 年到 2022 年这近 20 年，我慢慢地发现外国人对待自己的身体格外珍重，从小接受的舞蹈教育就是不一样的。后来我在纽约学习，无论是在 NYU，还是在美国国家芭蕾大剧院里，还是在加拿大国家芭蕾舞学校学习，发现他们有一个共同点：注重“以人为本”的艺术教育。孩子进芭蕾舞学校时，年龄一般在 11 ~ 12 岁这个区间，学校老师非常在意每一个孩子的身心健康，等孩子知道健康第一之后，在跳舞时就会很在意自己身体是一种什么样的感受和反应，在这个基础上去学习和练舞。他们的日常饮食、对阳光的吸收、适量补充维生素 D 这些知识的普及非常全面。老师样样都管，跟幼儿园老师似的“吃钙，吃钙”，挨个儿发钙片，这是必须吃的。所以潜意识里他们意识到老师和学校没有把他们当成工具人，而是真正的宝贝。

我每一年都会送学生去加拿大国家芭蕾舞学校当 professional 舞者。今年我也有个学生从国内考进去，我之前辅助过她考这所学校。小女孩在学校考完试马上就把视频发给我看，她跟我说：“学校老师怎么会这么好，把我当宝贝一样。”因为她来加拿大之前在四川一个地方学芭蕾把脚练坏了，有点儿倒脚，练习时不是五个脚趾平均受力，使劲压脚背把脚踝压坏了。之后到加拿大，每天又有大量的舞蹈训练，她的脚再也吃不消了，她特别担心地悄悄跟我说："李老师，我的脚越来越疼了。"我说："你为什么不跟加拿大国家芭蕾舞学校的老师说呢？他们有物理治疗师，有校医。"她说："我怕我说了以后老师觉得我这脚有毛病就不培养我了。"我说："你不要这样想，孩子，不会这样的，你相信我，他们一定会特别好地照顾你。如果他们学校老师对你照顾不到位，你告诉我，我把你接出来给你找当地最好的物理治疗师帮助你，你一定要尽快治疗。"她说："好，我去跟学校说。"她周日告诉我的，周一就去跟学校说了，她们学校特别重视，马上带她去拍了X光片，拍完之后诊断骨头没事，就是软组织挫伤，然后告诉她接下来应该怎么练、怎么吃、什么时候该练什么……事无巨细。她的脚半个月就好了。那边大部分老师常站在孩子的角度去思考，帮助她们不受伤害。

因为学校给予孩子这样的待遇，她就知道自己是个宝贝，自己很重要，无论如何也要保护好自己，然后努力地跳芭蕾，跳得更好，想着将来要成为一个顶尖的舞者，要实现她的梦想。她会觉得有靠山，可以往前冲。不像我们以前很多时候是找不到方向的，自己受伤了也不敢告诉老师，怕老师不培养自己。

我以前在国内的艺校教过课，这边的学习氛围永远都是打击，学艺术的孩子们整天都抬不起头来，灰头土脸的，其实带着恐惧的心练芭蕾是练不出来的。当然现在国内专业舞蹈学校开始很注意改善教学的方式了。

我自己用了很多年来弥补小时候的心理阴影，到现在我还有。在这一点上我老公对我帮助非常大，我俩认识14年，结婚5年。他知道我在香港芭蕾舞团遇到过的种种不顺，我遇到的所有困难他都知道。所以他非常能理解我的心理，为什么自尊心那么强但又感到自卑，想努力又害怕，想要做一些事，想做一些所谓的大事但又时常犹犹豫豫。就是因为我受的打击太多了，年轻的时候没人真正地鼓励和认可我，永远都是负面、冷漠的，永远没有人给我一个拥抱，没有感受到太多的温暖，在芭蕾舞的成长道路上没有感受到更多人文的关怀。

我希望我能够给予我有缘遇到的一些朋友们，我希望他们看到以后能够得到一些力量和光芒。因为我把黑暗的地方走过去了，我希望光芒可以让他们看见。

我生第一个孩子是在 35 岁，大龄产妇恢复起来那才叫一个慢呢；生我二女儿是在 37 岁，身体恢复得更慢。不知道国内的舞者有没有生育这方面比较权威或者比较专业的人可以帮助产后修复和疏导。因为我大学修的专业是身体心理、身心学方面的内容，当你心里越焦虑身体越会出现逆反的情况，就会越不跟你配合，导致很多问题和毛病出现。所以我们要去做这方面研究：发现舞蹈的一些训练上的问题，还有身体达不到你想要的那个目标的心理上的问题，是这种焦躁的交感神经禁锢了你的身体，如果想达到你所想的高度和水准，就必须先解决你心理上的问题，是从这个点去切入的，而不是一味地盲目做身体方面的训练。当然针对心理问题也有不同的方法去干预，但必须根据事实和个人的情况，需要通过聊天去了解，你的身体是不是生孩子之前就有伤，比较严重的还是潜在的伤患，也许你的伤从十几岁时就存在了，可能你自己都不知道。很多舞者“伤事后置”，不要以为你当时年轻就没事，其实伤已经藏在你的身体里面了，等你生孩子后，到 30 ~ 40 岁的时候你再看看自己身体怎么样。

为了芭蕾真的什么都可以失去吗？我有时想想那会儿年轻的时候说自己愿意死在舞台上也是挺好笑的。年轻时就那么想的，年轻时就觉得我可以死在舞台上，现在不会这样想了。

■ 2020年8月19日， 李怡燃生完女儿后与爱人补拍了结婚照

■ 李怡燃与两个女儿

脊柱侧弯

我有严重的脊柱侧弯，我在自媒体上还把我的X光片拿出来跟大家分享，为什么现在别人看不出我脊柱曾经那么歪，到底怎样预防？正常情况脊柱侧弯会随着年龄增长变得越来越严重，我知道它好不了，这辈子我就这样了，但是怎样让它不发展？我要练些什么，怎么练？舞者需要了解应该怎么去做适合自己的练习，什么是最重要的，一定要请专人盯着她练。如果你是舞团首席的话，团里会给予最大的支持为你制定训练计划，脊柱侧弯确实改变不了，但是我们可以练习肌肉，利用肌肉把它扳正，在一个肌肉的状态下帮它调整，就可以延长一位专业舞者的舞台生命。

我之前去分享的时候遇到过这样的事情，很多愿意学舞蹈科学的老师们非常喜欢和支持我。但专业舞蹈圈里有的人却对我不屑一顾，她们会说："我以前都是这么练出来的，我跳得也很好，我也在国际上拿过大奖，你在这说些什么。"因为她不懂这方面的东西，觉得她已经到达了一定的高度，已经很好了，还学什么别的东西，这是非常可怕的一个想法。我不想当井底之蛙，我也能理解她，因为我就是这样走过来的，但是我要去反思、要去思考。

我非常骄傲自己可以成为芭蕾的一员，而且我一直在说我是被芭蕾选择的，不是我选择的芭蕾。虽然它在我的人生道路上调皮地设置了这么多的关卡，但其实这不是芭蕾舞本身带给我的，更多是教学环境，是一个还未发展到那个高度的过程当中必定会呈现的问题，是人和人的事，不是人和艺术的事。在大学学习的时候我也在反思，很多时候我们其实在误解芭蕾，我们认为它要求你达到一个度，其实它并没有那样去要求你而是人为的，过于苛刻的要求就过度了。比如一些人认为练芭蕾要软得像体操运动员似的，一个人本身不能掰成那样，要硬窝成那样，好像不软成那样就不行。这是芭蕾吗？静下心想一想，并没有说谁对谁错，但如果你想要当一位好老师、一位好的教育者，不能因为人云亦云或者大家都那样就延续下去，这样永远都没有进步。

我常常在网上分享脊柱侧弯的一些相关知识，告诉大家怎么去预防，教家长去看自己孩子的脊柱，因为很多时候家长不懂这些，我就用我这些年所学到的，教家长们像医生一样去看孩子的脊柱。

有一位妈妈在自媒体上看到我，她私信告诉我说她在海南，晚上她给 6 岁的女儿洗澡时，按我教她的方法观察她女儿的脊柱，看完后五雷轰顶，她发现女儿的脊柱歪得实在太厉害了，她当时特别害怕。我回信说："你不要慌，尽快带她去看医生，她才 6 岁，你不要害怕，一定能治好的。我发现自己脊柱侧弯时都已经 20 岁了，已经成型恢复不了了，早一点儿发现早一点儿治疗，相信我她一年内肯定能好。"

这位妈妈的执行力非常强，第二天就带孩子去了专科医院，10 天左右她女儿就戴上支架、穿上了专门矫正的衣服，两个月后她把她女儿的 X 光片发给我，脊柱已经被矫正了很多。她妈妈说："老师，要是没遇见你，我都不知道我女儿哪里不对。我总看着她身体歪歪的，还想着是不是因为小孩没劲儿造成的，没想到她脊柱侧弯得这么严重。医生当时也说脊柱侧弯太严重了，怎么没早点儿来？"我说："您能告诉我她几岁开始下腰练后腿的吗？"她说："4 岁开始下竖叉，做过向后弯腰双手抓后腿，两条腿的软硬程度不一样，一条腿特别软，另一条腿特别硬，一直都是这么练过来的。"我想说这太可怕了，4 岁练什么下竖叉抓后腿呀，没有这个必要。但我也不好说，我担心家长一激动跑去找她女儿的舞蹈老师，最终我们找到了解决的方法。作为母亲就要坚强，母亲坚强了孩子一定没问题。最后她特别热情地说："您以后如果有机会来海南，我们一定要好好款待你们全家。"还有很多交流的例子，包括子女考舞校没考上，妈妈坐在考场外哭着给我发信息的。我一有空就会回复她们，我理解如果生活中有一瞬间不好的事发生在自己的孩子身上，做母亲的都是希望自己能替她去承受苦痛。我也是妈妈，我特别理解她们，因此我愿意付出时间去帮助她们。

我有这么多机会去学习，让我看到了这么多一般舞者看不到的东西，而且我读过两个硕士，在香港读第一个硕士时我英文非常差，但我的导师们一点都不嫌弃我，把所学的都教给我，最终让我能够顺利毕业。后来我有机会去读纽约大学，还拿了全额奖学金，我每天控制用不到 10 美元来吃饭。其实我是刻意要求自己这样做的，并不是当时没有吃饭的钱，当了那么多年演员手里也有点儿存款，但我觉得作为一名学生，我不想让自己过得太舒服，所以逼着自己紧迫起来。有时候并不知道为什么这样想，当时就是这样做的，我妈从香港把我的东西带回家时还问我："你这些名牌包包、衣服要不要带？"我斩钉截铁地说："一个都不带。"所有有牌子的东西一律都不带，只戴一副眼镜，穿最普通的衣服，也不化妆，自己就是一个普通的学生。

入校前我就精打细算，我的奖学金涵盖学费、伙食费和住宿费，但我不想额外花自己不多的存款，我合计好一天最多花多少钱。我想把奖学金的一部分省出来看演出，特别想去纽约百老汇，还有大小剧场包括 studio、whatever 很多演出都想去看。如果演出票很贵，200 多美元，我一定会排队去买早鸟票，有时能抢到 50 多美元的学生票。我想方设法把看演出的票钱省下来，算来算去一天我最多只能花 10 美元吃饭。我尽量按照计划行事，结果是我做到了！虽然日子不怎么宽裕，但我也挺高兴的。刚到纽约我依旧不自信，没人给你呵护、关爱，尤其刚去时还受到过种族歧视，加上校方给的压力，国外按 A、B、C、D 的成绩算，如果有一科考试低于 B 就将被开除。B 其实算良好，这是纽约大学的原话。当时我听到这话脑子都要炸了，吓得我一身汗。如果我被开除了，那我怎么活？吓得我在学校的那两年寝食难安，生怕哪科挂掉，除了去看演出基本都泡在图书馆，学校图书馆的空调开得太足，经常冻得我坐立不安，我大夏天就穿着羽绒服进去，待上六七个小时，不看到午夜 12 点坚决不回家。

虽然我每天都提心吊胆，但最终的回报还是不错的，我很开心是满分毕业的，对我来说就是个奇迹，我没有期待过这样的好成绩，刚开始只希望别被开除，当我拿到这张成绩单时反复地看，想着："别是给错了吧？我得拿着成绩单快点儿跑，万一他们后悔了。"虽说结果挺好，但是真的不想再来一次，那时候天天逼自己，感觉也是有点儿抑郁了。

我在北美这边开了自己的芭蕾工作室，当我去做市场调查、去请老师的时候，发现当时没有一个来应聘的老师能够达到我的要求，她们不是专业学习芭蕾的人还非得教芭蕾舞，让我欲哭无泪。工作室开了好几年，结果我一个老师也没请过，就我自己，包括我坐月子的时候想请个代课老师，在当地找了一圈都没找到符合我的标准的。坐月子需要一个月，我问家长："你们希望请代课老师还是等我回来？"家长都说；"您休息去吧，我们等您回来。"

我现在追求的早已不再是舞台表演而是舞蹈教育，我知道孩子是未来，而且北美这边特别强调呵护与引导孩子，尽力保护这些小花朵。

The Body, Mind and Soul

我在国外留学后期学了一门非常受益的课程，称为Somatic practices——身心学，就是将人体分为三个部分：The body，Mind and Soul——身体、大脑和灵魂。是什么意思？身体是工具，大脑是指挥官，简单来说就是大脑实施命令，然后身体服从命令的过程。但是Soul就更难发掘，说实话它是我们最欠缺的，也是重中之重。这的确是我这么多年以来感受到的。我们很多人常常缺这个Soul的一个Inspiration，就是一个启迪、一个启蒙，我们欠缺的是灵魂上的冲击和刺激，或者说是启蒙吧，这个词比较好一点。灵魂是什么呢？是你抛开了外界对你的看法，不再听从外界嘈杂的声音，真真正正拥有对你自己真实的评价，从而知道自己到底想要什么。比如Mind，你每天通过感官去了解外面的世界，当你感受到一些外面的东西之后，脑子很容易乱，你看到大家都穿戴名牌，你的Mind觉得我也想要，别人有的我也要有，然后你的Soul要能够辨别出来你是真的想要吗？还是因为别人有你才想要？你要拎清楚。这是我举的一个例子，可能相对容易懂。Body-Mind-Soul是一个晋级的状态。在什么样的情况下能够感受到Soul呢？是在人的心到达定、静的情况下，有点儿像打坐吧。不过于在意别人的看法，不过度关心外界环境到底是因什么而改变，能有时间沉下心来去想你自己，你才知道你是谁，这个非常重要。

这就是为什么我想把身心学的东西带到舞蹈教育当中来，最大的原因是我感觉大家包括我自己，很多时候是因为别人怎样我们就要怎样，这些是你的Mind看到的东西，而你的Body根本就不允许你做到跟别人一样的程度，你的灵魂是不是真的想要做成那个样子呢？到底知不知道你在做什么？这些都是需要静下来思考的。一定要有人甚至一些老师愿意引领学生去这么思考，我不觉得孩子们能这么快悟出来，等他们悟出来多半都可能到了我现在的年龄。我觉得不能再这样，对舞者来说再这样不就都晚了吗？最后也像我一样徒留很多遗憾。

转开是芭蕾舞当中一个老大难的问题，因为不是每一个人的髋关节（俗称胯部）都能够有那么大的一个双腿外旋的空间，很多时候大家总觉得使劲压、使劲踩，恨不得把髋关节掰断就能转开了。其实我在国内、国外当舞者这么多年，所有的总监、团领导都说李怡燃你转开不好。去意大利学习了以后，我只用了一个礼拜的时间就把转开练到了180度，完美的转开。我当时就哭了，泪水忍不住地一直流。那一刻我一点儿没被踩，一点儿没被掰，一点儿也没被压，全都是深层肌肉训练。

课程持续了一个礼拜，每天要练6个小时，大部分时间都在地上躺着练，都给我躺迷糊了，一点儿都不夸张。一个礼拜以后我站起来了，我的腿能够转开到180度，天哪！简直难以置信！我当时心想："谁说我李怡燃不能转开，是我没有练到对的肌肉。"心情豁然开朗，觉得原来转开根本不只是踩、压出来的，而是靠深层肌肉的刺激和激活。我恍然大悟，为什么我们以前练了那么久还达不到自己的转开极限，是表层肌肉太强壮，卡住了里面深层肌肉的发力。如果想要感受到深层肌肉，必须学会让表层肌肉放松。这听起来好像是一个很复杂的训练，其实它并不复杂，只是需要你静下心来感受到谁是深层肌肉，谁是表层肌肉，必须非常静，而不是很功利地要求自己赶紧转开，得在一天内转开，那你肯定这辈子也转不开。

出国后我一直保持紧张的学习状态，没有一刻停下来过。我也能查到很多的芭蕾资源，疫情防控期间也可以上网课，可以跟澳大利亚老师上课，跟意大利老师上课，也可以跟美国老师上课。我马上要跟美国国家芭蕾舞大剧院教材编写的大师上课。这边经常会有这样的Community，一个连接的方式跟前辈们学习，他们教龄长达四五十年或五六十年。你看他们教课才知道什么叫作大师课，什么叫真正的老师的Trainning，就是芭蕾教师应该去接受的教育，而不仅仅是那些所谓的舞蹈培训班教点组合、考个级、拿个证。说实话我真接受不了从第一个舞蹈组合跳到最后一个，跳得特别好的可以拿证了这种方式。不太能接受这种模式的教师培训，你光学组合然后把组合再教给学生，这种教学的意义何在？老师一定要知道学完组合后在教学过程中运用时碰到的困难，然后怎么去解决这些困难。当孩子就是理解不了一个动作、左右脚不分时你能怎样帮助她解决实际问题？怎么用她能理解的话去引导她？老师要学的是这个。

拥抱曾经的我

我非常心疼“曾经的我”，那种执着追求的劲头让现在的我浑身发抖。如果有时光机，我一定要穿梭回去抱抱那个我，我会跟她说：“你很棒！加油！无论遇到什么事情都不要害怕，你可以的，相信自己！”我觉得曾经的我太可怜了，我真的很想去拥抱她。

我记得自己写过一句话：“我非常恐慌，在黑暗当中摸索着向前，很多时候都想席地而坐，但不知道为什么，一个声音告诉我要向前爬，不论前面是什么，都要向前爬。”我最害怕的是根本不知道前面是什么，只有一种又黑又冷的感觉。

我很感谢自己没有停止向前爬行，我老公也说：“一切都是最好的安排，你看看，如果没有那时候也就没有今天的我们。”我和老公是在香港的大街上偶遇的，并非他人介绍，他有时打趣说：“只差一分钟，也许我们这辈子都不会遇见，这是否也是最好的安排呢？”我说：“必须是！”

■ 2022年12月24日，李怡燃全家在加拿大多伦多的家里共度平安夜

完美

其实芭蕾没有完美，只是我们在不停地追寻完美。完美的路上其实挺坑人的，本来就没有完美，还得让我们去追，就好像没有这块大饼还得让我们吃，有时候感到特别虚无。减肥时，觉得只要我身材再瘦一些、胸再小一点儿，似乎就接近完美了，但其实不仅仅是所谓的身材问题，而是我对芭蕾的很多认知，包括芭蕾舞训练的理解上都有一点儿扭曲，就是自己使错劲了还不自知。好像航向早已偏离了你想达到的所谓的完美和目标，反而离完美越来越远。

舞在“梦”中

我那年因伤离开舞台之后，还经常梦见在舞台上演出的情景。但 99% 都不是美梦，几乎都是马上要上台了，鞋系不上，衣服穿不上，舞台怎么跑也上不去，累得一直喘……醒来后一身冷汗，原来是梦啊！

我减肥的时候也总梦到吃饭，经常梦到吃盖饭，吃得特别特别香，觉得这辈子最香的饭就是在梦里了。半梦半醒时老后悔了，想着是不是吃了什么得赶紧去吐，完全醒了才反应过来原来是梦。然后自己赶紧摸摸床上四周的东西，有没有把什么床上用品给吃了！

忽然想到这些是因为我们家今天吃西红柿炒鸡蛋，我在收拾菜盘底儿，老公又给我添了半碗米饭。因为我在喂孩子母乳，容易饿，家人总是想让我多吃些。看着碗里的饭，再看看身上的肉，我忽然意识到很幸福，这是让我把曾经没吃上的和吃完吐掉的补回来啊！

芭蕾七年

甘露

这七年，该从何写起呢？

时间过去了，可是我脑子里还是她们小时候的模样。地板胶有明显划痕的北京舞蹈学院附中的大教室，清晨的阳光照进来，无论冬天、夏天，教室里都感觉不到外面的温度，只是窗外花红柳绿提示着季节的变换。在这里，孩子们都习惯了从窗户望出去，因为她们从站在把杆的那一瞬间起，就习惯了独自面对，面对成长的自己和流逝的时间。她们小时候专注于芭蕾和吃，因为这两者对她们而言意味着挣扎，她们的爱与挣扎将终生伴随她们，在她们 10 岁的时候，就已经融入她们的生活里，让她们进行取舍。从附中的小南门走进学校，一进门就有一个小卖部，下课时这里熙熙攘攘，各种零食在学生们纤细的手指间晃动着。但是大多数是中高年级的孩子，因为低年级孩子的生活费是由班主任掌管着，每个星期按时发放。为了控制她们吃零食，每个星期老师们给她们的生活费极少，她们买零食会犹豫半天。刚进学校的她们也不会冒险去买火腿肠这样的零食，怕老师在每周一让她们上秤时，自己又会多出二两肉来。一年级芭蕾舞科的孩子是不能出校门的，她们只能从早到晚待在教室和宿舍。她们在从宿舍到教室的那一小段路上，打量着这个考试时无比向往的校园和那些拥有美好身段的高年级的姐姐，以及用早熟的眼光评论高年级的男生和老师，说着还会露出羞涩的表情。看着她们，我拼命地回想我的少年时代，是不是也是这样过来的，但是好像也没有太多相似，或许学舞蹈的孩子更为早熟吧。她们对美有极致的追求，这一点从小时候就建立了。她们喜欢看美好的事物，也会懂事地为美付出，比如舍弃自己最爱的冰激凌，或者一个假期为减重只吃番茄和黄瓜。也许不会太心甘情愿，但是一穿上紧身的练功服，她们就会嫌弃身上那些多余的脂肪。尽管在我们看来简直不值一提，可是她们眼中是容不下的。她们难以让自己的嘴尽情放纵，尤其在学校，好像是被念了咒语的孙悟空，变得服从乖巧。她们跟我说，超级期待假期啊，可以回家大吃特吃，可是我清楚，她们也只是想想而已，因为老师早就跟她们的父母打好了招呼，放假不能让孩子无节制地吃，并且开学的第一节课就要上秤，吃进去的总是要还的。所以父母也不敢贸然应许孩子的愿望，因为若要减重便会更加痛苦。她们选择芭蕾，就注定一生在胖瘦这个问题上做一个计较而刻薄的人，痛并快乐的感受是她们要及早领悟的。

10岁的她们是一群多么可爱的小人儿，头上挽着小小的髻，抬着头，清秀干净的一张小脸，眼神清亮，脊梁随时都挺直着，伸着细长的脖子，沉着肩，迈着八字脚。远远的，你就能清晰地分辨哪些是跳芭蕾舞的孩子。刚进学校时她们接受的是芭蕾初级的训练，到差不多三年级时，当她们的身体机能都准备好的时候，才能穿上她们梦寐以求的足尖鞋。我至今还记得她们第一次领到足尖鞋时的表情。足尖鞋是根据每个女孩脚的大小发放的，但当她们其中的一些人真正成为芭蕾舞演员时，她们一年四季所穿的足尖鞋是根据自己的脚型定制的，因为每个人的脚都不一样。对于芭蕾舞演员来说，一双合适的鞋对她们而言极为重要，这是一定不能马虎的。她们会随时带着针线，自己缝好鞋头和鞋带。在上课之前或者在排练的间隙，她们常常坐在教室的地板上，把背包里的各种小工具铺开来，一针一线地缝鞋，那种专注很吸引人。她们握着足尖鞋，根据自己的情况又是踩又是掰，年龄小的时候踩不动还会在双人舞课堂时请男同学来帮忙踩，就为了把鞋头踩得稍软一些更为合脚。鞋头是最硬也是最难缝的，偌大的针很吃劲儿，常常让她们的手伤痕累累。但是，她们几乎不会埋怨，她们认为，对于跳芭蕾舞的女孩，缝鞋是最基本的事。或许在学跳舞之前，她们从来不会想到自己的女红会做得如此出色，每个人几乎都是一把好手，包括男孩子也都一样。虽然他们缝的都是软鞋，但是也是穿针引线熟练至极的高手。

我很喜欢看她们缝鞋，特别是三两个女孩坐在一起，像极了中国古时候一家妯娌谈笑间做着女红的情景。她们彼此聊着家长里短，交流着小心思，时间就在指缝中飘走了。那密密麻麻的针脚倒是见证了时间的流逝。

她们低着头，缝着鞋，额头还留着练功后的几滴汗水，几缕发丝垂下来，显得很优美，尽管那时的她们只有十三四岁。

■ 2005年，在北京舞蹈学院附中的宿舍里，我们在一起

■ 18年后，我们依然在一起

不能轻易放过自己

口述者：屈方钰

童年

我小时候身体特别弱，经常去医院，妈妈觉得舞蹈可以让我强壮，就给我报了班。在业余班里，中国舞和芭蕾舞是混着学的，没有特别区分。我学了一段时间，老师就让我们立足尖了，穿足尖鞋跳一些简单的舞蹈。

我属于很努力也很听话的学生，老师让我怎么做，我就按老师的要求去发力。我的腿是肌肉型的，大腿外侧的肌肉比较发达，看起来一点儿都不细溜，有点像青蛙腿。刚接触足尖鞋的时候，我对脚趾的疼痛也没有太多印象，老师说让穿就穿了，没有特意教我怎么绑带，也不知道当时自己是怎么琢磨穿上的。

有一次，我们排芭蕾舞节目，不是我们现在看的古典芭蕾，是舞团老师自己编的。那天，彩排、走台，晚上才正式演出。彩排完到演出前空的那几个小时，我就一直没有脱下足尖鞋，没有人告诉我要脱鞋，我就一直穿着直到那天深夜演出完。演出完，我的脚背就肿了，鼓出了一个大包，特别疼。后来才知道不能这样长时间不脱足尖鞋，它会挤压双脚，使得10个脚趾在鞋里无法舒展，尤其是脚趾前端，挤在窄窄的鞋头里，拼命往里收缩。但是我不敢告诉老师，第二天还继续排练，晚上还得演出。我忍了一天，排练时跳得也不好，老师走过来问我："你怎么回事呀？"我低着头说没事，直到下课后见到妈妈，我整个人顿时就绷不住了，一边哭一边说："我的脚肿了，痛到不行了。"我以为妈妈会抱抱我，安慰下我，没想到她竟然让我继续坚持，她没有说马上带我去看看医生什么的，妈妈在舞蹈这件事上真是特别执着。那时候我8岁。

考舞校

11岁那年，业余班的老师跟我妈妈建议让我去试一试考北京舞蹈学院附中，初试是在我老家西安考的。考试前，两个老师一直帮我排练。有一次压腿，老师跟我说："你要是考上了北舞附中，我就送你一个漂亮的钱包。"她还记得我小时候特别喜欢钱包。考试那天，因为我是跳《白毛女》的喜儿，妈妈提前给我买了一整套舞蹈服装，红衫绿裤，还有一个道具长辫子。十几年前了，考试的流程我记不清了，但我记得舞蹈中我做了一个 arabesque 舞姿，就是主力脚垫立在半脚掌上，另一条腿抬后腿至90度。这是我第一次在专业的老师面前展示自己，又紧张又兴奋。我就立在那儿下不来，立得特别稳。没想到我的初试就这样过了，当天老师就通知家长："去北京复试和三试。"

去北京复试的时候是冬天，1月底，风很大，感觉特别冷。考试前，我参加了一个短期培训，是在北舞的附中楼，一位专业老师教我们。每天都是傍晚开始上课，晚上九点左右结束。当时我和爸爸住的那家小宾馆离舞校特别远，每次下课爸爸都来接我，先从舞校走20多分钟到白石桥的公交总站，再坐车，

■ 2005年9月2日，屈方钰考入舞校后让爸爸给她拍下了第一张照片

大概一个小时的路程，下车走回宾馆差不多晚上 12 点了。那时候我就想考上，好像也感觉不到累。后来爸爸跟我说，当我第一次站在附中楼上的专业课大教室门口，扒着窗户往教室里面看的时候，我的眼神里充满着渴望。

考试当天，在舞蹈学院正门鹅黄色的主楼前面，围了特别多的家长和考生。大家站在那儿等待着，充满焦虑和急切。我记得考生是分批进入主楼的，一位老师带我们进去。在准备的教室里，我们放下包，换好体操服，在那边等。考试的时候，我们排成一横排，老师一排一排地看，被看过的学生要去教室边上面对着墙蹲着，老师不让我们回头。之后，一位老师还拿了一罐巧克力，发给等候着的我们。考试的时间特别长，我们是中午进去的，晚上才从教室出来。我从小就比较内向，不爱说话，直到结束也没有跟其他任何小孩聊过天。

后来我考上了，我小时候的老师真的送了我一个特别可爱的钱包。在舞校读书的七年里，我每天都把它带在身边，它就像我的护身符一样。

舞校开学的时候，是我姑父开着车，舅妈、舅舅和父母一起送我来的北京。我特别开心，想着终于可以不用父母管着了，我能放飞自我了。我们凌晨 4 点多从西安出发，路上经过我姥爷、姥姥家，两位老人站在路口送我，我在车上有点儿难受，但那时候还不懂得思乡的滋味。后来我听妈妈说，姥爷并不想让我独自去那么远的城市求学，他觉得不应该让我这么小就离开家，父母不应该这么做。

想家

开学的前一天晚上，宿舍熄灯后，同宿舍的同学们全都躲在被窝里抽泣。我们都是各哭各的，没有去互相安慰，因为大家才刚刚认识。这一晚，在新的环境、新的床铺上，我相信每个人都没有睡踏实。清晨 5 点左右闹钟响了，我们开始正视现实，从今天开始，意味着我们要学会自己打理生活上的一切事情。

刚入学都很想家，有些同学适应得快，可能一两周就适应了，有些同学就适应得慢。我是属于极慢的，当我真正离开父母时，我才意识到自己这么恋家。

一年级，我们的芭蕾课总是从地面勾绷脚的动作开始，练习各种转开、控制的慢动作。有坐着练的、躺着练的，还有趴着练的。躺在地上练一点儿也不轻松，地面就像是身体的画板，身体摆放着各种姿势，稍微歪一点儿都能被老师看得一清二楚。怎么把身体摆正，上身直立，后背展开铺平的感觉，我们都是从地面的动作开始去体会的。

周末，老师也不允许我们出校门，有特殊原因要出去得跟老师申请，批准后有假条才可以出去。班主任太了解我们都想出去干吗。如果申请买水果，一周顶多批准出校门一次。我们的生活费都在老师那儿保管着，一次只发给我们五元，我们就只能计划着花，一点点买水果，小部分留着偷偷买点儿零食。

女孩们特别爱吃零食，但这对学芭蕾舞的我们来说是严格禁止的，只能偷偷吃。虽然老师不让吃，但食堂会卖像花生豆、香蕉片一小包的那种零食，太诱惑了。大家都知道吃零食会长肉，可是越不让吃就越想吃，这大概是孩子的天性吧！

一到冬天我们就特别想吃泡面，但没有足够的热水，大家就突发奇想，把袋装的泡面撕开，干饼放在保鲜盒里，撒上油包调料，倒温水扣上盖，放在暖气片上。把暖气当火用，哈哈。我们以为这样就能泡开了，过了一会儿面饼还是一整块，油还糊在上面。我们顾不了那么多，愣是用筷子使劲和开，就那样吃了，还觉得特别香。

估计老师从小也是这么过来的，很了解我们，所以她会常常突袭宿舍，检查大家的储物柜。有一天中午，老师突然走进我们的宿舍，要求我们把柜子全部打开，大家吓得不知所措，不敢动也不敢吱声。我们在打开柜门前，其实心里挺纠结的，明明知道老师不让吃，还是会存一柜子零食，知道打开柜子肯定是要被老师狠狠责备，只能在心中默默祈祷老师这次能放我们一马。有个同学的柜子里放了一瓶饮料，放在比较靠前的位置，老师没注意到，她侥幸逃过了一劫。等老师走后，大家聊起这事，说那瓶饮料那么明显，为什么老师没拿走呢，后来才知道她是远视。

学芭蕾的第一年，我觉得自己整个人迷迷糊糊的，一直处于想家的游离状态中，足足持续了两年，我都觉得自己有点儿抑郁了。每天回到宿舍，只要一看到自己置物架上的小东西就会想起家人。宿舍里都是架子床，我常常坐在下铺同学的床上，一只手扶着栏杆，整个人陷入那种抑郁的状态中。别人一问我："怎么了？"我也没有表情，只是说："这是我妈买的。"

我当时还计划着逃学呢，自己幻想着把床单、被单系成一根绳子，挑一个合适的时机像电影里那样从窗户溜走……

后来，我在练功房碰见一位家长，她的孩子也想考舞校，她问我，我就一直劝她孩子别考，也不知道她后来考没考。

那两年里，每天有两个时间段我最想家——早上起床和晚上吃饭。

记得冬天的时候，西安家里没有暖气，早上起床比较冷，爸爸总是帮我穿裤子，我上半身还在被窝里，腿就被拉出来套裤子了，整个人闭着眼睛，迷迷糊糊的。这情景一直存在我记忆最深的地方，那一刻觉得好幸福。现在在舞校每天起得特别早，因为要出早功，无论晴天还是下雨。第一次来北京，听到清晨乌鸦的叫声，我小时候没有听过，就觉得心情会受到影响，感觉很低落。晚上吃饭的时候，我也会想家。我小时候放学都是回家吃饭，爸妈做的饭菜特别好吃，我边吃边跟爸妈聊着天。现在我独自在学校里，觉得很孤独，也不是太合群，所以我在适应舞校生活上花了很长时间。

有天傍晚下着小雨，下了课，我在去食堂的路上一边哭一边往食堂走，当时有同学看到我，她们已经习惯了我这样，也不知道怎么安慰才好，就去跟专业老师说了。老师赶到食堂，一直陪着我，安慰我。但我心里根本没听进去她的话，还是沉浸在自己的世界里，一边哭一边吃，说不出的伤心。在学校里，老师就像我们的父母，当你没有人去依靠的时候，能天天碰面

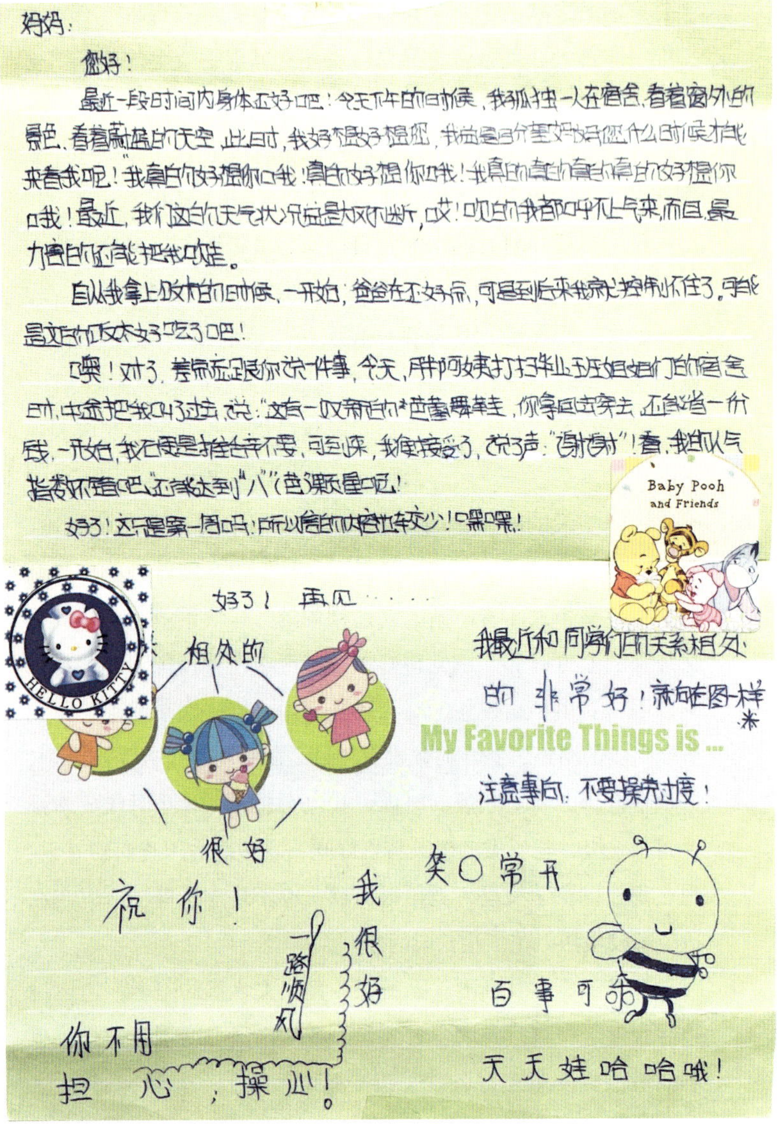

妈妈：

您好！

最近一段时间内身体还好吧！今天下午的时候，我孤独一人在宿舍，看着窗外的景色、看着蔚蓝的天空，此时，我好想好想您，我总是在盼望妈妈您什么时候才能来看我呢！"我真的好想你哦！真的好想你哦！我真的真的真的真的好想你哦！最近，我们这的天气状况总是大风不断，哎！吹的我都呼不上气来，而且，最厉害的还能把我吹走。

自从我拿上饭卡的时候，一开始，爸爸在还好玩，可是到后来我就控制不住了。可能是这的饭太好吃了吧！

噢！对了，差点忘记跟你说一件事，今天，阿姨打扫毕业班姐姐们的宿舍时，中途把我叫了过去，说："这有一双新的芭蕾舞鞋，你拿回去穿去，还能省一份钱。一开始，我还是推辞不要，可到后来，我便接受了，说了声："谢谢"！看，我的人气指数不错吧，还能达到"八"（芭）蕾级呢！

好了！这只是第一周吗！所以信的内容比较少！嘿嘿！

好了！再见……

■ 舞校一年级，屈方钰边哭边给妈妈写下了第一封信

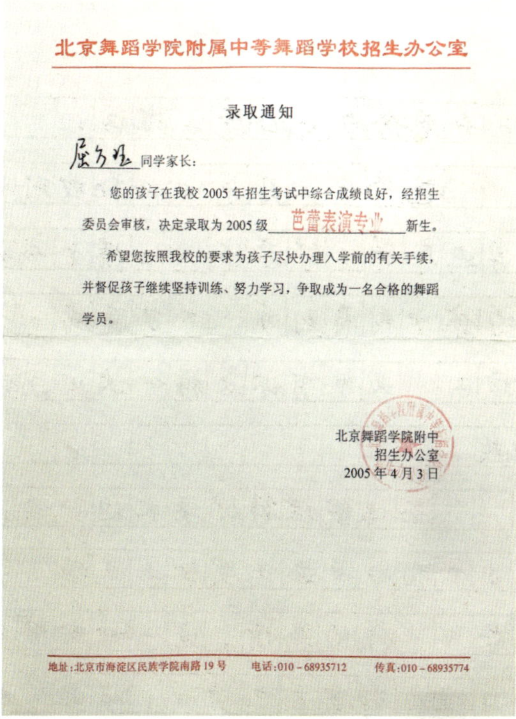

北京舞蹈学院附属中等舞蹈学校招生办公室

录取通知

屈方钰同学家长：

您的孩子在我校2005年招生考试中综合成绩良好，经招生委员会审核，决定录取为2005级<u>芭蕾表演专业</u>新生。

希望您按照我校的要求为孩子尽快办理入学前的有关手续，并督促孩子继续坚持训练、努力学习，争取成为一名合格的舞蹈学员。

北京舞蹈学院附中
招生办公室
2005年4月3日

地址：北京市海淀区民族学院南路19号 电话：010－68935712 传真：010－68935774

■ 2005年夏天，屈方钰收到了舞校的录取通知书，爸爸为她珍藏到现在

■ 2005年秋天，父母第一次一起陪着考入舞校的屈方钰来到北京

万分想念的女儿爱子你好：

爸爸在九月十四日就收到你离开我们身边后第一封来信，心情十分感动，在你的信中我看到你一下子变成一个很懂事的孩子，我为有你这样的女儿感到荣兴和骄傲。

爸妈很理解你现在的心情，小小年纪不在我们身边又要独立生活，干所有和成年人一样的事情。这一切都很不容易，学习练功都要自己操心，你都做的很完美这真有些了不起，这一点爸妈为你深感敬意和自豪。

爱子爸妈就希望你成长为一名又坚强学习优秀专业突出全面发展的孩子，学这门艺术是很苦的，但世上做每件事都要

■ 2005年，屈方钰考入舞校后收到的第一封爸爸从西安寄来的回信，她珍藏到现在

付出心血，我相信你会理解这些，在学习上要勤奋向上，抓紧安排好时间，专业要刻苦完美地展示自己最优秀的一面，和同学搞好团结，出门在外这一点很重要，和人交往就要乐乐大方，生活上要注意卫生，爸妈不在身边，穿衣要注意天气变化，记住爸爸对你的叮嘱。

妈妈今天下午六点钟坐火车到京看你去，我一大早就草草写上几句话顺便让妈给你捎去，以表爸爸对你的关爱和思念。

有时间把自己画画练一下，人常言：艺多不压身，这些对你将来的事业有是有帮助的，保重自己身体，有事多和妈妈联系，她定会帮你解决。好了就暂写这样

祝我心爱的女儿

学习进步，身体生活安好

厂址：陕西眉县常兴火车站　18 × 15 = 270　第　页
电话：0917—5633582　邮编：722302

的就只有老师。所以直到今天，我依然特别感谢我的那位老师，虽然她那时候也不过 30 岁出头。

有一段时间，我特别想学钢琴，但我家经济条件一般，学钢琴很花钱。我的专业老师知道后，就让她的先生免费教我钢琴。她先生是我们学校的钢琴老师，每天上课也很辛苦，但是他都会抽出中午午休的时间教我一个多小时。虽然后来我没有坚持下去，但是这一段经历让我受益匪浅。在人生路上能遇到这样的好老师，真是非常幸运。

条件

我最开始学芭蕾是懵懂的，但班里有的同学很早就知道自己的目标，有自己的学习方法。大概在附中三年级时，老师告诉我们“条件占七分，努力占三分”的时候，我才了解到自身条件的局限性。学芭蕾舞在某种程度其实挺宿命的，跳芭蕾舞的孩子好像大多是被芭蕾选中的。

跳芭蕾舞的人身体需要是黄金比例，书上有一句话说：“三长一小一个高”，“三长”指腿长、手臂长、脖子长，“一小”指头小，头小脖子才显得长，“一个高”大概是指脚背高。这些是先天条件，柔韧性后天多少还能练出来，当然柔韧性在某种程度上也有天生的成分。

我从小特别硬，柔韧性不好。那时专门有一节课就是练软度的，在业余班叫毯子功，在舞校叫素质课。那时候毯子功班里的同学竖叉都压下去了，就我半天都下不去。回到家我妈妈就把我关到小黑屋里，让我压竖叉，压不下去就不能出来。当时我特别无助，既害怕又不敢反抗，还得独自忍受身体上的疼痛，我就边哭边压。不知道过了多久，忽然竖叉就压下去了，或许是哭到整个人发软了吧。

舞校附中一年级，我们在操场上压腿，大家面冲着围栏，一字排开，把腿搭在上面，手指勾在围栏孔上，保持身体平衡。我发现紧挨着我的那个同学很软，我就问她：“你怎么那么软？”她说：“我是天生的。”我才开始对“天生”有点意识，但并不理解。我总觉得腿就是需要压才会开的，后来我才知道其实每个人的软硬程度都不一样。包括我现在作为专业老师，教的学生也是，有些人不用压就很软，有些人就特别硬，即便天天压也只能是在硬的程度上变软一点儿。

我一直在跟“硬”做斗争，跟减肥一样，对于我来说一刻都不能松懈。我天天都压腿，压下去了稍微感觉软一点儿，但第二天腿又恢复到之前的那个高度，简直是“弹簧腿”。我必须重新压，不压腿都没法上课，感觉每天都在重复折磨自己。我在附中的七年，一直在追求变软，因为它会影响我抬腿的高度和舞姿。

有一段时间，素质课老师带我们出早功。在主楼的教室里，通常都有一块巨大的绿色地毯，每次压腿前女孩们都要排成一列一起同步卷地毯。卷好后，我们需要借助前腿搁在地上，后腿搭在地毯上，这样压，然后老师会专挑比较硬的人去压，我每次都会被压。她会直接坐在我的后胯根上，坐上去好久，我特别疼，但得忍着，是那种感到非常酸痛、韧带被撕扯的感觉，仿佛整条腿快被压断了。刚开始很剧烈，慢慢地深呼吸趋于平静就能适应一点儿。之后，你会有那么一瞬间感到无法忍受，因为老师会不断往下加力，压的力度已经超越了你本身所能承受的极限，不断在适应新的高度的痛。这时候你只能拼命地忍，反抗是不可能的，因为你的肌肉会变得紧绷，老师坐在上面也会感受得到，她只会说“胯根儿放松”。如果长时间压一只腿，到最后会变得完全麻木。压腿时，老师会要求把胯根儿摆正，要不有些人可能会适时偷点儿懒，歪点儿胯，因为这样能稍微缓解下疼痛。

后来腿疼，我也分不清是拉伤了还是被压得疼，也不确定大早上压腿会不会对韧带造成一定的损伤。所以我现在教课时都会考虑到这方面，让学生做足了热身之后再压腿。

寒暑假回家，我们也要天天压腿。我有两种方式，第一种是把前腿搭在椅座上，后腿搁在地上压；第二种是站起来，把一条腿搭在门框上。我经常把腿搭在卧室的门框上，在门框里可以压前腿和旁腿。就是一条腿搭在门框上，另一条腿站在地上，手扶着墙，保持身体的平衡。这样压一会儿就会觉得自己力量不够，不能完全抻到韧带。我会让爸爸帮我掰腿，让他站在我身后，拽住我的脚腕子，往头顶的方向拉。因为在学校老师就是这样帮我压的，我就让他按这种方法帮我掰。老师掰腿的时候，再疼都得忍着。在家爸爸帮我掰的时候，我就挑他的问题，一会儿说他这儿掰得不对，力太大了，一会儿又说力不够要使点儿劲儿，好像把自己对疼痛的感觉全部发泄到爸爸身上。爸爸还说："我知道你疼，我都不敢使大劲儿，坚持坚持。"

有一天下了特别大的雨，那天我有业余班的舞蹈课，妈妈的态度特别坚决："你别想着不去练，别说下雨了，就算下刀子也得送你去。"爸爸本来想骑自行车送我去，一出门，路面全都积满了水，雨水差不多都漫过了膝盖。爸爸推着自行车，我们就这样艰难地蹚着水往前走。从家里一直走到业余班，我们花了将近两个小时，走到教室后我们全身上下都湿透了。

这件事我从没跟妈妈交流过，不知道她还记不记得。现在回想起来，这就是一种坚持、一种态度。妈妈不仅对我的舞蹈执着，她对她自己跳舞也很执着。她现在年纪大了，每天都去跳广场舞。她特别当回事，早上去公园里跳，晚上在家门口跳，很少缺席。她还跟我说老师表扬她，说她舞感特别好。

学芭蕾舞确实需要一点儿狠劲。如果你真受伤了，父母肯定会心疼，但是不能说歇就歇了。人的天性都是自己怎么舒服怎么来，我在很多事上对自己比较狠，也是因为从小父母对我潜移默化的影响，我觉得不能轻易放过自己。

在外人看来，我们学芭蕾舞的人对自己的要求都比较高。其实成为芭蕾舞演员之前，在舞校的那段时间里大家就已经养成了很好的习惯。你已经不觉得是对自己狠，而是觉得付出是理所应当的。

把杆中间

把杆就像坐标系的横轴，中间即一个平分点、一个焦点。那个时候，我们每一个舞蹈生都被所处把杆的位置来定义。老师不会明说，但是你自己可以去领会。大概是附中三年级时，我才逐渐明白这个中间的位置意味着什么，每到学期末，我们把杆的位置就会重新排序。

期末的把杆位置对我们来说比较重要，大家都会关注老师把谁放在中间，只有班里最优秀的学生可以站在把杆中间，就像舞台上的首席舞者一样，是最受注目的那一个。估计学生时期的每个舞蹈生，都渴望有一天自己站在把杆中间。

我常常站在中间把杆的角落位置，这个位置不算优秀但也不算差，或许也比较适合我。如果站在中央的话，一定会时刻有压力，容易紧张。考试的时候你会觉得谁都在看着你，我虽然在角落，相比旁边把杆，心里又会有一种小小的优越感。

我天生条件一般，胆小但又执着，不会刻意表现出欲望，但是在学习态度上还是非常的踏实的。老师可能看到了我的努力，所以从小就比较照顾我，把我放在中间把杆的角落位置，也算是对我的一种认可。

练功衣

一年级，我们穿的是体操服和白色短袜，腿是露在外面的，那时候还没有规定穿连裤袜。冬天也是这么穿，很冷，我们附中楼的专业课教室暖气也不足，每次课前冻得我们都起鸡皮疙瘩，大家得不断地做踢腿和弹跳才能暖和起来。上芭蕾课，为了让老师能看清楚我们腿部肌肉线条的走向，即便冷也都得这么穿。刚开始我们一直拼命练出缝匠肌，就是从膝盖内侧到大腿根的一根斜线走势的肌肉。当时我的这条肌肉练得还不错，老师还拿我做示范。如果你仔细观察优秀的芭蕾舞者的腿部线条，几乎都有一条细长漂亮的缝匠肌。

在舞校经常是紧身的练功衣一穿一整天，因为专业课跟文化课是穿插着上的，为了图方便也就很少换。每天早上一起床，先穿上练功衣和裤袜，再套上自己的便装，洗漱完毕，再盘好一个完美的芭蕾髻。刚开始我们总是在梳头上花费太久的时间，因为“包包头”真是不太容易梳好。上芭蕾课的时候，我们都会被老师调侃：“你们的发型像刚从被窝里拱起来一样。”

穿上练功衣，身体会有一种被紧紧包裹的感觉。衣服的用料不同，体感也会不同。有一种棉质的练功衣，吸汗功能比较好；另一种是氨纶的质地，摸上去手感比较滑，弹性相对比较好。但是都因为太过贴身，多吃一点儿多余的肉就马上凸显出来，所以我们课前就少吃，连水也不敢喝。

女孩在发育阶段体型会产生些变化，有些发育得比较早，胸部就会凸显，胸大的女孩穿上练功衣就更加明显，也没法去掩盖。到了冬天，如果身体没有预热，女孩胸部常常会凸点。

■ 舞校三年级，屈方钰与同学们开始学习双人舞，班主任特意给他们拍了张大合影作为纪念

那时候小，也不懂贴乳贴，女孩一起上课还好，但男孩、女孩上双人舞课时就比较尴尬了。进教室前，会有点儿担心男生会不会看到。为了掩饰，我们也会刻意地做热身运动，让身体迅速热起来，避免露点。

一堂芭蕾课下来，我们的练功衣胸背早已被汗水浸透，如果下午还有专业课，就又再暴汗，所以几乎每一天，我们的练功衣都是从湿到自然穿干再浸湿，衣服上就出现一道道白色的汗渍。等晚上练完功回到宿舍，大家第一件事就是洗练功衣，在公用的盥洗室里总是浸泡着一盆盆待洗的练功衣。盥洗室就成了大家解压的地方，女孩们边洗衣服边聊天，有说有笑的。直到现在我在家洗衣服都习惯手洗，只是身边少了相伴的同学，聊天也变成了听手机里存的歌曲。

冬天，我们的宿舍暖气片上挂满了体操服和裤袜。体操服会摆放在暖气片的凹槽中，裤袜则是一圈圈地缠在暖气管上。当看到暖气上没有余地的时候，我们会偷偷地挪一挪舍友的衣服，想办法把自己的搭上去。老师会规定每天要穿统一颜色的练功衣，如果洗了干不了，我们就只能穿着湿的练功衣上课了。

练功衣和裤袜一年四季陪伴着我们，冬天，我们当保暖内衣穿，夏天，我们会在外面套件T恤，下身穿条短裤。芭蕾专业的女生都习惯把裤袜的脚底剪个洞，向上卷至小腿肚的位置，趿着人字拖三三两两走在舞校的校园里。

在舞校里，芭蕾专业的女生很少穿裙子，偶尔穿一次便会引来男孩们别样的眼光。在我们的印象中，我们的校服就是体操服，大家每天都要穿统一颜色的体操服，最期待的就是每学期老师给我们集体订购新练功衣的时候。每天，班长都会通知大家明天穿什么颜色。偶尔也会有人穿错颜色，会比较尴尬，仿佛你一人在教室里跳独舞。

芭蕾的性感是一种身体线条的性感，芭蕾舞者通常都很瘦，都是严格选拔出的。在常年不间断的专业训练后，脖颈、四肢、背部乃至全身的肌肉都会出现优美的线条，并非我们常说的所谓“S”形曲线、丰满的那种性感。在练芭蕾的时候，我们常常说身体立“直”，是打破了身体自然曲线的一种姿态，就需要有意识地去做，不断地调整。

上秤

每周老师至少来称一次体重，平时我们每个宿舍也摆着一个秤，我们每天早起、睡前也会主动称。睡前是人一天比较重的时刻，通过一晚上的新陈代谢，早上上完厕所则是一天最轻的时刻。

附中时我们用的是体重秤，我们都是排好队依次上秤的，如果感觉自己胖一点儿的同学会心虚地站在后面，等到称秤时你让我、我让你的，但终究得有一个胆子大的硬着头皮顶着压力先踩上秤。

老师有时候是上芭蕾课前让我们称重，有时候是下课后称。我们喜欢下课后称，因为上芭蕾课会出很多汗，水分减少了，体重自然会比课前轻，我们的心里就轻松点儿。称完重如果瘦了，我们就可以心安理得地去食堂吃点儿东西。如果你上课前就知道自己比昨天重了，那么在上课的时候就会使劲让自己出汗，心里抱着这样的侥幸心理。

上秤的时候我们都是踮着脚，提着气，屏住呼吸，站在秤上的身体是倾斜的，身体重心大多在前脚掌上。保持这样的姿势的确不太容易。每个人上秤时都低着头，眼睛直勾勾地盯着秤的显示器，生怕多长了一两肉。我们在称体重的时候，老师坐在秤的正前方，旁边会有一位计数员，是后面还未量的同学。班里专门有一个记录本，记录着每一学期每一位女生的体重。所以，你什么时候胖了、什么时候瘦了，老师一查本子就一目了然。

在舞校的时候，发胖对我来说是一种深深的负罪感。特别是在吃东西的时候，这种感觉最强烈。每天我们要面对的选择题是吃什么，怎么吃，吃什么不会发胖。当你来到食堂，各种美食在诱惑你，这些选择题就开始在脑海里不断跳出来。如果我满足了自己的口欲，我就要付出长胖的代价；如果我少吃一点儿，我的精神、味觉、情绪上就得不到满足。这种矛盾时刻充斥在我的每一个跳舞的日子里。

发胖了以后，当你面对镜子审视自己的身体时，会特别厌恶自己，完全不能接受有一点点肉感的自己。特别是你身边有那种总吃不胖、苗条的同学时，这会严重刺激到你的自尊。

我记得附中二年级的下学期，我尝试跟同学一起去食堂吃饭，午饭、晚饭每顿跟她吃的量差不多，大概一周，看看会不会发胖。我本来胃口也小，吃的就会比她少一点点。那一周里，我就总是希望自己能跟她一样，要胖一起胖，或者我俩都没有变化，这两种结果在我看来都是公平的，我都能接受。

一周后，到了称体重的时候，我胖了好几斤，而她的体重竟然一点儿都没变。当时，老师看到我的体重数变化很大，问我最近究竟吃了些什么，我一时语塞。事后，尽管我表面没什么反应，但内心早已失衡了。从那一天起，我就像受了刺激一样，心里立了个目标，我必须瘦下去！这件事情促使我开始减肥。那一刻，我才明白在身体上并没有所谓的公平，只是每个人的体质不同罢了。

在集体的生活里，你很难做自己。现在回忆起来，自己减肥并不都是为了自己，更多是为了让别人看到。因为老师在乎，同学在乎，你自己就很难不在乎。

长胖的我们被罚到操场跑步，或是在教学楼爬楼梯，从一楼爬到五楼，从五楼再下到一楼，无数遍。我们希望能暴汗变瘦，达到芭蕾对身材的要求。

我在班里其实还算瘦的，但偶尔也会有发胖的时候。每个班里都有那种易胖体质的同学，她们一直处于减肥的循环中。减肥对她们来说是家常便饭，她们受的罪、努的力不比任何人少，承受失败的结果却比别人更多。也许她们中有人早就认清了没有绝对的“公平”，所以以更好的心态接受自己；也有人处于跟自己死磕的恶性循环中，只要是学芭蕾一天，就不能接受发胖的自己。

上秤的这个数字就可以决定我们的情绪。当你称完发现轻了的时候，你看到镜中的自己才会觉得全身上下都很顺眼；反之，则处处挑剔。

有的同学甚至会用大拇指和中指环扣在自己的手臂上来测量胖瘦，有的会用双手的拇指和中指环扣在大腿上来测量。通过这些伪科学的方式来了解自己的胖瘦，倒也是那时的乐趣。

老师也没有讲过特别科学的方法，更多的是自己的揣摩。我看到高班学姐每天晚上在卫生间里，往身上一圈圈地缠绕保鲜膜，分别在腿、腰、胳膊上都裹上，然后再穿上密不透气的减肥衣用来捂汗，她们每天都穿成这样去练功或是去操场跑步。在教室自己练功的时候，能看到大家穿着花花绿绿的减肥衣，不知道是真的减肥还是习惯穿，就像当下的时尚潮流一样。

放假回家，我也试过裹保鲜膜，特别不透气，再穿上减肥衣去捂汗，长时间这样，皮肤起了很多小疹子。每学期放假回家，我就会有减肥的压力，因为家里会做很多我喜欢吃的菜，但我的运动量远远不及在学校的时候。快开学之前，我就会让父母帮我裹保鲜膜，他们不太明白，就听我说这样能出汗。那时候我不管练什么，一定要把自己折腾到浑身出汗心里才会踏实。等脱了衣服后，保鲜膜都变形了，两手一拧全是汗，这时候特别有成就感。

开学时，同学见面会说“我感觉你瘦了”，对方通常都会回一句“没有，没有，我觉得我胖了”，这是来自舞蹈生的独特对话。大家互相猜测着对方，即便知道自己没胖，也不愿意讲出来。我们开学的第一件事就是集体上秤，多多少少的数字开启了我们又一学期的舞校生活。

催吐

大概是在舞校四年级我 14 岁的时候，我看了那部名叫《中央舞台》的电影，里面有场戏是一位芭蕾舞者吃完比萨后，立刻跑去卫生间催吐，这一幕给我留下特别深的印象。有一次我回姑妈家，她带我去参加一个聚餐会，有个阿姨就问我："你们跳芭蕾的人是不是要特别注意饮食啊？是不是什么都不能吃啊？"那天她们点了很多比萨和一些快餐鸡翅，她就说："没事，你吃一块，吃完可以吐了。"

催吐方法是我自己琢磨出来的，也没有跟谁学。我发现吐之前要吃很多食物才能吐出来，相当于暴饮暴食。先吃很多干货，再灌进去大量的水，让食物在胃里膨胀，这个时候会感觉比较恶心，我就用手指去压舌头根儿，一下子就吐出来了，每次吐的时候都感觉烧嗓子。吐完后我会洗把脸，漱漱口，仔细看看镜中的自己，看见自己眼睛有点儿发红，像刚哭过一样。这是我当时的秘密，没有人知道。

那段时间，我跟同宿舍的同学走在一起，她觉得我有点儿奇怪。因为每天都在一起，稍微有点儿不对劲，对方就能有所察觉。我每次吐完回来，她就会问我"你干吗去了"，我就说"我上厕所了"。可能她觉得我这么长时间在厕所里不太正常，我也不清楚她知不知道。

在家里我也吐过，爸妈就在外屋，我在卫生间吐的时候就得小心翼翼，不能出大声。我也不能吃完饭马上就去，这样会太明显，需要找准时机。但是如果时间长了，食物慢慢被消化了，就得再大量灌水，想方设法吐出来。

从小我的胃就不太好，经历了不断的催吐以后，更是雪上加霜。我发现自己的胃变得越来越差，总是打嗝。正常人是吃饱了才会打嗝，我是随时随地都想打嗝，而且停不下来。在学校还要注意一些，因为是在公众场合。假期回到家自己就放得开，妈妈还问我"你这是咋回事"。过了艰难的一段时间，我自己突然想明白了，决定不再继续摧残自己的身体。

我在班上已经算很瘦的了，但依然怕长胖，大概就是心病，在舞校总是想着要瘦。其实，瘦和胖都不难，最难的就是保持住。老师不允许胖，你也不能让自己胖，那怎么能控制住呢？就像站在天平的中间，既不能多一点儿，又不能少一点儿。

我小时候不懂，因为不懂才容易走极端。一说减肥，老师就说“吃点苹果、黄瓜、西红柿”，哪个小孩喜欢吃这些东西呢？要是学校食堂能把一些低卡低脂的食物做得美味一点儿，提供给正处在成长发育阶段的舞蹈生，也许我们就不会纠结七年。

生理期

在生理期时，我们只要肚子没有特别疼，都会正常上芭蕾课，因为注意力都集中在课上，这种隐隐的痛基本上能忍就忍过去了。

过度的训练一定会影响我们的生理期。在舞校，每次赶上来例假，我都没有太大感觉，经常大跳、小跳照做不误，我本身经血量也比较少；等到放假回家，训练量一减小，伙食一跟上，反而会痛经，量也很多。

竞争

我宿舍有两个同学，上舞校时总在一起，现在长大了，成了彼此的好闺密。在学校的时候，我特别羡慕她俩，而且会在心里跟她们比较。她们其中一个是班里专业最好的，另一个是文化课最好的，我夹在中间。

进舞校前对自己的弱点并没有强烈的认知，但是到了舞校，你的弱点就会显得特别突出。因为我们是集体生活，这么多孩子天天在一起，难免会跟别人去比较和竞争。这时候也没有人告诉你跟自己比就行了。现在我做老师，特别是带要参加比赛的学生的时候，我会跟她们讲：“你们跟自己的水平比，只要比之前的自己有进步就很好。”

在舞校我其实过得比较痛苦，常常出现自卑的心理，也不懂得如何自我调整。我天天都在跟自己的缺陷做斗争，从没有发现过自己身上的优势。

现在教课的时候，我会特别注意言语的引导。一方面是每个学生的条件不一样，另一方面是教业余班压力没有教专业学生那么大，所以我们对业余的学生态度也会宽容一些。因为每个人学舞的目的不一样，她来了就是培养一个兴趣。而且上课期间我能感受到谁是真心喜欢跳舞，谁是家长让她来学的。如果是家长让学的，老师也就没必要跟你那么较劲了，不然只会适得其反；那种自己特别喜欢、特别想要的，我就会对她要求高一点、严一点。

舞校的一天

舞蹈生们都经历过早起占教室出早功。每天早晨6点，大家都收拾好提前背着包站在宿舍楼的大门里，竖着耳朵听宿管阿姨拿钥匙的声音，此时，大家早已迫不及待地想要冲出大门了，心想“一定要占到教室”。阿姨总是不急不忙地走到大门前开锁，门打开后，大家争先恐后地飞奔到主楼里抢占空教室。你会看见教室里的灯一盏盏亮起，很快就照亮了我们主体的大楼。如果没能占到教室我们就惨了，特别是在冬天，大家只好垂头丧气、不情愿地到操场上开始跑步。对于舞蹈生来说，即使没有教室，早功也是一定要出的。

我们的早功一般从早上6：30上到7：15，每次下课时间

■ 为了减肥，屈方钰缠着厚厚的保鲜膜，在舞校的操场上奔跑

也不确定。如果是我们自己出早功就会准时下，如果有老师看着就没谱了，全看老师的心情。时间充裕的话，我们会去食堂吃早饭，来不及的话就买点儿边走边吃。一年级的时候我们不能出校门，只能在学校食堂包伙，饭菜基本是固定的。在食堂我第一次见到蟑螂，跑得特别快，在堆叠的塑料碗上蹿来蹿去，当时觉得太恶心了。那也没办法，你还得用那个碗盛饭。

二年级时我们能出校门了，我会经常在学校西门门口小摊儿买个鸡蛋灌饼或土豆丝卷饼。

芭蕾课常常被安排在上午第一、二节，有时是第三、四节。第一、二节基本是从早上 8：00 开始，而且老师会要求你必须提前半小时到教室活动。我更喜欢先上专业课，因为后面有文化课，专业老师就不会拖堂。如果是第三、四节上专业课，那拖堂的可能性极大。

有一次我们第三、四节上芭蕾课三连堂，从上午 10：00 上到 12：15。三连堂是三四年级才有的，一般前一个半小时穿软鞋，后 45 分钟穿足尖鞋上课。

那一次真正结束都下午 1：00 了，我们当时是站成一横排听老师总结，突然听到“咚”的一声，有一个同学晕倒了，不知是因为缺水还是饿了。因为我们在芭蕾课上不能喝水，厕所也很少去，基本都是一口气撑下整堂课。每天上课出那么多汗，如果不稍微补充点儿水分、不按时吃午饭，就很容易出问题。我感觉最后一节课全凭意志力，你只能心里不断地告诉自己“要坚持完这个动作”。

学芭蕾舞，从课前热身到正式开始需要一段时间来找好状态，上课过程中不能分心，说话、聊天都不可以，要始终保持在一个“专注”的状态中，一旦被破坏再找回就会懈劲儿，状态很难再调整到位。

我们有间教室不像主楼那么明亮，我们常在那里上课。那时候我特别想家，有一次上着课就哭了。当时我们在做一个相对静态的动作，我背对着老师默默地流眼泪，忍着不敢出声，不能让老师看见。这时候我发现旁边的同学也哭了，彼此都在默默地流泪，可能是我的情绪把她传染了。

专业课是我们最重视的课，国内有句老话“一日之计在于晨”，所以我们比较重要的课一定排在前面。不过我听说巴黎歌剧院舞蹈学校的芭蕾课都安排在下午，他们上午通常都是文化课。其实我倒是觉得放在下午比较好，因为整个人的身体都打开了，你看所有的芭蕾演出基本上都是在晚上。上午人都是紧绷着的，有点儿硬拉开的感觉，课后也会感觉比较累。我们一到文化课就容易犯困。我犯困的时候，经常会胳膊肘抵在桌上，双手支撑脑袋，低着头假装在看书，其实脑子已经迷糊了。老师们也看出了我们的小伎俩，有些老师就比较严厉，要求我们上课的时候手不能放在桌子上，必须双手背在身后坐直了。

午休差不多有两个小时吧，刚开始我们吃完饭后都会小睡一会儿，还是能保证休息的。有时班长也会在午休时间组织大家一起复习动作，大家会围成一个小圈来依次复习老师教的新组合，从把杆复习到中间，最后是小跳，整个儿顺一遍。

复习动作是不能拖的，如果当天的动作不抓紧复习，隔天就忘了。动作不仅需要脑子记忆，还要通过肢体展示出来。第二天上课你一听到音乐就开始跳了，容不得你花时间去想。所以上课前你必须要做好充足的准备，防止课上忘动作惹老师生气。我们在这事上吃过几次亏，后来也就逐渐养成了“今日事今日毕”的习惯。

我们中午几乎不能休息。每个老师都有她本年度的教学进度，所以基本上午休时间我们都在上芭蕾课。老师总让我们去占教室，因为不是排在课表上的课没有固定教室。刚开始我们还都挺听话的，到后面人就疲了，实在不想再加课了。有一次，我们在附中楼找教室，看到教室里有两个人，就祈祷里面的人千万别走。我们抱着侥幸的心理跟老师说没占到教室，老师完全不相信我们，最后像赶鸭子一样把我们赶回教室上了课。

双人舞

我第一次接触双人舞时，大概是一年级的实习课上，我们11岁，老师给排的《苏沃洛夫》，这是由16个女孩和16个男孩搭伴跳的一段舞蹈。出场前，男孩、女孩排成两队，男孩站在左边，女孩则站在右边。男孩向前伸出左手，做一个“请”的姿势，右手从背后伸过去揽住女孩的腰部；女孩的左手优雅地搭在男生的左手手心上，右手轻轻地提着舞裙的裙摆。出场姿势摆好后，音乐响起，舞蹈就开始了。

第一次和男生身体接触，我感到不自然、害羞，手心还微微地发汗。一到老师说动作要求或是休息的时候，两个人会瞬间刻意地保持距离。在跳舞的过程中，我们的注意力需要高度集中，不仅舞步要熟练，互相还需要磨合。因为男、女生距离比较近，若是错了舞步，很容易就会踩到对方的脚。小时候，我们就是从这种宫廷礼仪式的双人舞开始的，大多是拉拉手、搂搂腰，还没有到真正意义上的双人舞课。

到了五年级左右，我们才真正开始学习双人舞。你会发现动作难度有了明显的增加，男孩经常要做一些托举动作，对后背、臂膀的要求比较高。那会儿听说手比较大的男生扶女生的时候会更吃香一点儿。女孩那时候都要戴着一条黑色腰带，这是为了方便男孩能够快速地找到把位。

我们跳双人舞时，很多时候都是女孩在前，男孩在后辅助。就像把杆一样，你可以借助男孩的力完成更多的芭蕾动作，如果你想单凭自己的力量在足尖上单脚站立，需要肌肉的控制和平衡的能力，完成起来是很有难度的。有了男生扶你，完成动作就会变得更轻松。只要他能找准你的重心点，在足尖上你就能想站多久就站多久。平时你自己转圈最多三圈，多转一圈不知要练多少次才可能练出来，有了男生扶你，我们称为“搓圈”，你就能转到 5 至 6 圈，转圈的快感和自信瞬间就提升了。

当然这过程中也会碰到一些尴尬的趣事。

在男生双手扶在女生的腰部辅助女生转圈的过程中，女孩的双腿会呈“旗和杆”的形态，提起来的那条腿是向旁边打开的，呈三角形。

男女孩身体的距离需要恰到好处，不能太远也不能太近。最开始练习，我们总是把握不好这个距离，女孩的膝盖就成了致命武器，如果不小心碰到男孩的要害部位，只听“啊”的一声惨叫，他皱着眉头疼得在地上打滚儿。你只能不停地小声而尴尬地说着“抱歉，抱歉”，不知道怎么办是好，恨不得找个地缝儿钻进去。

有时候男生的手会不经意碰到女孩的敏感部位。主要是在做托举动作时，男孩双手扶在女孩骨盆的位置，当你从空中落下来的时候，他的手会从你的骨盆位置移至你的腰部，在这个过程中，如果他臂膀无力，没有找准位置，你的身体就像抹了油一样，从他手中滑溜下来，就免不了被碰到胸部。表面上你会不好意思提醒，他似乎也没有表露出来，但是女生内心还是会有感觉的，有时候会小气地觉得被他无意中占了便宜，害羞之余也有点儿不高兴。这或许就是青春期的敏感吧。

我们在舞校的舞伴不是固定不变的，换舞伴要去适应不同的人。经常是高个子男孩搭配小个子女孩，很少出现女孩高、男孩矮的情况。因为必须考虑到女孩立起足尖时的高度，有时女孩穿平底鞋跟男孩站在一起，看起来男孩高于女孩，立起足尖的时候可就不一定了。所以最好是女孩立起足尖跟男孩站在一起，男孩的个头还能高出来一些，这样看起来就比较协调。

跳双人舞的时候，每个人的感受都不一样。有的人会恐高，被托举在高空中没有安全感，表情就会很惊恐；有的人比较享受高空的刺激，好像离地的那瞬间是轻而易举的事情，表情就会比较淡定。如果你害怕，在空中时上半身就更不能松懈，一旦松懈就会晃动不稳，导致男孩臂膀的压力增大，就会增加摔落的风险。每次老师看到女孩松懈，会特别生气，会吼“后背收紧”；之后也会对男孩讲，如果女孩摔落下来，男孩就要当肉垫保护女孩，其实也是在锻炼男孩的责任心。

男生通常也比较喜欢去扶体重偏轻的女生，有个比较自我的男生，给他分配了体重偏重的女生，他便找各种理由更换舞伴。老师当然不可能听他的，作为专业演员，需要适应不同重量的女孩。如果以后进了专业舞团，不可能让自己挑舞伴。那个男孩当时不太能理解老师的苦心，很叛逆，硬是和老师作对，不换舞伴就不上课，最终耽误了自己的双人舞课，不知道他长大了会不会为自己的幼稚行为后悔。

青春期

青春期的时候，有男生跟我说喜欢我，我打电话问我妈“我该怎么办”，想寻求她的帮助。她就一句话：“你不许谈恋爱！”那时候我并没有想谈，但她这么一说我反而有点儿叛逆了，偏要跟她对着干。

我算班里晚熟的，在舞校六年级，第一次收到男生的礼物，我还挺开心的，但也有点儿不知所措。那天是平安夜，我收到了一个大大的苹果，是那个男孩托他的朋友送给我的。等我回到宿舍，同学看到我手上拿着的苹果，说：“你知道送苹果是什么意思吗？”我说不知道。她们说：“在平安夜这天送苹果就是喜欢你的意思。”

不过，那时候我还剩一年就毕业了，并没有心思去谈恋爱，而且我也害怕老师发现，担心她会在芭蕾课上当着大家的面批评我。最后我跟那个男孩也就在一起相处了几天，其实并不是真的想跟他谈恋爱，就是想做给妈妈看，真是特别幼稚。

短暂的登台

我印象最深的是2008年我们与巴黎歌剧院同台演出，那是我第一次有那么近距离接触外国芭蕾舞者的机会，可以观察她们练功、排练。

我记得舞团的一位男老师来班里选舞剧中的小演员，那时候我们并不清楚这样的机会不是每个人都有的。最终，老师选中我作为替补小演员。

那也是我第一次去国家大剧院。我那时对大剧院的初印象是很大、很深，像迷宫一样。

我们被安排在一个化妆间里，化妆间里有一台小电视，它的作用有点像是监控舞台上发生的一切。这里有很多个化妆间，外国舞团的演员就在隔壁，有时一出门就会碰到他们。

我们在大剧院的排练厅练习，作为剧中的小群演，需要了解舞剧的剧情，学习一些简单的舞蹈动作和哑剧表演。巴黎歌剧院的老师让我们看了《帕基塔》里面孩子表演的片段，告诉我们在舞台上应该如何表演。舞蹈动作学起来相对容易，比较难的是哑剧表演。

起初，我们在进行哑剧表演的时候总是放不开，动作很拘束，不自然。排练老师为了引导我们，半开玩笑地说："你们甚至可以在舞台上抠鼻孔。"我觉得不可思议，心想着："平时都是偷摸做的，要在舞台上去表演，多难为情，怎么可能呢！"

因为我们扮演小孩的戏份比较少，所以有大量的时间去观看、学习。在侧幕，我看到一名独舞演员在彩排跳三人舞中的变奏时，在某个动作上接连失误了好几次，她一遍又一遍地练习着，依然没有成功。有时候真的很奇怪，当你某个动作做不好，就特别想要马上去征服它，立刻完成好，这时候注意力更多是被情绪所影响，自己反而没有冷静下来寻找问题的关键，导致情况继续恶化。这时候，台下的艺术总监似乎对她说了些什么，在从舞台走进侧幕的那一瞬间，她哭了……

上舞台对我来说是一件极不容易的事，每次登台演出前，站在侧幕我都会特别紧张。老师总说："你一上台就找不到北了。”在台上我好像掌控不了自己的肢体，更谈不上技术技巧的完成。因为心理不稳定，动作就必然会受到影响，这个问题我克服了很久，一直持续到读大学。后来，我逐渐意识到自己并不适合舞台，而适合在幕后。上舞台时，我也会充满新鲜感和兴奋，但更多的是紧张。特别是即将登台的那一刻，我其他什么都感觉不到，只能感受到自己心脏跳动的声音，感觉心都快跳出来了。我就尝试用深呼吸来缓解，但效果还是不明显。别的演员上了台就忘了紧张，我即使上了台也依旧担心自己做错动作，压力全都出来了，总是陷入一种恶性循环。我越是怕错越会错，导致后面的动作全都想不起来，脑子里一片空白。但就算是这样也得继续跳，因为舞剧不能停，我只能用余光偷偷瞄着旁人，现学现卖。

芭蕾舞需要身心合一，就是头脑与身体要同步。表面上你看到的是一个组合，就是一个动作连接下一个动作，实质上在做每一个动作的时候，内在要非常专注地去感知身体，用头脑去控制你的肢体。我们小时候，老师在课上经常喊“要动脑子”，那时候还不能真正领会到“动脑子”的含义，其实就是用头脑去感知和控制肢体。脑子里有了意识，传递到肢体，肢体最终才能呈现出来，这是需要时间的，每天重复的训练，就是在缩短传递这个过程的时间，形成肌肉记忆。我现在在教成人班的学生时，我跟她们讲动作要求，她们也许能理解，但因为并没有经过从小长期的专业训练，她们身体还达不到。碰到领悟力比较强的学生，学过一阵后，她就能意识到，原来是脑子想明白了，但身体还难于表达出来。芭蕾真的很难。

后来在舞校中高年级，我们比赛、演出机会更多了，老师为什么没选你，自己心里就知道原因，包括每学期把杆位置的

■ 屈方钰从上海同济大学舞蹈专业毕业后回到北京，成为一名专业的舞蹈老师

安排。我开始对自己有了一个逐渐清晰的定位，思考未来更适合走哪条路，于是有了考大学的想法。

完美

我小时候特别在意芭蕾专业课自己考了多少分、别人考了多少分。芭蕾确实是跟别人比较的，不是自发性的比较，是不知不觉地就会被比较。它不像文化课，学会了就是会了，题做对了分就能得到。芭蕾是比较主观的，在审美上会带有一定的主观色彩，比赛的时候，有的评委可能喜欢这样的舞者，有的喜欢另一种类型的舞者，各有所爱。

芭蕾本身就像一位舞者说过的“若即若离”，接触它的过程中常常患得患失，就是你总是不能全部拥有它。因为人每天的状态不一样，它是跟你的身体状况息息相关的，你不可能每天都是百分之百完美的状态，但芭蕾又要求极致的完美。就是需要你一直得有这样完美的状态，但很难达到，各种事情、情绪的干扰，所有这一切都会影响到你。有时候老师会觉得你今天没使劲，但我自己觉得我已经尽全力了，可能就是因为我的情绪不对，我做的动作也不对了。

芭蕾本身有一定的标准，但是每个人又不一样。这个标准要根据你的身体条件再去调整，这个位置搁在哪儿看着比较舒服。比如一个二位手（英皇学派），双臂打开，在肩膀下面一点点的位置，有的人是溜肩，她可以按照标准去做；有的人是端肩，她可能就需要细微地去调动。一定是你知道标准在哪里，再去做调整，就是你要去打破某一种标准，但是又不能完全地去改变它。

芭蕾是有规矩的，每一个动作都有对应的术语，特别是学了英皇学派以后，术语特别细致。以前学俄派的时候，老师也没说过那么多，可能一个术语就代表了一个动作的所有位置，但是英皇就是一个动作、三个位置、三个术语。

舞蹈组合是有规律的，每日练习的动作都是从 plie（蹲）开始。Plie 就像英文字母 A 一样，从 plie 开始就要求双腿在下蹲的过程中打“开”，是一个相对柔和的动作。初学者是从双手扶把开始的，单一练习 plie 来打好基础，集中注意力更多地考虑下半身如何做到位。

Plie 是起点，后面有很多重心转移的动作，很少是直腿到直腿的转移，大多要从 plie 到直腿，包括转也是从 plie 立起来转，跳也是从 plie 推地跳。

练习一段时间后，plie 会和 port de bra（手臂在位置上的运行）组合在一起，来练习腿与手臂的协调性。

每个动作都是从简单的开始，简单的动作最适合磨炼性子。就像想要组成一个单词，就必须把字母记牢，还要学会书写字母最美的方式。这就是芭蕾。

减肥

甘露

在外人看来，芭蕾舞演员是骨感的，但他们常常不满意自己的身材，觉得自己瘦得不够。

舞团有位独舞演员是中途从古典舞专业转到芭蕾科的，他曾给我讲过自己第一次穿紧身衣上舞台时的情景。那算是他第一次上芭蕾的舞台，那天需要演员们穿薄薄的紧身衣、紧身裤跳舞。以前跳古典舞是不用穿紧身衣裤的，那天的这一身衣服让他紧张得要命。他很清楚紧身衣就意味着挑剔，身体的每个毛孔都在等待观众挑剔的眼光，你穿着它，即使站着不动，都会感到浑身不自在，何况还要在舞台上跳舞。虽然这对于一个跳芭蕾舞的演员来说再正常不过，虽然这位演员已在更衣室的镜子前照过多次，但他站在侧幕时，还是不敢往前走，几乎是同伴把他推上去的。

这是他心中的障碍，其实芭蕾舞演员从 10 岁起就已经习惯了挑剔的目光，家长的、老师的、同学的、陌生人的，当然还有自己的……也在很小的时候就习惯了在不断地穿衣、换衣中开始一天的生活。

为了这身紧身衣能穿得好看，女演员们有很多方式折磨自己。她们都知道人的胖瘦跟生活方式、自身机能、遗传等有关系；她们也都知道芭蕾舞是违反自然规律的舞蹈，开绷直立挑战自己的极限。有些人天生就是长肉的类型，如果再管不住自己的嘴，基本上就可以与芭蕾说再见了。我见过 10 岁的女孩在夏天减肥，她们已经很瘦了，但还要不惜一切代价控制自己的体重。其实在发育阶段减重是不科学的，但什么是科学？对学芭蕾的小孩子来说，吃得幸福可以忘却，瘦才是根本的幸福。

也许是从高年级的姐姐们那儿听来的，女孩们用保鲜膜紧紧地缠在自己认为需要减肥的部位，来回缠上好几层，缠紧后再套上减肥衣，大热天到操场跑几十圈。通常学舞蹈的人都穿过这种减肥衣，根据减肥部位的不同，有很多种式样。这种减肥衣看起来薄薄的一层，捂在身上却不透气，温度一高，汗自然就下来了。孩子们做这些动作像熟练工，而且非常坚定地告诉我，前一天这样做就成功减掉了 0.5 千克。如果不去跑步，酷热时她们就缠上保鲜膜，穿两件毛衣外加羽绒服捂汗也成，但这样会比运动的效果差一些，她们也这么做过。

有个北方女孩的妈妈是从事体育工作的，其他小孩很羡慕，觉得她妈妈的减肥方法一定很科学。因为暑假后新学期报到，这孩子瘦了 4 千克。后来这个小女孩告诉我，她妈妈没敢跟其他家长说自己孩子这两月没吃过一口主食，很长一段时间孩子一天只吃西红柿和黄瓜，孩子都快吃吐了，但还是坚持了下来。有一次，妈妈觉得孩子太可怜了，就带着孩子走着去离家有好几站地的比萨店，小女孩痛快地吃了一顿，吃完后却跟妈妈说要走回家，这样就可以把刚才吃的比萨全都消化了……

班里一个小个子女孩在悄悄地减肥，她有一学期没有吃过主食了，总是象征性地拿着餐盘去度过难熬的吃饭时间，连吃几根蔬菜也不敢坐着。有一次学校汇报演出，小女孩们都穿着可爱的绿裙子跳舞，别的女孩穿着都很合身，唯有她撑不起来，好像一张薄薄的绿纸片在舞台上飘来飘去。她始终保持着自己的体重，一年过去了，她也没有长个儿，因为营养不良。很多道理她们不是不明白，可是又没有其他更好的办法去保持体重。

她们就是这样注定矛盾地度过童年的时光。

学芭蕾的孩子们对各种秤的特点了如指掌，她们坚信用电子秤称体重会偏重。每周一专业课后必会称重，那一刻，她们盯着秤的眼神是怯生生的。她们每周要称两次以上的体重，称重前，她们会动作一致地主动奔向厕所，她们认为这样是会减轻一点点的，她们那比开学多出来的体重就是欠芭蕾老师的债。她们还都是些敏感的小孩，很小就学会了察言观色，老师也只能狠下心来装出一副严师的模样。

一个个女孩上秤时踮着小脚尖，一只脚一只脚小心翼翼地站在秤上，连低下脑袋看秤也不敢有太大动静，生怕秤会因为自己的举动而向右边偏离了去。有个小孩每次称秤时一直憋着气，脸憋得通红。为此，其他小孩课下还与她争论过是憋气时体重轻还是呼气时轻，当然各持己见。她们的小脑瓜里有无数的疑问，也有无数的答案，她们是拿自己做实验的小白鼠。

仿佛人生刚开始

口述者：张雪琛

考舞校

我去北京舞蹈学校考试的时候是11岁，爸妈陪我去的，当时本来是想去考中国舞的。在初试的考场上，考官让我去试着考考芭蕾，说这个年龄适合。在考舞校之前我和父母都不知道芭蕾是什么，完全没有概念，所以并不是我选择了芭蕾，而是芭蕾选择了我。

考舞校的时候需要非常严格地看我们的身体条件：看大胯、小胯、脚背，老师们用尺子测量我们的身体比例……记得初试时，老师给我压小胯的时候我特别紧张，我知道自己的小胯天生就不太开，就很担心自己的这个条件达不到要求；包括当时量身体比例的时候，好像标准是下身要比上身长至少12厘米，我的是在12到13厘米之间，所以我的条件属于够格但不算好的。那时候我觉得我长13厘米很正常，后来入学才知道有个男同学居然长过20厘米。我们都惊呆了，这是什么魔鬼条件！

考试有跳自选舞蹈的环节，每人跳一小段，我跳了一段东北秧歌和《塞北的雪》，可惜跳到一半的时候音乐突然卡住了，但我也没有管，坚持跳完了，考官也没有打断我。我猜考官当时对我的印象还不错，觉得这个小孩应变能力还挺强的。专业考完我们还考了文化考试，这是我的强项。

考完这些后还有一项骨龄测试，大家都去拍“手”的片子，预测一下我们大概能长多高。我原来还想为什么要测这个，后来上了舞校就明白了，特别是学芭蕾的孩子，老师会严格限制你的饮食，控制我们发胖，所以先天能长多高，骨龄测量就是其中一个辅助判断的标准。不仅要测我们，有时候还需要测量父母或其他直系亲属的骨龄作为参考。

录取通知书

当时我来北京考试的时候很兴奋，想着跟着爸妈一边旅游一边就考完试了，所以当拿到全国最好的舞校的录取通知书时太高兴了，但是并没有想着一定要去上。因为家里确实是没有从事这个行业的，也不太了解北京舞蹈学院附中的这张录取通知书的分量，当时家里没有特别看重这个结果。爸妈说还是别去学舞蹈了，年龄这么小，一个人在北京他们也不放心，还是留在老家哈尔滨吧。我平时文化课成绩还挺好的，也从来没想过跳舞要学成专业，也没有想过一辈子就干这一件事，想着自己学习成绩也挺好的，还是正常上中学留在爸妈身边吧。但我业余舞蹈班的老师听说我不想去舞校读书，特别吃惊。她觉得被这么好的学校千里挑一地选上，我怎么能不去呢！她跟我爸妈谈了一下午，聊完后，爸妈才清楚这是一个多么千载难逢的机会，后来就让我去了。

想家

和我在同一个业余舞蹈班并考进我们班的有三个孩子，我

■舞校特邀的法国老师在回国前与孩子们合影

们之前也都互相认识，我想着有了伴儿就能很快融入了。那年暑假我挺期待来北京的，并没有预想跟父母分开了会怎么样，但当我真的踏入舞校，在这样一个大环境里却没有父母站在身边的时候，那种感觉其实是非常难受的。

离开家这么远，我们跟父母分离的焦虑越来越严重。

记得开学的第一个晚上，宿舍熄了灯，大家静静地躺在自己的小床上聊着天，一个女孩突然小声说："我想我姥姥、姥爷了。"然后另一个接着说："我想我爸爸、妈妈了……"宿舍当时有六个人，每个人都在说"我想谁了……我想谁了"。说着说着，就听见大家在被窝里小声哭泣，一夜无话。悲伤真的是可以传递的，足足有一个学期，我们都在深夜被这种伤感笼罩着。我们彼此之间也没有互相寻求安慰，仿佛刻意要让自己的情绪宣泄出来。第二天早晨起床，每个人的枕巾都是湿湿的，眼睛也都是红肿的。但是一到了教室，我们必须小心藏好自己的情绪，忘掉这些，开始一天紧张的学习和生活。

减肥

小时候在舞校，中午不能休息，大家为了减肥，都顶着烈日排在宿舍阳台上做“颠儿”的动作。“颠儿”是一种介于跑步和踏步之间的动作，要把自己的骨盆提起来，半脚尖着地，就在那不停地“颠儿”上一中午。你没有办法原地跑起来，但原地踏步也不能强化我们的运动，所以就只能“颠儿”。这个并不是学校的规定，是我们自发的，因为每一个学芭蕾的女孩都知道，瘦是必须的。

在这里，我们都要不断控制自己的饮食，控制摄入的卡路里，要始终保持苗条的状态。一年级的时候，就是因为食堂的饭做得太好吃了，我吃胖了3千克，到期末的时候，学校就通知我：必须找家长，让你妈妈来一趟！当时班里还有另两个女孩也长胖了，校领导说：“这三个孩子要是再不减肥就勒令退学，把户口打回原籍。”反正就是很严重，我当时就觉得，完了，我要被退学了，我得回哈尔滨重读初中吗？后来我爸妈商量过后，我妈决定放下她的工作从哈尔滨来北京陪读，首先陪我减肥。最开始妈妈也不懂用什么方法能让一个小孩快速减肥，她就给我做炒青菜，几乎不放盐，我跟另一个也被要求减肥的女孩住一起，我们俩每天只吃一盘青菜。这样持续了十天也没减下来，我妈也很着急。后来，我和那个女孩只要得空就裹着保鲜膜、穿着完全不透气的减肥裤在烈日下不停地走路和跑步，持续了好长一段时间，终于瘦下来了。我们这种减肥方式在舞校很普遍，好像是个传统，我把保鲜膜厚厚地缠在大腿上、腰上、手臂上……然后使劲勒紧，缠得很高，特别难受，但那会儿想着只要能瘦下来，我会对自己的身体“不择手段”。

第一次减肥是成功了，之后我又开始偷偷吃零食，实在忍不住，心想自己一天都没吃饭，吃两个肉松条怎么了？吃两个沙琪玛又会怎样？我侥幸认为不会长胖，想不到没过几天，我就把妈妈费了那么大劲儿帮我减下去的几斤肉长回来了。长胖后我的心理压力特别大，想着妈妈为我付出这么多，我竟然这么不懂事，感到很内疚。我不希望老师再叫她来陪我减肥，于是我就开始自己盲目减肥。减肥的过程更痛苦，因为没有摄入足够的热量和能量，就是单纯地不吃饭、少喝水，所以在跳舞的时候我整个身体没有劲儿，人也萎靡不振。有一次，我在专业课上抱后腿做动作，直接晕了过去。老师赶紧给我掐人中，让同学买了一瓶脉动饮料给我喝下去，我才缓过来。这事儿以后，我平时会稍微喝点儿低糖酸奶、吃点海苔，吃那种热量极低的东西，后面也就慢慢瘦下来了。在减肥最难的时候，我也一直没敢吃减肥药，因为听说吃药减了 2 千克能胖回来 3 千克，我就放弃了。

我们的食堂应该是外包食堂，没人在乎我们附中的舞蹈生应该科学地吃些什么。因为我们和大学是同一所校园，大学生可能吃那些高油、高糖和油炸的东西没问题，但是我们还在青春期，在发育阶段吃那些特别容易发胖。我们那会儿自控力也差，也不清楚吃这些会为自己带来多大的负担。如果可能的话，希望未来的舞校食堂有一个单独的窗口，只做一些低脂的，能提供能量、蛋白质的食物，也许更适合还在成长中的舞校孩子。

在我自己减肥的那段时间，我不知道是不是可以称为抑郁，那段时间常常觉得心情不好，每天特别低沉，后来发现只要我控制自己吃东西的话就会不开心、情绪低落。我从小就爱吃，喜欢尝试各种好吃的，为了控制体重，我一直在抑制自己一直喜欢的一件事，而我又并没有那么热爱芭蕾，所以就会很纠结、很痛苦。我在舞蹈上既没有被认可而得到某种成就感，又没能在吃上满足自己，这让我很痛苦。

附中的孩子还都处在一个三观没有完全建立起来的阶段，非常容易受周围人的影响。其实包括减肥、练功、学习，本来都是些积极向上、追求进步的事情，但那个时候如果谁处于这样一个非常努力的状态，大家的态度反而不是说我跟她一起练，我们一起变好，而是在背后或者当着你的面跟你说一些诸如“就你努力，就你上进”这样的风凉话。所以那个时候我的心理压力挺大的，你很清楚自己一定要这样往前走，但同时还要承受别人对自己的议论，那种不太友好的感觉我一直都记得。当时独自去练功、减肥这些事情都会被大家议论，你必须要偷偷地去做这些事情，而不能光明正大地去做，小时候不明白这是为什么。那时候大家还是希望自己是合群的，特别是父母都不在身边的时候，你渴望跟同学们相处融洽。当我因为这些事情显得不合群的时候，就会想：“我做这些事情不能让他们都知道。”这时候，我可能会去偷偷练功、偷偷减肥、偷偷做一些对自己专业有益的事情，不告诉任何人，只有这样，我才能跟大家更好地相处，他们才不会孤立我。其实在舞校，大家都处在这样一个竞争压力很大的环境里，我并没有多大野心，只是害怕别人超过我，仅仅担心自己被落下而已，所以才会以这种方式去取得进步。所以在舞校附中的七年，我并没有感到快乐。

竞争

我从小就感受到竞争，有一回跳《海峡》三人舞，我们被分成小个组和大个组，一共有六个人。我当时觉得小个组比大个组表现力更好，以为我们小个组真的可以上台表演，没想到到了演出那一天，老师直接让大个组上了台，好像从排练到演出，小个组到最后都没能穿上那件华丽的演出服跳上一遍舞，那天我一晚上都没有睡着。我怎么也想不明白，脑子里一直是三人舞中第二段变奏的舞蹈，在自己脑子里跳了一晚上。我心想自己比她跳得好，为什么不能跳？这件事对我影响挺大的。10年后的今天，我也成为老师了，慢慢就能理解了，可能相对而言，大个组的线条感更好，而且这样的一个舞蹈作品对于技术的要求没有那么高，当两组都能够完成的时候，大个组的观感更佳。现在我都能理解，但是小时候老师即使给你讲这些道理，你也没有办法站在这个角度去想，只会认为自己付出了那么多的努力，不会认为这么多的努力就输给了外在条件，但是芭蕾里面最残酷的事情，就在于对演员自身的身体条件的标准太苛刻，所以条件不好的人尽量想清楚再做选择。

那时候我每天都去练晚功，练晚功一般是练自己白天没做好的动作。但我每天到了教室先去热身，之后趴胯、压腿，做了很多琐碎的事情，最后真正留给我练习动作的有效时间也就只剩下两三分钟。我小时候完全没有开窍，也没有好的学习方法，老师就算提醒过，去练晚功就是练自己不好的，但是自己也没法做到，我还是会在把杆上做到Rond de jambe这一步，才开始练那些完成得不好的动作，自己每天花了非常多的工夫，几乎占满了自己的时间，但并没有太大进步。我小时候太在意别人的眼光，在教室练功的时候大家也像是处在一个社会环境中，有那么多人看着你，要是总做你完成得不好的动作，别人会觉得“她怎么看着这么努力还练成这样……”，所以你还是会展示一下自己擅长的部分，实际上大家都没有踏实下来好好练习，心里都很浮躁。

我是那种胆子特别小的人，除了我很小的时候学会的“翻”那些技巧以外，稍大点儿就不敢做任何会让自己摔倒的动作。

转圈儿我都会停在安全的点上，比如说转“两圈”对我而言安全，我就会停下来，因为转“三圈”有摔倒的风险，我不会再坚持那一下。包括很多的技术技巧都是这样的，我会让自己一直在一个安全、舒适的区域待着，所以转圈儿为什么从来都练不好，大概是因为没有真正摔过。

双人舞

上双人舞课的时候不会有害怕的心理，因为我感觉跳双人舞很安全。转圈儿的时候我也可以使劲、努力、放心地转，因为会有舞伴扶住我。我年龄小，青春期来得也比较晚，我跟男生跳舞没有任何羞涩的感觉，我们之间好像就是好朋友。刚开双人舞课的时候还是希望跟一些专业性更好的舞伴跳，比如说他的托举托得好、他扶圈儿扶得好，我就会希望跟他一组。我们男班长在班里扶圈儿扶得是最好的，我跟别人跳可能只能转三个圈儿，跟他跳他能给我“搓”成六个圈儿。男舞伴会辅助你完成一些高难度的动作，在被他辅助的过程中你会觉得那一刻我们好厉害，我们居然共同完成了一个很厉害的动作。在舞校上双人舞课和上芭蕾课不一样，上双人舞课的时候就没有去想自己跳得怎么样，就觉得“动作都完成了，还不错”。印象比较深的就是转圈儿这件事，我转圈儿的时候很容易重心在后面，是男舞伴给我扶圈儿的过程中告诉我说“你的重心太靠后了”，然后我开始学着往前推重心，他又告诉我“你的上下身脱节”。他们扶着我的时候我开始学着让上下身收紧，虽然到毕业我也没有完全学会什么叫上下身保持一致、不脱节，但总是去注意还是会好一些，所以在他们的帮助下我或多或少有了一些进步。

因为我胸部发育晚，所以跳舞时男舞伴不小心碰到了可能他也不会有感觉，自己如果反应过度反而会有点儿尴尬，只是

■ 2006年2月，开学前夕张雪琛穿着减肥衣在家疯狂减肥

赶紧把他的手拿掉或者推一下也就结束了。转圈儿的时候腿确实有打到过男生的私密处，好像是转圈儿还是跳其他动作时打到过对方，好像……挺疼的，男舞伴都躺在地上打滚儿了。我当时还觉得好笑，因为我不能理解他有多痛。

我们大概在附中五六年级开始分班，班里只有一半的女生可以去上双人舞课，另一半女生要去上变奏。去变奏班的基本上就是为考大学做准备，而班里跳得好的一般都在双人舞的班里。我当时就觉得我肯定是要选择考大学的，那我应该会被分在变奏班里。当时分班的时候老师叫名字，没有叫到我去双人舞班，我有点儿失望但是想着也很正常，因为我已经预设了这样的一个结果。但过了一会又有人来叫我去双人舞班，说："有你，有你，你快来吧！"我突然内心还有点儿小激动，就是有一种“被认可了，你跳得好才能进双人舞班”的感觉。我那会儿挺高兴的，但是自己表面上又不能表现得那么开心，毕竟最开始没有叫你然后把你叫出去了，那其他留在变奏班里的人，她们会不会就不开心？可能我从小就想得比较多吧，但确实回来的时候，就有人酸酸地跟我说“哟，高兴了吧”这样的话，我回了她一句：“高兴什么呀，我本来也是要考大学的！”

我觉得自己在专业上虽然没有很好吧，但也不至于不好。自从双人舞课把我选上了以后，我就更坚定了这个想法。

青春期

我发育晚，可能到了附中六年级时才来例假。最开始印象里是班里一个男孩给我掰后腿，那天给我掰得有点儿疼了，掰完回家就发现有一点儿血流出来，然后我就跟我妈打电话说：“掰后腿怎么能……”我倒不害怕，我妈说：“你有可能来例假了，你看看下个月会不会来。”但我下一个月并没有来例假，好几个月都没有，我当时心想：“他够狠的呀，掰个后腿都给我掰出血来了，这也太过分了……”差不多半年之后吧，我就开始来例假了，我就觉得：“噢，原来那时候是第一次来例假。”我很好奇，我在网上搜到有人确实是和第一次隔了半年才再来的。

赶上来例假，上课的时候我会开始担心，当然班里同学也有拿例假当借口请假的时候。有一回上双人舞课，我的脚趾磨了两个很大的疱，马上就要破了，穿上足尖鞋特别疼，我当时心想：“要是因为这个请假，老师肯定不会同意！”于是，我就跟老师说：“我来例假了，肚子痛。”老师就让我在前面休息看课。我来例假的时候肚子并不疼，只是那天脚实在太疼了，我感觉自己要坚持不住了。很多人脚破了都没有休息，大家都用创可贴贴上，然后穿上足尖鞋继续练，但我真的是穿进足尖鞋后每立一下都会感到钻心的痛。这也是我唯一一次在专业课上请假。

关于这方面，我们老师还给大家订过关于青春期的书，像《男生那些事和女生那些事》。女孩有三个宿舍，男孩有三个宿舍，一共六本书，三本女孩的、三本男孩的，让大家互相传看，里面就有关于青春期的很多常识。

我刚刚上附中一年级，十一二岁的时候，班里就有一个男孩跟我说他喜欢我。他跟我说他喜欢我的时候，我当时义正词严地跟他说："如果你喜欢我，你就等着我，等七年后咱们附中毕业了就可以在一起了。"那时候我心里认为，我们是来学习的，还没有成年，一定要附中毕业、成年了以后才能谈恋爱啊！附中二年级的时候他还没有死心，他就托另外一个男孩给我打电话说："问你最后一遍，你到底答不答应他？"我说："我说了，等七年后毕业了才可以。"听了这几句话，他就果断放弃了，后来他跟班里的另一个女孩恋爱了。

青春期的时候，我也喜欢过班里的一个男孩，他也知道。那个男孩属于那种暖男，但也有点儿渣，小的时候就显露了他这种特质，他会对我很好，明知道我有一点点这样的感觉，他会让我觉得他对我也有这样的情愫。我就会幻想"他是真的喜欢我"，但是实际上他对很多人都这样。那个算是初恋的萌芽，就是你很单纯地觉得自己喜欢一个男孩。

可能也是两方面，一方面是那个年龄就会对感情、爱情这方面有一点点的萌芽和期许，另一方面是上舞校那会儿大家都在看言情小说，《龙日一你死定了》《那小子真帅》这类言情小说，宿舍里大家背着老师，偷偷买了超多的言情书互相传阅。我一本都没有买过，都是借别人的在周末看。当然也是看言情小说让我养成了快速阅读的习惯，在周六下午一个半小时看完一本，一本接一本，看到后面我觉得没多大意思了，反正内容都是一种模式，宿舍那一柜子的书基本上都看完了。当时像看热闹一样就看完了，其实自己在生理上还没有发展到那样的成熟度。那种言情小说都太脱离现实生活了。

附中的时候我并没有想过谈恋爱，一直觉得要认真学习、好好学习，到大学以后才可以正式谈恋爱。这好像我心中的一个信念，就是不能谈恋爱。后来直到我上大一的时候都没有办法跟男朋友拉着手走在校园里，我觉得别扭，特别别扭。跳双人舞的时候是专业需要、学习需要，但是谈恋爱不是。那个时候男朋友觉得我神经兮兮的，就是我不能跟他拉着手走在有人认识我们的地方，我一定要跟他保持一定的距离，这或许就是从小埋下的信念的延续，也很幼稚。

把杆中央

我小时候一般都站在旁边把杆第一个，之前不记得哪个老师说过“这个位置需要脑子好使”，因为她要记动作。特别是我一般都站在右手边的第一个，每个组合都是从右边开始做的，刚开始每一个组合我都是在最前面。但是我并没有觉得这个位置特别重要，我们所有的人都知道，那个能站在中间把杆的学生是最厉害的。

一般能站在把杆最中间的一定是条件最好、跳得最好，班里专业最优秀的那一个。学期中我们也会轮把杆，到期末的时候会排一次把杆的位置，中间把杆是跳得最好的，旁边把杆的位置没有办法去定义，不知道旁边把杆哪个位置算是好的。现在，我自己能够审视别人的时候，我发现中间把杆真的是要放条件好的人，因为她都是侧面展示给别人的，如果打不开她怎么站在那儿呢？她每个动作都是关着的确实也不好看，作为老师一定会有这样的考量，特别是她的期末课要展示给别的老师看，她一定会把班里那些条儿顺溜的孩子放在中间，让别人看着会很舒服，这是非常正常的选择，没有任何问题。

我从没有奢望过老师把我放在把杆中央，因为我很清楚我的蹲有多么不开，我都没有办法直视镜子里的自己。转开在芭蕾里特别重要，因为这个不是我努力就能做到的。转开是天生条件，若天生条件达不到，就没有办法去要求，所以你就不能一直跟自己过不去。

自卑

芭蕾带给我的有坚韧，也有一种自我怀疑、自卑的心态。越是到舞校高年级，我越发现自己只是脑子反应不错，身体表现实际跟不上。当你觉得自己越来越得不到那些机会时，你的自信心就会受到打击。直到现在，我都会很羡慕那些骨子里就特别自信的人，不管这个人是干什么，是当演员还是干任何职业，他（她）对自己若有自信，那他（她）都是带着光芒的，你都会很羡慕他（她）有那样的一个状态。

周围的人常说我："你很好呀，你都挺好的，你为什么不自信呢？为什么没有安全感呢？"我觉得跟我学习舞蹈这些年有关系。

小时候在芭蕾课上，老师问前一天晚上大家回去练没练Echappe（一个芭蕾动作），我就举手了，我确实是练了，但对老师而言没练对就是无效练功。老师没看出来我的进步就很生气，那会儿她就责备我和另两个同学，我当时很不理解，感到很委屈。她坚信我撒了谎，我们仨就一直站着，那会儿马上要下课了，她就让别的学生做腹肌 100 下。别的同学都躺下去开始做了，她就盯着我们仨，意思是："你们干吗？你们也一起做！"我们就躺下开始做。尴尬的就是大家都做完站起来了，我也做到100个了，我也就直接站起来了。但是另外两个同学就很聪明，她们觉得老师生气了，她们就多练一会儿先不结束。老师就在教室边上使劲瞪着我问：“你拍够100下了吗？”我说：“拍够了。”她说：“你怎么拍够100下了？”她觉得我应该是跟先躺下的那拨同学一起站起来的，就断定我不够，肯定我偷懒了。我说：“吸气5下，吐气5下，这是一组，我做了十组，100下。”然后老师就更生气了。我觉得我是诚实的，我没有错。她看我不道歉，就特别生气，直接走到我面前，我们俩面对面，其实我是想说“我是诚心诚意地跟您说话”。我有点儿省略，当时说的是：“我是诚心地跟您说话。”她可能觉得我挑战了她的权威，就特别生气地跟我说：“我教不了你了，你去别的班上课吧，哪个老师收你就去哪个班上课。”

后来出了教室我问其他同学，她们说“我们早就过了100下”，但是没有人会直接说，当时那个情况不可能有人站出来跟老师说“她就是练了100下，我们都已经150个了”，不可能的。从这件事以后，我学聪明了，不再跟老师硬杠，那会儿老师就总爱表扬班上的一个女孩，因为老师只要在班里批评大家，她就把头垂得特别低。大家都说她的下巴都贴在胸骨上了。而我想想自己，总是会盯着老师，看着她的眼睛，我觉得这才是尊重她。她并不这样认为，所以我就只能学别人，谁不挨骂我就学谁。我也低头，头低到尘埃里，果然就没事了，后来她甚至还表扬了我。其实我并不认为那是我认错态度良好，只是找到了一种跟她相处的方式。

时过境迁，我也长大了，我还是那个很分得清对错的人，我并不会因为给我上了这一课就改变。我当孩子的时候觉得这件事很委屈，今天我当老师之后能够理解她，但是我不会像她那样去做。

■ 舞校一年级，张雪琛（第二排左三）与同学们第一次登上北京慕田峪长城

专注力和忍耐力

芭蕾锻炼了我的专注力和忍耐力，虽然我现在是一位小学老师，没有从事与芭蕾相关的工作，但我在这两点上都比别人突出。

芭蕾很枯燥。记得我小时候刚进舞校时，一想到要面向把杆做重复的动作七年，就觉得不能想象，我怎么坚持呢？但当我每天都在把杆上练习时，这件事情就已经变为习惯，它对我而言就成了应该做的事。做着做着，我便觉得这七年也没那么漫长了。现在我的工作中经常会用到电脑，很多事情都要自己去完成。这就像面对把杆做动作，也是自己独自面对的过程。我常常这样想。

在舞校时，因为我在班里年龄小，理解能力不够，那时候就觉得很难，慢慢随着我的成长和经历的增多，越来越明白一些事，就是所谓的“开窍”。当我踏入社会，做很多其他工作时比较顺，也不容易烦躁，即便偶尔面临负面情绪，也能及时调整自己。当然，这种调整的能力是在我成长的过程中慢慢有的，不止是因为学了芭蕾。

我现在在工作中更多的是去执行，就是打开电脑可以直接上手，就像以前站在把杆前就可以直接开始做动作一样。我的一些同事会容易焦虑，很难长时间集中、有耐心地去做一件事情。每个人不一样，比如能量进度条是百分之百，做完一项工作我可能才消耗百分之六十，但我的同事可能会觉得已经消耗百分之百了。

我小时候更多的是去在意别人，自己一直是被动的。我们在课堂上对老师情绪的捕捉，是在当时特定的情境下，你认为你需要去做的。我非常不喜欢自己被动的状态，现在长大了，我会刻意让自己不去关注别人，别人的情绪和状态反而不会影响我太多。你没有必要去管别人今天的情绪是怎样，你说一句话对方是什么反应，或者对方今天跟平时有什么不一样。我会更加关注自己，让自己感到更舒服，而不会让外界影响到自己。不管别人是什么状态，你有你自己的状态，这样你可以用更好的状态去影响别人。

在舞校附中，大家的相处模式是我跟你是好朋友，但我们又处在老师永远在看谁更好的竞争关系当中。这并不是一种很舒适的朋友关系，所以在舞校时我并不擅长交朋友。小时候，我记得我的好朋友说，我都没有在她难过的时候安慰过她，甚至抱抱她。因为我甚至不知道朋友之间应该怎样相处。我自己难过、伤心时，并不需要任何人安慰，自己就可以消化了，我就很自我地认为别人也是这样。所以当她在成年后跟我说起的时候，我才开始反思。在这七年里，我并没有学会怎么去交朋友，怎么跟自己的好朋友相处，怎么在一段正向发展的关系当中一起变好。这些是我在舞校时没能做好的部分。

在舞校的芭蕾课上我一直没有开窍，后来我读研究生时去台湾省交换学习。在台湾省的那半年，我开始意识到自己的问题，慢慢才改变练功的方法，但是已经来不及了。以前老师课堂上点一下，有的人就开窍了，但我不明白，也不敢去问。但在文化课上，我就比较灵，老师一说我就能明白，老师一问问题，我总是第一个回答，其他人还没有思考好，我就已经说完了。后来我看影视剧里别人的经历时，意识到在班里不能总是抢答问题，因为你要给其他人思考的时间。老师看你跟她互动，她也会跟你互动，但是其他人课堂的体验感就会比较差。这跟在专业课上是一样的。我向往站在把杆中央，但是我知道我站不了，因为我的腿型包括身体比例都不够完美，所以我学习芭蕾的这七年体验感并不好。谁都希望老师能看到你、关注你，为你指出存在的问题。现在回头再想，自己也有做得不好的地方。

孤独是一个正常的状态，学习、练功……很多事情都是自己的事，你也没法跟别人一起。每个人努力做自己的事，走自己的路。有的人这方面走得快，那方面走得慢；有的人文化课走得快，专业课走得慢。每个人按照自己的节奏和速度向前进，并没有好坏之分。

在舞校，中国舞专业的竞争没有芭蕾舞专业这么激烈，跳一支群舞大家都能跳，特别热闹，你不会去过多地挑剔他们，它没有芭蕾舞这么严苛。舞校 10 岁、11 岁的孩子，她们还没有学会处理压力就已经在面对很多的压力。在 11 岁时我就强烈地感受到竞争，明白机会是有限的。在我们的实习演出上，有一支群舞只需要12个男孩、12个女孩，当时一位芭蕾老师把我换下，最后另一个老师才又把我换了上去。我现在都记得，我对后面那位老师充满了感激，那一刻我就意识到，以后的每一场演出都是要被挑选的，我不是每次都能被选上，当父母满怀期待地来舞校看演出，而我却不能在台上跳舞，他们会多么伤心和失望，我不敢想象。

我对自己是有要求的，起码这一生在某一方面我要找到自己，这样才能让自己的心态保持健康向上。比如舞校二年级时，我在民间舞课上特别受重视。有一次在民间舞考试课上，老师说“你民间舞跳得太好了，你转到我们系吧”，但我还是选择了芭蕾。因为我在芭蕾班里民间舞是跳得最好的，但我转到中国舞班，到了一个大家都跳得好的地方，我可能还是会找不到自己的位置。那是我第二次选择芭蕾。四年级时，我们开始学现代舞，现代舞我也比较突出，那时我站在最中间。这又让我找回了自己，获得了自信。人需要在每一个阶段能通过一两件事找到自信，才能更坚定地向前走。

如果再给我一次机会，我向往过普通高中的生活。我并不怎么适合跳舞，等我逐渐意识到跳芭蕾舞所需要的条件，才发现自己差得挺多的。除了条件，自己在舞蹈上也不开窍，就是找不到方法，另外我又爱吃。本来我想当一名舞蹈老师，后来发现这也不适合我。老师需要在学生做动作的时候能敏锐地发现他（她）的问题，指出问题所在。刚上大学时我教过一段时间芭蕾，发现自己指不出来学生存在的问题。就是看一遍学生的动作，说不清楚他（她）怎样可以做得更好。在上研究生和工作这段时间，我才慢慢摸索到自己可以做什么。现在我能做什么我很清楚，比如视觉文化包括审美方面，学校里的宣传角、文化墙，上面所有的颜色、字体，包括设计理念。这些都是我在做的，我需要跟设计公司对接，然后一起做出来。这方面的潜力是我之前没有发现的，是在北京师范大学读大学时锻炼出来的。我们的舞蹈系比较综合，所以我在大学期间就能接触到很多类似的事。舞蹈系是在一个艺术楼里，每周都有艺术展览，我们一直生活在一个艺术的环境中，你会跟舞蹈以外的从事数字媒体、美术、书法的专业人士打交道，你就会学到很多。在读研究生期间，每个人还会办一个小型的个人展。我现在工作上做的很多事情，在当时都经历过、见过。即便我自己没做过，但是我见过别人设计的海报，也形成了自己的审美。你知道什么是美，什么是不美，不美是哪里不美，怎样去调整，这些都是一个慢慢积累的过程。

我身上的一部分是在舞校被磨炼出来的，另一部分是在那个环境中变得不好的。我意识到不好，所以从大学开始就去修正那些不好，才令我慢慢变好。舞校那七年对我而言不是一个快乐的七年，假如没有那七年，可能我现在更加积极、乐观，但是有了那七年，才有了今天的我。这就是生命吧。

完美

我觉得完美是一个相对的概念，就是只有相对完美，然后你去追求完美。但是你说哪一刻它是完美的，可能也没有。我觉得我既会挑剔自己又会挑剔别人，就是你在挑剔自己的时候没有那么多安全感，你会觉得自己也没有那么好，然后你又同时在挑剔别人，你觉得他也没有那么好。这样是有问题的，因为每个人都有他自己的成长环境，包括每个人的优点和不足，所以你没有办法这样去挑剔每一个人，慢慢学会接受一个人的不足才能接纳他，也才会接纳自己。

换位

甘露

在人流如织的地铁站台，一位身着职业装的女士将同样代表着职场顶配的高跟鞋跟，准确地钉入了一位中年大叔的许久未擦拭的老式皮鞋里。

既然没听见“哎哟”声，女士便也未作停留，急忙打算跨入将要关闭的列车门。但显然，从背后衣领处传来的力量不让她离去，难听的声音也随即传来。于是，因为这件小事，两人大动干戈。这样的争执从小到一个赶地铁的瞬间，大到一颗子弹飞射的枪击，不过显露了一个最简单的道理：“人同人，难以相互理解。”

若不能理解人，就难以相互尊重；若不以相互尊重为前提，“纪录”的拍摄工作将无法进行。

在我多年拍摄纪录片的过程中真正体会到，拍摄其实是社会学、人类学、心理学上种种对“人”的关注和研究。

在一位普通人的一生中，大约会经历这十种角色的转换：

当他是个孩子时，埋怨父母；当他做了父母，埋怨孩子。当他是学生时，和老师作对；当他成为老师时，讨厌不听话的学生。当他是学弟时，哂笑高年级学长的自以为是；当他是学

■端着摄影机的甘露

长时，嘲讽学弟的青涩幼稚。他对一个朋友，埋怨对方的渐行渐远；他对另一个朋友，埋怨对方不挽救自己的渐行渐远。当他恋爱时，埋怨情人的自私；当他单身时，埋怨单身的寂寞。丈夫埋怨妻子管得太多，妻子埋怨丈夫过于冷漠。当他为人打工时，埋怨老板给得太少；当他成为老板时，埋怨员工要得太多。年轻时，埋怨老人迟缓邋遢；年老时，鄙夷年轻人打扮花哨。拥有时，埋怨已有的无趣；失去时，埋怨已失的哀伤。幸福时，埋怨死亡的悲戚；苦痛时，埋怨活着的虚无。

其实，人有时很聪明，这些也都能看得清，但真的做得到吗？——很多时候做不到。我们时常遗忘另外的角色，我们毕竟是当下的自己，不可能时时刻刻成为另一个人的眼睛。

但是每当我拿起机器，透过镜头去关注，就会看见别人的视角。这种置换除了加深对他人的理解，也是影像记录最大的乐趣——从某种意义上成为他人，也从某个维度上看见十个视角的自己。

十个视角，你如今看见了几个？

舞者战薪潞在侧幕准备登台的刹那

三十而已

口述者：战薪潞

不是芭蕾选择了我，是我选择了芭蕾

我老家鞍山那边学艺术的人特别多，那时候各种楼上都挂着横幅，上面写着红字或者白字："舞蹈招生，口才招生，英语、绘画……"然后家长、孩子们就会根据自己的兴趣去报班。现在基本都是通过网络或者打电话联系，那时候站在大街上，抬眼一看全都是艺术门类的宣传广告。

我七八岁时在业余班学跳舞，在鞍山报了芭蕾和中国舞两个班。比较庆幸的是我的老师是北京舞蹈学院毕业的，她非常专业——可惜前几年过世了；学中国舞那个班的孩子跟的是另一位老师，大多去考的解放军艺术学院，学中国舞时会让做一些翻前桥的动作。有一次我鼓足了勇气翻了一个，脚狠狠地砸到了暖气片上，从那之后我再也不想翻了，每次老师让翻的时候我就请假去上厕所，我开始逃避、排斥跳中国舞。

那时候我开始认定了芭蕾，再加上我芭蕾的启蒙老师上课总是表扬我，我变得很自信。比如上课时我一抬脚，只要按照老师的要求做，老师就会夸我"不错，用脑了……"，这让我觉得可以掌握芭蕾的一切。

我 11 岁时，妈妈带我去考北京舞蹈学院，我报考了北京舞蹈学院附中的芭蕾和中国舞专业。考完芭蕾去考中国舞时，考官问我第一志愿是什么，我说："芭蕾。"考官盯着我看了好几秒钟。

考之前我妈还特意提醒过我，如果中国舞老师问你的志愿，一定要说是中国舞，芭蕾老师问的时候才能说是芭蕾。我压根儿没听进去，或许自己内心深处早就下定决心只学芭蕾。到复试时这两门专业考试时间冲突了，我没去做任何争取，直接放弃了中国舞考试，当时也就 11 岁吧，不知道哪儿来的这么大主意，回来被我妈狠狠地训了一顿。

我就这么顺利地考上了舞院附中，但是中间有个小插曲。我属于身体比较硬的，之前有一位中国舞的家长给我妈妈出了个主意，比如说 8 点考试，让我 6 点多起床，去泡澡，把全身泡软。我们半信半疑，但还是忍不住想去试一试。于是，妈妈带我到附近找能泡澡的地方，几乎都被考生住满了，最后终于找到了玉蜓桥那边的一家宾馆，价格合适，也有浴缸。妈妈每天早上给我放特别热的水先让我泡上半小时，还真是感觉整个身体软了很多，人软塌塌的，等上了考场老师各种掰胯、掰腿都觉得我特软，其实我平时身体倍儿硬，就这样我通关了，所幸没有在这个环节被淘汰。

那时候我的身体比例还算可以，下半身比上半身长 13.5 厘米，这个比例是我的人生巅峰了，我现在肯定没有那么长了，那是我人生中最好的时候，我觉得我现在也就 10 厘米。我们那届最好的比例是相差 17 厘米左右，现在的孩子更好了，大长腿，21 厘米以上的都不少，但对于那时候，相差十六七厘米的孩子已经是相当完美的了。

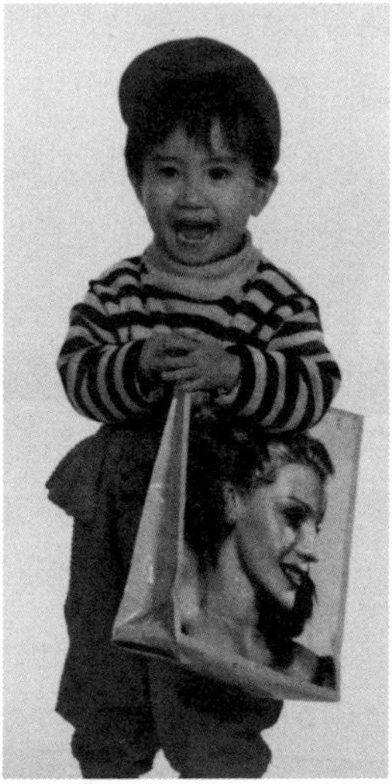

■战薪潞很小就喜欢模仿大人跳舞

其实以前不太懂，总觉得腿越长比例越好，跳芭蕾就能跳出来，现在才了解，实际上腿太长也是个负担，够用就好，太长了反而练不到，自己驾驭自己的身体都费劲，没有那么容易支配。如果是好条件练出来的固然好，但是不同的身体条件哪怕付出同等的时间，每个人的结果也是不一样的，所以“条件够用”对芭蕾舞演员来说很重要。

青春期

我属于跟自己较劲儿的那种人，在舞院附中的时候，有一次上课老师把我撵了出去。当时在舞蹈学院主楼的106教室上课、排练，我在做一个 pirouette en dedan 时总是转不好，我就跟自己生气、较劲，急得我直跺地。“又没转好！”每次重心都不对，我就不停地转。老师就觉得我这样不尊重她的课堂，就说：“如果你不出去的话，我就不上了。”这是第一次我跟自己较劲却被老师撵出去了，被撵出去时说以后不能在课堂上这样了。

舞校附中三年级，正是大家青春期的时候。练习跳双人舞的时候，碰见不喜欢的舞伴手都不想搭，但随后想，这是我的工作，那就来吧。当碰到喜欢的舞伴手也不敢完全搭上去，眼睛也不敢看对方，时不时地瞟一眼，比较害羞。进芭蕾舞团正式工作后，我发现跳双人舞必须要有眼神的交流，等到你把一些不够专业的认识都撇开的时候，眼神交流才会自然，眼睛是心灵的窗户，眼神是不会撒谎的。

把杆中央

从进舞蹈学院附中开始，我就一直被老师安排站在把杆正中间。我小时候看那些站在把杆其他位置的人，会觉得她们为什么不努力呢，我理解不了。就像老师提的要求，今天跟我说了这个要求我记住了，明天我就体现出来了，但有的人明天就忘了，所以那一刻我特别不理解她们。除了舞校附中三年级时我的脚崴过一次，歇了大概两周外，我在校七年从来没耽误过一次芭蕾课。同学们经常会因为肚子疼或者其他小问题便跟老师举手请假休息一下，我就不能理解，所以我认为有些人没有站到过把杆中央也不能一味地埋怨说“是因为我没有这个机会”，我觉得还是跟自身有关系，你的努力可能就是不够。也许站在旁边把杆的人会觉得我是因为条件好才被老师重视，而她天生没有这种身体条件，怎么可能站在最重要的中间位置呢？但其实我的条件真不算很好的那种，我就是“够用”而已。对于芭蕾来说，“够用”可能也很重要，不能说这个“够用”就是达到了一个很好的标准，而是因为只是够用，我就还有空间去付出更多，去突破自己。

在学校的时候我羡慕过高班的一名学姐，她还是我的老乡，她在学校永远是万众瞩目，在班里和学校里都是很突出的。我那时候就默默地给自己定了目标，像她那样去勤学苦练。但是具体怎么练自己也没有科学的方法，就是自己每天晚上下了课继续找空的教室练功，每天没日没夜地去练功。无论春夏秋冬，每一个晚上，你都能看到开着的教室里总是有那么些学生，有学中国舞的，有学芭蕾的，大家都默默地各自站在某个小角落练着自个儿的动作，彼此也不说话，自己盯着镜子不停地练。舞校的镜子是我们努力的见证者。

在学校也听过有些人不想让别人知道自己在练功，会偷偷躲在被窝里练，会遮掩。我觉得你真的要想练的话，如果偷着压软度可以在被窝里，要是真正练转圈儿那些技术技巧类的动作，你肯定会让人看见的。还有人会在晚上睡觉时把脚绑在床杆上压腿，我也会这样做，嫌自己旁腿不够高，睡觉的时候会把腿塞到床头隔断的小缝里，然后一个晚上一直保持掰着腿睡的姿势。当你特别累的时候是能睡得着的。听说我们舞团原来有个演员很特别，她舞蹈的路走得很辛苦，在团里经常被领导或排练老师挑剔，她就趁着周末演员们不在的时候，去找开着门的排练室，进去反锁，一个人练，她不想让别人知道大家都休息的时候她还在练。因为在团里从宿舍是可以看到排练室的，若在晚上她就把排练室的灯全部关掉，黑灯瞎火地在里面练习。所以她的舞感才会好，对音乐的那种感受力，包括她对舞蹈和对自我的感受都跟别人不一样，从她身体上呈现出来的表演也不一样。在黑暗中她唯一能感受到的可能就是她的心。或许有些人会觉得这个女孩失去了很多，但恰好也是她得到的，世上所有的事情都有两面性，要学会平衡。

学会定位

对芭蕾来说竞争好像一直都存在，但我不会特别明显地感受到，我觉得重要的是做好自己吧。竞争肯定在无形当中都会有，看你怎么去理解。比如比你好的那些首席主演，她们的岁数在那儿，领悟能力等各方面肯定要比你好；而又有新人超越你了，现在很多年轻舞者条件、技术技巧什么的都更好，这个状况看你自己怎么去理解，要让自己得以和解。对一名芭蕾舞者来说，其实找准自己的位置是很重要的，在这么一个顶尖、优秀的舞团里面，要学会去找准自己的位置。

我的人生属于走一步看一步的，没有规划得特别好。每次都是等到机会快临近的时候我才会去想这个问题，想清楚后会尽最大的努力去完成，也是属于很幸运的一种。我的性格属于被动型，要被事情一直推动着去前进的。刚毕业时，我觉得附中那七年没有那么开心，想着以后会比这七年轻松些。但现在到了 30 岁，回想起来反而在学校时是最快乐的，那时候是全身心投入地学舞蹈，没有太大的压力，那种不断学习、孜孜不倦的快乐，跟同学在一块儿最单纯的快乐，现在越发找不到了。

见证我“第一次”的舞鞋

每一部舞剧首演的那双足尖鞋我都会保留着，首演的舞剧穿过的舞鞋也就六七双吧，因为我觉得意义不同，每一次都是费了好久的时间和心思才找到一双最舒服的鞋。找鞋的过程很重要，当你找到一双特别适脚的足尖鞋会有一种安全感，因为你觉得这双鞋穿着舒服，坚信穿着它能给你省不少力气，然后自己在台上也会展现得更好。这个“舒服”，是当你穿上鞋后感觉你的身体重心不过也不回，你能掌握和控制，穿这双鞋转圈儿每次都能转多少个。其实也不能说仅仅因为这双鞋好，但是你那时候非常想把这种心理的安慰寄托在这双足尖鞋上。等到你真的跳完了这部舞剧的时候，好像有了魔法，你再穿那些不舒服的鞋也变舒服了。

有时候人和鞋的关系真的就像谈恋爱一样，找到一双鞋你得捧着它，拿在手里，揣在包里，都会特别舒心。只要有了它，我那天的演出肯定没问题，就是那种安全感爆棚的感觉。有些时候你可能又有一种征服欲，会跟这双鞋不停地较劲。有次去上海的时候就是，演《吉赛尔》跳了两场双人舞，跳第一场双人舞的时候穿了一双鞋没转好，等到了第二场我也不想换鞋了，因为重新压鞋会比较费时费力。然后我依旧穿这双鞋跳，我就不信了，人总要跟自己较劲，昨天穿这双鞋我没转好，现在我就要穿着它把圈儿转好了。有的时候我会根据演出的重要性去选择鞋，如果真的是一场重要演出的话我不会有这种征服欲，我会对这双鞋有抵触情绪，会觉得昨天穿这双鞋没转好一定要把它丢掉，会觉得这双鞋不祥。其实不管演出重不重要，你穿这双鞋都会表现成那样，是自身的问题，压根儿不能去怪鞋，但是你内心那一刻就会产生强烈的抵触情绪，有时候当你不确定的时候，就会迷信，就轴了。

为了演出，要不停地挑选最适合的那一双鞋。

比如平时上课，我先每双鞋都穿、都踩，一天踩一双，在踩的过程当中找到一双合适的鞋，今天就穿这双。“啊！不错！”我就把它留下来放在柜子里先不穿，等到我排练要演出的舞剧时，我会把那双不错的鞋拿出来穿一穿，觉得“诶，还不错”，可以了，明天就不能再穿，再穿等真正演出想穿这双鞋时就没法穿了，因为它被穿得太软了，所以我有提早把它留出来的习惯。我记得以前有的时候现踩现上，我也没有多余的就只能是这双，我不穿这双重新踩可能还不如这双呢，给自己逼到墙角的感觉。现在不会这样，基本都是提前把鞋踩得差不多，然后放那儿再踩另一双，再往回试。

缝鞋

团里有些演员会提前缝鞋头，我原来试过这样，自己的手都磨出茧子了，特别疼，跟腱也疼，之后我就不缝了。因为我们根据自己的脚选的鞋不一样，我穿的是廊坊的手工鞋，她们穿的是 Chacott，它的立点对于我来说特别过，时间久了就会导致跟腱疼，因为跟腱要使更多劲儿才能立上去。她们缝鞋头是为了把它垫高一点儿，重心才能稳定一点儿，所以还是根据每个人的脚、鞋来确定缝不缝足尖鞋的鞋头。因为我的那双鞋本身是手工定制的，你可以对鞋匠师傅讲要求，比如前面稍微高一点儿什么的，他就按照你的要求给你做好了，自己就不需要缝了。

方法

方法因人而异，适合自己才是最好的。我就是一直在调整，比如演出前的热身。我小时候看到很多演员上场前会独自闭目养神，我就去模仿。他们有的坐着，有的躺着，这样等他们上台跳舞时心就会很静。但当我闭目养神后再上台，心的确是静的，可容易站不稳，身体稍微变一点点重心，感觉就像地震了一样，这其实就说明我没有完全活动开。这种方式就不适合我。但有的人如果活动得太开，上台后身体又会发软……每个人的情况不同，我也是慢慢摸索才找到适合自己的方法的，就是上台前简单地把那些马上要跳的段落，在侧幕边上从头到尾过一遍，唤起身体的肌肉记忆，自己记住大概的感觉，这就够了。不过这两年我这样练感觉又不够了，我需要把身体拉伸到最极限，比如下旁 port de bra（侧旁腰）下到最大，等上舞台跳的时候肯定不需要拉伸到这个地方。角色要求或许只需要用到一半，但你的记忆里已经可以拉到最长，实际是帮你省力了。你探索到自己身体的极限以后，在舞台上不管做什么动作都会更加自信和从容，不会担心体力不支。现在我就必须得充分热身，从把杆 plie 练到 rond de jambe，至少练五个组合，接着练一些上台后要跳的舞段，再试一试自己心里没有完全把握的动作就可以了。这就是我上台前对自我的要求。

每个人的活动方式都不一样，有的人天生很软，让她真的像我这种方式去活动就会过头，真上了舞台劲儿不够使，觉得支配不了自己的身体。因为她的劲儿全使在前面，这会儿反而没有足够的力量控制自己的肢体。我不一样，我硬，一定要先活动软了，我不活动开上场会更硬，连腿抬高都会感到费劲，直接影响到当场的发挥。这些都是演员长时间跳舞自己琢磨出来的，没有谁的是最正确的一种活动方式。

孤独

我们一直都是集体生活，所以有时候人比较孤僻，也不太愿意跟别人敞开心扉去聊一些什么，都是自己独自承受。虽然有的时候旁边有很多人，但总觉得是屏蔽掉了空间里所有的信号和声音，感觉只有自己，也许是这种集体生活练就出来的个人独处的能力。

有的时候别人看我们在化妆间好像特别热闹，但是好像每个人又都是独立的自己。我们就算旁边有人也都会屏蔽掉，感觉活在自己的空间里一样。有时候没有独立的化妆间，必须得这么多人待在一起的时候，如果你是主演或者你要跳那些比较重要的舞剧和角色，那就得学会屏蔽，让自己的心安静下来，自己想想自己的东西。有的时候如果化妆间人太多，有些演员也会提前到幽暗的侧幕自己待着，找到一种自己很舒适的状态，然后调整好自己。还有一些演员开场前在地上平躺着，闭着眼，其实也不是睡觉，可能是在那边默动作，那时候得让脑子保持清醒。

我是习惯每次跳前都默动作，就算舞剧跳得烂熟也需要。虽然我在教室里永远都不会错，但是等上了台会不会脑子突然间一片空白，然后立马就感觉停顿了10秒，其实没有那么长，我就觉得“哇，都静止了，后面是什么呀”。那种场景做梦都会梦到好多次，所以我不希望现实当中真的有那么一刻，那真的会非常恐怖！可能经过长期训练，形成肌肉记忆后会很少发生，但是也真的会害怕，这样的事情要真的发生了，比摔在台上还要恐怖。

我曾经做过一个梦：我没上去台，快被吓死了。梦里下一秒就该我上台，我的妆还没化，足尖鞋还没穿……当时，我急得从梦里哭醒，那种焦虑让人窒息。

演出前的仪式感

有的主要演员自己会插空在演出前围着新舞台走上一圈，拍拍地板什么的，像完成一个仪式。正式演出之前，我会先把我需要跳的舞段的位置都重新走一遍，其实我觉得跟她们这个性质是差不多的。我都走了一遍之后，确定地上没有棱，没有什么异物之类的，让自己更清楚自己应该怎么走，为了不让自己崴脚，熟悉一下场地，同时也让地形认识我，跟它打个招呼，让它关照下陌生的我。

2021年10月，我们在上海美琪大剧院演出。那是个斜台，上演的是《堂吉诃德》全剧。当时一听斜台我们心里可烦了，平时在芭蕾舞团教室地板是平的，面对一个斜台心理压力肯定会更大。后来再仔细想想这件事情，便开始自我安慰，你有得赖，心里就给自己打了一个强心针，“没事儿，大家都知道斜台不好跳，跳不好别人也不会责怪你”。其实也是用这个方式去建立某种信心，去减压，反而就跳好了。有时遇到地板不平整反而能转好圈儿，因为大家都知道地板不好，也许会踩到地板棱儿里。你转好了，“牛！挺棒的”，如果没转好，“没事儿，地板的问题”。然后你会自己给自己找一个台阶就下了，没给自己太大压力。但凡地板特平，完全找不出一点儿毛病，再加上演出又特别重要，那就会产生一些心理负担，你就是把自己给框死在那儿了，不敢放松了，反而容易失误。

有时候斜台也能掌控，那个斜台是这样翘起来的，当你跳到最后三幕的时候，你转 fouette 的时候就稍微往后躺一点点，就一点点，不能躺多了，你的重心就找到了。

但凡放松下来，你就能感知到自己的胳膊、后背、身体……啥都能感觉到了，你越僵在那儿越紧张，感觉不到身体的时候，越容易失误。

这些都是需要舞者用一生去寻找和平衡的。

从侧幕到舞台的那一步

每个人的生活都是一地鸡毛，生活上可能遇到一些不开心或是什么事儿，但那一刻你必须把所有的这些都抛弃。我们真的就得这样做，你没法在舞台上去想那些琐碎的事情。

追求这种艺术，比如当你有了家庭，确实在某个时间你不可能完全没有这方面顾虑地去舞蹈，比如平时排练多多少少会顾忌，所以有一些舞剧需要表现得更亲密的细节，我们在教室排练是不做出来的。有一些东西是只可意会不可言传的规矩，大家都是成年人，也就自然理解，但站在台上的时候，灯光、观众，再化上妆就想不到其他事了，你就是剧中的人物，你的注意力只专注在这一件事上，就心无旁骛了。这是一种专业态度。

跨出那一步必须得克服自己的恐惧，其实每个人上台都是孤独的，没有人可以帮你，因为你的东西必须得你自己去完成。你在侧幕的时候就是给自己建立自信，但跨出去那一步你就没有办法去建立而是得有自信了，必须得是有而不是还虚着，但凡虚着，底下观众就看得见，你必须自信满满，呈现给观众的可能才只是一半。

建立自信，因为上台的那一刹那不管有没有自信，你扮演的就是这个人物，你必须得有一个最饱满的状态，200% 的精神、精力去达到跟这个人物的匹配，然后呈现给观众，这是你必须完成的工作任务。

所以有些人第一次成为演员上台的那一刻，既兴奋又恐惧。我不相信哪个人上台没有紧张过，也许你在台上演一演才会适应这个氛围，慢慢地融入这个氛围当中，但不可能一上去就能享受舞蹈。

变化

小时候跳芭蕾跳的都是些剧目片段、变奏，不是完整剧目，或许一个变奏用“一号表情”就够了，没有太多喜怒哀乐，只有“喜”就可以了。等到你进了团成为一名真正的舞者，你必须得有角色塑造，根据人物内心变换不同的表情，而且要很生活化，并不完全是端着的，要放松下来。这很难，需要认真观察生活中的一些事物，或看看优秀的演员是怎么表现的，要沉下心揣摩角色。

有的时候我总是怕自己做错，所以我的那种表情并不自然，变得不敢去表演，因为我是紧张的。我们在舞校时没有学过专业的戏剧、专业的表演课，跳芭蕾的女孩也不太能放得开，有点儿拘谨。有时候给人一种矜持清高的感觉其实是装的，哈哈，自己装着很孤傲的样子，因为自己最真实的感受已经丧失了。我现在反而是越成熟越有点儿往回找，往回找那种初心，比如我看到一个东西“真正欢喜”是什么样子的，怎么表达，也在不停地琢磨和思考。

怀孕

我 20 岁出头就想要一个稳定的家，因为自己从 11 岁起就独自在北京学习、生活，缺乏安全感，认为成家之后才会有更多的安全感，安定下来后再去为芭蕾付出的话内心会更踏实、坚定。这样想着，我很快就和爱人结了婚，心想早点儿生完孩子还可以跳，早生早恢复。没过多久，我就把孩子生了。

我怀孕的时候曾跟团领导聊过，提到请假相关的事，她就跟我说，她是跳到孩子出生前，跳到出血才停下来。她当年也是主要演员，她谈到她生完三个月就回团练功恢复，先选择跳了一些不算太累的角色，慢慢地也就恢复过来了。我觉得她实在太强了，而且她当时生孩子的年龄比我大多了。既然有这样的榜样在前面，我觉得没什么是不可能的。

我快生的时候比原来胖了 13 千克，没少长。幸运的是，我坐月子的时候尽量少吃就减回去了，基本瘦到了之前的体重。当时我还咨询过专业医生，他说“没问题”。因为我不算晚育，

■战薪路的儿子来看演出，等妈妈演出完卸妆后，他请求妈妈带他走上舞台

团里规定生产完必须三个月内就回团。我相当于7月生完孩子，11月就已经在团里练功了。

但是当我重新回团上班的时候，我发现自己好差劲，舞功尽失、脚下没根儿，而别的演员却突飞猛进，全都涨功了，团里还来了好几名更年轻的演员。此刻我更不能退缩，但也不能逼自己太紧，得给自己一些时间。怀孕生子毕竟让我停了一年，自己也算是从鬼门关走了一遭，做过手术缝过线，身体还是需要一个恢复期的。对于我自己来说，完成相对缓和、平稳的动作没有太大问题，但在做跳的时候，小腹会感到特别不舒服，这是因为生完孩子，子宫没有待在一个很安全的位置上，它有点像乒乓球，每一次起跳时它也一直在抖。

2017年，全国十大芭蕾舞团有一场联合演出，当时前辽芭的女首席演员也生完宝宝了，她看我还在那么努力地去跳的时候，就问："为什么你生完宝宝还要那么拼命呢？"我说："可能是因为你没生孩子之前就已经经历过属于你的辉煌时刻，你早已得到了满足。而在我没生孩子之前这些辉煌都不是我的，生完之后我才刚得到来之不易的机会、期待已久的角色，我才真正感受到作为一名芭蕾舞演员的满足。作为主要演员谢幕的那一刻，我才第一次体会到所有人为我鼓掌的骄傲感，那时我就是认为所有的掌声只为我一人响起。这一刻，我终于证明了自己，所以，我没那么容易放弃。"

演出跟比赛的感受完全不一样，同是站在舞台上，比赛带来的压迫感会更大，目标性更强，只能赢不能输。我记得2014年的6月，我生孩子前一个月看了我们团演出的《吉赛尔》，是我们的首席女演员跳的，非常精彩。看演出前我觉得怀了孕不跳舞了没什么，碰到熟人问我："你不希望回到舞台吗？"我说："还行吧。"等到我真正坐在观众席上看演出的时候，我真的受不了了，内心五味杂陈，感觉自己这么年轻，但现在什么都跳不了了，真是一种煎熬，那个时候内心特别痛苦。

当天晚上我就下定决心，生完要马上回来，我要好好恢复。我没有料到自己会产生这种想法。在看这场演出的过程中，我真实的内心并不是替别人高兴而是自己在那儿难受，立刻明白了自己真正想要的。我曾经觉得芭蕾本不该占据我的全部生活，以为我可以随时放下，现在才知道它在我心里多么重要。如果没有经历生产到恢复中间停留的那一年，我也不会对芭蕾有这么深刻的认知。多么幸运啊，那个过程给了我第二次选择，让我可以继续跳舞。

受伤

我开始非常努力地训练。2015 年 6 月前后，我就把《堂吉诃德》全剧跳下来了。当时正好也有回国的辅导老师帮着排练，很感谢团领导给了我这次机会。也是因为主演这部舞剧，让我把体力迅速恢复到最好的状态，也建立起了自信。

没想到，2015 年 10 月我跳《堂吉诃德》的时候，一个 Grand pas de chat 跳之后，瞬间骶髂错位，可能是跟我生了孩子有关系，我的骨盆还不太稳定，双腿使劲劈 pas de chat 的时候它就伤了。过了一阵儿，觉得自己差不多恢复了，我又开始疯狂练。2016 年 6 月，我终于获得芬兰赫尔辛基芭蕾舞比赛的金奖，随后被中央芭蕾舞团升为主要演员，这一年我更加迫切地想去证明自己是一名有实力的演员。没过多久我就又受伤了，当时在排练舞剧《舞姬》，团里请了一名外教给我们排练，其间她问了我三次能不能完成一个比较难的动作。第一次我跟她说："我的腰不大行。"第二次我回答："还不行。"第三次她再问我的时候我就不好意思了，硬着头皮说："我可以试试。"跳完了感觉都还好，因为跳的时候肾上腺素几乎到达了最高点，全身上下非常热，自然感觉不到腰部的疼痛，等到跳完歇下来、身体凉下来的时候我的腰就完全动不了了。

队医说：“你相当于是二次受伤。”这次受伤，又把上次受伤部位的上面连在一块儿的那块骨头给跳伤了。骨头伤了之后团里让我歇了有小半年，不能正常排练。那段时间，我即使弯着腰把一个小箱子从右边搬到左边，或者是开车时打个方向盘，腰都疼得不行，抬后腿时连45度、25度都抬不到。因为我右边腰伤了，左腿也没法抬，很难控制得住。这样的情况持续了很长一段时间，我感到特别沮丧和迷茫。我想知道身体什么时候会好转，是半年还是一年，但并没有答案，我只能等待。受伤后我开始跟自己的身体做抗争，不管用；后来明白，你就得接受这一切，你越跟它较劲，它越好不了。大概有两年时间吧，我都在自我怀疑还能不能跳了，还能不能再坚持。当我脱下足尖鞋的时候，平常都习惯两只脚轮流踩着脚后跟脱鞋直接把脚给拔出来，这样比较省事。我哪怕做这个简单动作，伤的部位都会特别疼。我很少跟家人聊这些，但我儿子很懂事，他那时候也就两岁多，我想背背他，儿子说：“不行，妈妈腰疼。”听到那一句话的时候我就掉眼泪了。身体有伤的时候人会变得特别敏感、脆弱，听到这话我就不行了，我不停地在想：“我到底在追求些什么啊？”

我还是没有放弃跳舞，到了2018年，我其实恢复得不算好，因为每做一个Grand pas de chat跳的时候骶髂都会疼，有点像那种过电的感觉，双腿撕到最大幅度时它就会疼一下，不做那个动作就没事儿，只要一做那个动作就疼到极点。我默默忍着，不想让别人发现，因为我是主要演员，这种痛我是可以忍的。

从小学芭蕾让我很有毅力，再加上我内心想再上舞台的渴望从没有消逝，那一年，我跳了《灰姑娘》的全剧，那会儿觉得自己又达到了最好的状态。但是在2021年的九十月份，我又分别跳了两场《堂吉诃德》全剧，我才发现，其实现在才是我最好的状态，能力、体力、耐力都比年轻的时候要好。表演上，自己的表情控制、内心的感受以及对人物的理解都跟年轻时不一样。对于芭蕾舞者来说，年龄越大，对角色的理解就会越深刻，相对来说你的体能方面会比年轻时弱一点儿，但这时候你追求的远不止技术技巧，反而是更深层的表现，比如说你的举手投足、脚尖迈出的每一步的质感、人物表现力、节奏切分的处理，演出前会更多地想这些，而年轻的时候想的大多是"我这个圈一定要转三个""一会儿跳得要再高一点儿"这些表面的自我要求。

其实芭蕾舞是非常严谨的，你迈的每一步、做的每一个动作都是极为讲究的。就像舞剧中的吉赛尔的一个回头，因为二幕她作为幽灵，回头是后背先走头再转，一般人回头肯定是先转头再看，同样都是回头是有区别的。小时候就算有人提醒我，我也只是知道，但不理解这些。

刚进团的时候盲目自信，2010年的我跳中国版《胡桃夹子》——《过年》里的小圆圆，本来在第一组，后来被放到第三组去了，内心很不服气。我觉得自己动作也没错，也都是按老师的要求做的，不比其他两位演员差，为什么要把我调到最后一组？哪怕在看别人跳的时候，我也没有悟到自己的根本问题，后来才知道是我表演力不足的问题。舞剧的人物是需要层次的，我只有"一号表情"。随着年龄的增长，我现在越跳舞越会觉得自己什么都没有跳好，什么都不是，对芭蕾有了更多的敬畏和理解。现在的我可能技巧更娴熟，但做技术不是舞者的全部，一个好的芭蕾舞者必须得讲究，要做到每一个动作的讲究。

生育

做了母亲再跳舞，不能说只是某个地方有了变化，其实是整个身心的变化。有时候累了，我会天真地想，有孩子之后会让我有了退路，我会给自己找这个借口，它或许是我的挡箭牌。比如我排练一个剧目最后并没有被选上时，或者是完不成某个动作的时候，我会劝自己“别那么努力了……你跟别人不一样，你已经是生过孩子的女人了”，心里偶尔会这样安慰自己。当然，现实中还是会一门心思地往前去够、去要那个机会，只不过有一种抚慰自己内心的那么个说辞，就是自己要学会和自己和解，才会让我对一些挫折比较释然。

生完孩子后，很多舞者的生活重心不一样了，大部分会选择在家做几年全职妈妈。我有了第二次选择的机会后，觉得芭蕾对我来说太重要了，我一定要抓住。很多人可能感受不到这一点。或许有些人跳了很多年已经对芭蕾和自己失望了，所以才会选择回归家庭；而我从没有对芭蕾失望过，即使在最低谷的时候也想要去争取，我总觉得我可以做到更好。我进团后，每个阶段都给自己确定一个小目标。刚进团时是 2009 年，一些人问我为什么要进中央芭蕾舞团，我说：“我喜欢北京，我喜欢大城市。”她们说：“这样的团会论资排辈，你什么时候才能升上去？”我说：“反正我还年轻，可以熬走她们（主要演员）。”就凭这想法，我给自己定了一个目标：我争取当上领舞，努力当一个领舞就行。没想到，签了领舞我又再定目标到独舞、到主要演员。我一步一步地先从小的目标开始。如果一开始就定大目标，那样会很难达到，因为那个目标太大了。

坚持，命运就不会辜负你，它总会给你带来些惊喜。

芭蕾带给我的是坚定的心，并且我相信这样也会影响到自己的孩子，他也会觉得“我妈妈在干这样的一件事情”，你不需要多说他就知道自己应该怎么做。有了孩子后也希望让他得到像榜样一样的力量，面对困难不会轻易屈服，会更勇敢些。之前国内很多芭蕾舞者生完孩子即使重回舞台，也不会再去跳一些特别费体力的大戏，但我可能因为自己已尝试过了，觉得没什么不可以，就咬牙坚持下来。2021年九十月份在上海演出《堂吉诃德》，我距离上一次跳这剧目也都过去6年了，真的很感谢给我排练的老师，他们非常细致，我们周一到周六都排练，周日可以休息。奇怪的是每一个周日我肯定都会生病，属于疲惫的感冒那种，不停地流鼻涕、流眼泪，眼睛也肿，有点儿睁不开，总是打喷嚏睡不好觉。只要一开始跳，咦，好了，可能这也是一种过敏性的压力吧。当然在整个演出周期里也会睡不踏实，总是还想证明自己，虽然已经30岁了，我也是可以的。

在国外很多芭蕾舞演员的艺术生命很长，这是一种常态。国内好像无形中的标准是你年轻才可以跳，国外舞者生完孩子回团继续跳芭蕾舞的非常多。我相信未来国内也可以的。

在芭蕾行业里有一些东西会很特别，不像是教科书上告诉你步骤可以一步一步去做，而是一种言传身教，这种传承在芭蕾行业里特别重要。大师的一些领悟告诉你之后，你会少走很多弯路，当你不知道怎么才能达到某个点的时候，他已经告诉你到这个点的方法了，你要做的是去领悟他说的这个点。比如舞剧《卡门》，女主一个转身后打扇子去跟男主有个倾靠的动作，你自己可能只能想到直接转身后打扇子再靠过去，大师就会告诉你“一转身你就看着他，然后身体倾靠过去”，这样看起来感觉你和男舞者之间情感比较浓烈，而不是你转身只是做自己的动作，这完全是两种感觉。

还有比赛当中跳《海盗》，有一个脚上步至五位，接着往前走……其实你之前走的是这样，五位后直接走就感觉很平，没有什么可看性。如果你在五位待两拍，“一、二”，再走，你看这个人的心里就会有不一样的感觉。同样是做动作，处理好每一步的节奏显得更有质感，而之前自己做得就很直白。舞台上舞者的一呼一吸、一举一动都是连续的，但是你有的时候是不知道的，而且你自己也是看不到的，也可能不能马上领会到。但是大师说完了之后，你做到位后，确实要比原来费力很多，但是呈现的效果也是截然不同的。

为什么从学生到演员需要很长的时间，就是看你是不是真的能完全领悟到有经验的排练老师对你的动作要求，如果能很快悟到，从学生成长到演员就会很快，如果你抱着自己的东西很久也不愿意去舍弃，那就会很慢，并不是说你是一个特别优秀的学生就马上能成为一个优秀的演员。当然，你按大师说的做完这个动作，再往下接动作的时候可能自己的强项技巧就接不上了，这是很有可能出现的。所以常常你为了保住自己强项的东西，那些需要你做改变的东西就不愿意去做，也在情理之中。可能有的时候会不愿意为了这点儿表演，把你的强项或是可以展示给别人的东西放弃掉，但是一出舞剧跳到最后，其实你对角色的塑造才是最深入人心的。你舍不得自己那点儿强项的技巧，却失去了更重要的东西。

团里的排练老师常说，“我不可能把你所有的东西都说得很细，只能是点到为止，其他的就需要你自己去悟”“排练者不是万能的，排练者不是说可以给你排到一种很大师级别的东西，它需要你跟排练者不停地碰撞与磨合，可能才会得到一个更好的结果”，而且“这个东西适不适合你，能不能搭上，我说的你能不能理解，这也都是问题”。

可能是你在舞蹈的呈现上有一些东西它就是出不来、达不到，可能是因为人生中你还没有真正领悟到那个程度，那也是感受不到的。

有时候排练老师说的我真的理解了但是在舞蹈里没有准确地表现出来，你没有表现出来，人家就会说“没有”。“身体、灵魂必须达到统一”，身心统一你才能更好地支配自己，但有时候的确很难支配，即便你想到了还是呈现不出来，如果“灵魂＋身体＋思维”全都能搭到一块，你就真的开悟了，这真的很难。这可能是舞者一生要追求的东西。

我们舞者可能会比常人更了解自己的身体，因为其他人不会随时在支配自己的身体舞动，而我们则会对自己的身体更加敏感。比如身体要是某个方面出现问题，我就会比较精确地描述到底是哪块骨头的哪个位置，而常人要是去看病可能就只是描述大概的感觉或者也不一定能说清楚具体是哪个地方不大舒服。因为我们跳舞天天使用和感知自己的身体，就会知道具体哪个位置、哪个缝里疼。我们经常去看医生，医生也会告诉我具体的伤痛位置，可以说久病成医吧。而且我们喜欢“抠自己”，哪儿疼就愿意抠哪儿，或者哪儿不舒服了就拿球硌在那个位置挤压式地转，最后能硌到那个特别痛的点，我就是一定要找到那个痛点，其实我在找的过程中也是在不停地认识自己的身体。

父母为我操了不少心，因为我个性比较固执，家长讲的一些道理我不会全听，得自己真的认识到了才行。小时候不管我做什么，父母都会说这不好、那不好，啥都不让我去做。我是越不让做越要做，当然现在看来自己坚持的还是对的。比如芭蕾，因为父母当时并不了解芭蕾，后来他们慢慢了解了这个行业，也相信我知道自己应该做什么、想要什么，有一些东西我是不会放手的，所以他们也就放心了，不会再说这不行、那不行。

我每次重要的比赛和演出父母都会来看，我们之间会交流，他们也会说我的不完美。我就不大喜欢听，因为我觉得他们也没有很专业，为什么不鼓励我？为什么要说我呢？我父母属于对孩子要求比较严的那种，永远都在说完成得不好的地方。2015 年的时候，我第一次演《堂吉诃德》，父母都来看了。结束后我问他们："我跳得怎么样？"他们说："你是挺累的，但是那个女二号跳得特别好。"我当时真的很失落。他们说："你这学生味儿太浓了。"父母会很直接地表达，现在想想也没什么不好，他们会直接说："她就是纯演员范儿的，你就是纯学生范儿的。"那个时候我还小，就会很生气，因为你期待他们看到你的演出为你骄傲，结果完全没有。

有些时候一到演出季，一出去巡演就是很长时间，有时候一走就是两个多月，平衡家庭和跳舞这种矛盾是我必不可少的功课，有得必有失。我觉得如果两个都能完美地兼顾，这是一个太难的课题，但是你尽力而为，这就是最好的了。

重返 20 岁？不！

如果让我重新回到 20 多岁，我不愿意，因为每个时期都有每个时期新的领悟，可能每一次新的领悟都会否定之前的，之后你会改正之前的一些想法再按新的想法去活，可能再活到一段时间，也许 40 岁你又改变了。低谷时期我也不会停下来，还是想往前走，永远要向前活。

回忆这种东西肯定是有选择性的。我会回忆最好的那些事，我每次都是在回忆的时候才会觉得那个时期是最美好的，而并不是真正站在台上的那一刻。比如你现在给我一段我前两天刚跳过舞的视频，我不会觉得它很有意义，但是过 10 年、20 年后再看这段视频，它的意义就远不止现在看到的样子。

未来

在芭蕾的路上，我希望让自己得到一个更大的提高。在塑造人物方面，如果以后当老师，真的是有东西可以去讲、有很多经验可以去传授才行，而并不是只用单一的方式去教学。

我跟这个行业肯定是脱不了关系的，也肯定是不会离开的，可能这也是支撑我一直活下去的乐趣。当时我们班一共 34 个人，17 个男孩、17 个女孩，到今天只有两个男生在跳芭蕾，一个在奥地利跳，跳的是比较偏现代的芭蕾，另一个男孩是在哈尔滨跳。女生就只有我一个人还在跳，其他女生都改行了。

当时我们班跳得不错的也不少，但都是生完孩子后就不跳了，我们班其中一个女孩在北京舞蹈学院时就被选中跳《天鹅湖》全剧的女主角，后来工作后即使生完孩子也在一个团里跳主要演员，后来没多久也辞职不干了……我觉得挺遗憾的，如果你确实不行了，那你生完孩子就别跳了；但你既然都选择复出了，又放弃了就很可惜。可能每个人都有自己的选择和想法，如果是我，付出那么多就不会轻易放弃。

我有时候去教舞蹈课时会带着儿子，他知道妈妈在教课，自己也会跟着模仿动作，但具体深的舞蹈东西就不懂了，他还小，意识不到。有些演员的孩子生下来就接触舞蹈，我儿子对这个行业没有太多接触。其实我当初也挺想让他学芭蕾的，但是他五六岁的时候，我让他下竖叉，他疼得不行，我给他掰都掰不下去，硬往下摁也不行，真是太硬了。这么硬的人你打算让他跳芭蕾实在有些残酷，当然看起来他自己也没有兴趣。

给学芭蕾的孩子的建议

就像我对自己孩子一样的看法，够条件再去学。如果他在舞蹈上先天条件很不足，你还让他去学专业，那对他就很残酷。如果父母本身是易胖体质，也要慎重考虑，他改变不了基因，你让他去学，家长和孩子都要承担更大的压力，孩子也会在身心上付出更多。如果作为业余爱好学学没问题，反而很好。当然最终的选择还是取决于孩子自己。

我们在舞校入学前会测骨龄，但是没有人告诉我们具体多高才行，我觉得自己的条件一定是够用的，所以他们就直接录取了我。考学时是 11 岁左右，老师也只是能看个大致，其实未来长成什么样子，没有人能确定。没有任何人能告诉你长到 18 岁是什么样子，没有。培养芭蕾舞演员有时就像一场未知的赌局。

人生就是在赌，永远在赌，学习、工作、择偶……每一个选择，你怎么能坚持下来，其实都是在赌。必要的时候得自己哄自己，才能在迷茫的时候坚持住。

有些时候觉得跳舞挺好，就是在起舞的瞬间会暂时忘记生活上的一些琐事。可能我们舞者的思维都比较单一吧，不会给自己塞太多别的想法，因为我们的心思只够钻研这一个东西，芭蕾需要你专注甚至痴迷，这些年一回头，发现它早已填满了你的生活。

这些年我有了一些改变，在舞台上，原来我脑子里想的都是动作，但现在我体会的是这个人物的情感，以及她跟其他角色的交流。如果你光想着动作，那个情感表露出来是不自然的，跟你从内心自然表露出来的完全是两码事。而且在你很累的时候，还得控制自己的表情，因为你特累的时候就会喘得很厉害，那种笑也是有点儿龇牙咧嘴的，但是你还得控制住自己，把气沉到丹田，用轻盈的感觉去跳舞。这些也是我跳到了一定的年龄才想到的。原来只是会觉得错一个动作很恐怖，比如错一个脚的位置。现在不会，你的情感演到位了就算错脚也没事，你还是会把重点放在人物内心表现上，对我而言，重要的东西变了。

完美

对于芭蕾舞演员来说，相对完美的条件包括：小脸，腿要长，膝盖至少是伸直的，脚背是高高隆起的。如果这些你都占上了，但是头大脚小就吃亏，少一样都差点儿意思。如果只是胳膊短一点点，但是够用就还行，但要是腿短，那比例就不太好了。你看着这个人很顺溜的感觉，感觉搭着看觉得好就还不错。

完美是一个无形的对自己更加严格、苛刻的那么一个“点”，但具体要说完美到什么程度，可能人在每个阶段的领悟也不一样。

追求完美会让自己更加进步，就像跨栏一样跨过去了，然后你下一个目标就会比这个目标更高一些。其实完美只是相对的一个点，因为在不停地变化，哪里有绝对的完美呢？

2016 年到 2018 年是我最迷茫的阶段，现在仔细想想，有些东西就是因为你迷茫中在坚持才能成就。所以现在看来就会感谢那段时间自己的坚持，如果那个时候真的放弃了，那就什么都没有了。那个时候我就是按部就班的，该干吗就干吗，该治疗治疗，反正我从小到大也都是在干跳舞这一件事情。我觉得人这一生把一件事情干精了，就是成功的，你永远在钻这个事情，就比别人对这个事情的理解更深、更不一样，你的人生就是完美的。

毕竟人就活这么一次，不要把遗憾留在以后，等到回忆的时候就觉得这段太遗憾了，当初为什么没有坚持？世界上没有这样的后悔药。

我不想留遗憾，不想觉得我付出那么多而没为过自己，被逼无奈去为了别人然后放弃了什么，那都不是我自己想要的，我想要为自己追求的一些东西而活。不管我之后再做出什么选择，我也认了，因为在这段时间我回忆的永远都是美好的。

无常

甘露

2006年7月19日，我得知芭蕾舞团又有几个演员离开。离开纯属无奈，尽管我知道这是迟早的事，但还是有些怅然。演员经常笑着说自己学了7年芭蕾，最后跳的年头超过7年也就够本儿了。其实据我所知，大部分人都没跳够本儿，跳一年、两年、三年的大有人在，还有毕业后再没有机会穿上芭蕾舞鞋的……如果可以，她们想在舞台上跳一辈子，直到老去。

芭蕾舞团有一个女孩，来团3年，20岁。这一年团里没有跟她续签，大家知道这个消息也是在一周之后。她是个极好强的孩子，知道这个消息后简直万念俱灰。她把自己关在宿舍里，脑子里一片空白，没有声音，没有音乐，也没有灯光，一个人淹在黑暗中不肯呼救，不去听朋友的呼喊，与世隔绝地待了4天。第5天一早，她去了西单附近的KTV，一个人昏天黑地地唱到声音沙哑，自己也不知道唱了些什么……其实她的伙伴们都知道她的痛苦，但没有一个人去劝她，没有一个人敢去劝她，因为她们知道，终有一天她们也会像她一样离开，她们有她们的无常。

至于吗？或许很多人会质疑。15岁那年，女孩的双脚脚踝长了严重的骨刺。那时她还在舞院上学，练功的时候总是忍着痛，不想让别人知道。每一天，双脚和舞鞋都在无声地对抗和挣扎，疼痛与日俱增，她孤独地承受着。终于在一天早晨练功时，老师发现了她的脚的异常，让她马上停止上课，去医院做检查。

女孩压根儿就没去医院，在学校附近溜达了一圈，回来跟老师说医生看了没啥事。老师从小看着她们长大，实在太了解这些孩子了。老师很快给女孩的妈妈打了电话。第二天，女孩的妈妈从外地赶来，带着女儿去了学校附近的医院，从医生那儿得到的答复是，千万不要再跳舞了，进行保守治疗，可以保住双脚，也不至于太痛苦。母亲很为难，孩子却没有丝毫的犹豫，对妈妈说，想让我不再跳舞，除非让我死了。母亲拗不过女儿，在陌生的北京奔跑于各家医院，最后找到北医三院，告诉医生自己的女儿还想正常跳舞，而且不能歇太久耽误练功。最后，不知是母亲的无助还是女孩的坚持打动了医生，他们答应给孩子做一个新的尝试，这是最快的方式，但没法保证最优的结果。女孩不想太耽误练功，笑着问医生能不能双脚一起做，这样能节约些时间。医生认为这样做风险实在太大，女孩说两条腿同时残废和保留一条腿对跳舞的她来说没有任何区别，就试试吧，没准儿会成功。

医生制定了严谨的方案，女孩单薄的身体裹在大号的病服里显得有些寂寥。在妈妈面前，她竭力表现出自己的快乐，骗妈妈也骗自己。最终，皆大欢喜，手术成功了。妈妈为了照顾孩子，把老家的工作辞掉，在舞蹈学校附近租了间地下室陪伴着女儿。父亲一个人承担全家的生活开销，甚为辛苦。女孩说那段日子不知道是怎样过去的，只是希望快点儿过去。她说唯一的后遗症就是现在最怕泡脚，说那时几乎把人一生要泡的脚都泡尽了。别人做足底按摩是享受，对她来说就是折磨。当然，她也从来没有吃饱过，因为担心脚好后体重不易恢复，她还要跳舞。

她可以再跳舞了。芭蕾舞鞋的丝带优雅地缠绕着，刚好掩盖住那双脚上长长的伤疤。2008年她笑着给我讲了这个故事，从头到尾她一直微微笑着，仿佛在讲述别人的故事，听的人倒哭了。5年后，命运还是注定了她和芭蕾舞鞋的分离，暂时的或者永远的……“我爱芭蕾，但芭蕾不爱我”，这句话不幸又被言中了。

我知道，多少叹息都无法平息她内心的伤痛；我也知道，芭蕾舞演员已经习惯了这种无常的命运。

芭蕾不爱我，但我爱芭蕾

口述者：刘洋

我的故事

2003年，我从北京舞蹈学院附中毕业后直接考进芭蕾舞团，在舞团待了三年半。2009年，我考进新西兰皇家芭蕾舞团，距现在也快14年了，时间过得好快。

记得当初离开舞团有自己身材的原因，我开始发胖。我那时候20岁出头，怎么减都减不下来，天天去陶然亭公园跑步，常常不吃饭，为了减肥自己都魔怔了。我觉得那时候看团里的女孩一个比一个瘦，就显得我特别胖。其实说胖吧我也就45千克多点儿，165厘米，我想尽方法减肥。可能胖真的是因为心理压力，再加上我感觉自己那一段时间有点儿抑郁，所以自己觉得是抑郁肥胖。

为了减肥，我不吃饭，只要有空就去跑步。我常去团里附近的超市买麦片，用麦片泡牛奶，不加糖，因为完全不吃没有体能，也就没法训练，这就是我的减肥餐，我几乎每天都吃这个。后来，双人舞考核时，排练老师天天掐我的脸，说："你这

■ 2019年，刘洋生完孩子后回归舞台

脸太肉乎了！”

那时长胖跟心理压力大有很大关系。舞蹈演员很容易出现那种情况，可能暴饮暴食，也可能一下子不吃不喝，这也是导致我身体受伤的一大原因。我出国后经过了解，才真正懂得什么叫科学训练。

科学训练会延长舞者的专业寿命，这一点很重要。我那时候怀孕，团里就给我配了产后康复师，帮助我恢复直肌，肌肉力量、身体素质等各方面。产后康复师有相应的非常系统、专业的训练，蛮科学的，我从中学到了很多东西。

在国外考试的那会儿，我特别不自信。现在我的爱人，当时是我的男朋友，他说你不要给自己那么大的心理压力。我在考新西兰皇家芭蕾舞团时，也特别点儿背。当时我男朋友在澳大利亚，我英语也不行，他先帮我联系的澳大利亚国家芭蕾舞团。本来我是不想出国的，但当时考大学没考上，因为做手术错过了，整个人很沮丧。那会儿舞校老师还说："你错过挺可惜的。"记得那会儿第二天就要正式考试了，前一天晚上我却把脚的十字交叉韧带练断了。

给我做两次手术的是同一个医生。第一次，我是做的距后三脚骨切除。我算幸运的，遇到了一位好医生。他那时候刚从德国留学回来，没有医生敢给我做这个手术。去了几家医院，他们都把这个当成骨刺，劝我不要再跳了，说："还惦记着跳舞？你这辈子是不想好好走路了吧？"

我其实挺不甘心的，只能跟我妈妈说我想跳，如果不能跳舞的话，我就去跳楼！我真的是这样跟她说的。

我妈也难受得不停掉眼泪……那阵子，我们母女不知道是怎么熬过来的。我妈头发一块一块地秃，就是为我愁的。然后，她就辗转各个医院，每天只要能挂上号的，即使凌晨三四点钟，都跑去医院排队挂号，每一次都排得特别长，只限十几个号。后来，她终于打听到北医三院运动医学科可以做这个手术，是一个舞校同学的家长介绍的，我妈就立即赶去找医生。

医生桌子上摞了特别高的一沓手术单，他们科有很多国家运动员来做手术。当时，刚好赶上奥运会结束后，一批运动员术后疗伤，还有些要做手术，我这种根本就排不上。妈妈每天都到医院门口去等那位医生，上班前、下班后，无论晴天下雨，她都站在大门口等他。医生后来也是被我妈妈感动了，他把我加到了第一个。他说："你们赶快办住院手续吧，我们拍完片子下周就可以做。"他也很累，一天要做十几台手术。就这样，我两周后就做了手术。当时，我是两只脚同时做的手术。他们开会的时候，都说这是一个特例，北医三院没有人这么做过。我成为他们教实习生时被拿出来讲的病例，曾有一个芭蕾舞演员双脚距后三脚骨同时切除。

回想起来，是因为我的脚背不够好，我就一直狂练，一直练，把脚后跟最后的那一点点骨头拉下来了，裂后掉下来了。我也不知道自己怎么练的，我使了多大的劲，把骨头练裂了。因为脚背不好吧，自己要强，也就付出了沉痛的代价。

手术前，我穿足尖鞋时特别疼，像骨刺一样的，根本就立不起来，稍立起来就觉得脚里面像针扎一样。但是，我每次都忍住了，继续练，也不敢告诉老师。当时，老师对我蛮好的，她们只是单纯地觉得我这个孩子太努力了。

这是我做的第一次脚部手术，第二次手术还是这位医生。当时，我不想在芭蕾舞团跳舞了。我去办公室时，领导说："洋，你现在太胖了！当大幕拉开时，台下的观众是不会愿意看到台上有这么胖的舞蹈演员的。"

这句话到今天我都记得清清楚楚。她说完这句话，我忍不住哭了，我说：“我真的尽力了，不是我不想减肥，我是真的减不下去。”我记得那时候团里一位首席演员还说过，说其实减肥这个事，每个芭蕾舞演员都面临过，像是宿命。她曾经也胖过，她说没有演员不曾纠结过胖瘦。因为进团做演员也处于青春发育期，身体本来就有这个过程。但每个人的身体素质和状况都不一样。

没办法，我就想我不在团里跳了以后，我应该去哪儿呢？或许只有一条出路了，就是上大学舞蹈专业深造吧。

那时候我想，即使考大学深造，我还是得瘦。瘦才是我唯一的出路，当时我就是这么想的。瘦了我才能考上大学，才能继续我的舞蹈之路。我仍然不停地减肥，那时已经离开芭蕾舞团，不续约了。为了考大学，妈妈在北京舞蹈学院旁边租了一间房，是一个 50 平方米的合租房，我们租的是其中隔出来的一小间，特别小，大家共用洗手间。我们对面住着一个护士，是在附近口腔医院工作的。那间小屋一个月 1600 元，也就只能放下一张床、一张小桌子，上面放一台笔记本电脑，另一边放一个箱子、一个简易柜子，就几乎没有下脚的地方了。

我小时候舞校的班主任说：“你就跟着我们班练吧。”在考试之前，我每天从早到晚都练，也没见瘦，每一天内心都很焦虑。我不是跟这班练就是跟那班练，只要舞校我认识的老师在上课，我都过去蹭课练。大冬天的练完功一身汗，我又去中央民族大学里的操场跑步，就这样都瘦不下来，我也是服了自己了。

回想自己在芭蕾这条路上不但哭过无数遍，还流过好多血，真的是血泪史。如果再给我一次机会，我可能真的没有勇气这么执着地再去选择，这条路我走得太累了。

我记得在芭蕾舞团时有个同宿舍的同事，她也说过：“我爱芭蕾，但芭蕾不爱我。”这句话放在我身上是最合适不过的，你一直追着它，但它并不爱你呀。如果我自己有完美的条件，哇，我不用想着要转开，不用想怎样把这个动作做得更延伸，因为我胳膊就是有那么长，我就是那么转开，我的脚背生来就是那么好。条件不够好就不一样了，我要时刻想着延伸，要使劲地转开，要怎么样……每一个动作，想得太多了，因为你的起步跟条件好的舞者比就不一样。这就是这门艺术的残酷。

我考芭蕾前并不知道芭蕾舞是什么，我来自小城市，从小就爱蹦蹦跳跳，妈妈觉得跳舞强身健体，小姑娘又喜欢，那就让她跳吧。我没有想到我会走专业的路线，后来，老师觉得我舞感很好，而且我太喜欢跳舞了，建议我去省城。我妈妈单位里的一个客户，也是一个亲戚，在郑州是教芭蕾舞的，这样一引荐，就让我去省城学，每周一次。妈妈陪我坐公交车往返，周五晚上出发，周日下午回来，待着练两天。在我学舞蹈的路上，我妈妈一直陪着我。现在一提起来我就两眼泪花，妈妈以前特别坚强，从来不在我面前哭的，但她回过头来再想就会流泪，她一哭我就觉得好像在讲别人的事情一样。

妈妈不容易，我五年级的时候，还有两年舞校附中就要毕业，妈妈就辞了工作，在北京陪了我整整两年。我第一次做手术，在找到好医生前，光在一个医院开药泡脚就泡了半年。每天中午，妈妈把饭做好后，在我们租的小屋子里帮我准备好水泡脚。我泡完之后，躺在床上眯一小会儿，就接着去上下午的舞蹈课了。那时候，我们娘俩有一种信念，觉得泡了脚后肯定能好。后来，脚疼得感觉上半身的整个气都是提在上头的，脚都沾不了地。我是很能忍疼的一个人，实在是受不了了，才选择做手术，也才知道这根本不是泡脚就能解决的问题。

第一次做手术，我没有恢复。医生说：“舞者和运动员跟普通人是不能比的，他们可以静养，你们不可以，还要不停地用它，这是吃饭的饭碗，是你们的工具。”一般正常的康复期是三个月，我手术完一个月不到，医生就让我做勾绷脚的动作。

我当时回学校，五年级下半学期，期末考试都没考，因为这个手术让我错过了考试。放完假回校以后，我就开始疯狂练，我特别着急，就想着赶紧回去练。我在做 plie 蹲的时候，手术的那块刀口就裂开了，被撑开了……血就从连体的裤袜里渗出来，鞋染红一片……就这样，我只得回医院复查。医生说：“你是太着急了，练得太猛了。”

第二次手术，做完后，我从手术室被推出来，不到 48 小时，护士就让我做 45 度弯曲。膝盖旁边还带着引流管，疼得我一直抖，手抓着床单，感觉两个大牙都要咬断了。刀口是新鲜的，刚缝的，还是嫩肉芽，她就让我做弯曲。我眼看着旁边的瘀血从导流管流出去……那一刻，我觉得对自己特别残忍。

为什么要练呢？对于舞蹈演员，如果静养一个月的话，正常的这些跳和蹲就做不了了，就必须要趁它还没有长好的时候，把弯曲做好，膝盖有这个柔韧度和弹性，伤口才不会长得那么直、绷得那么紧。

我第二次受伤跟第一次比，恢复明显没有那么好，这跟年龄也有关系。第一次受伤是距后三脚骨那次，第二次受伤是离开芭蕾舞团考学的时候，都是我人生中最重要的时刻。

那时候，刚做完十字交叉韧带手术，我特别迷茫。大学错过了，不知道干吗，天天把自己反锁在屋里，不知道未来是什么，什么也不想干，那是我人生中特别灰暗的一阵子。

我男朋友很担心，就说要不出国让我散散心。我那时候根本就不想出国，英语也不好，也不知道自己去了能干吗。他就说出来看一看，玩一玩。就这样，我去了三个月。出去以后，

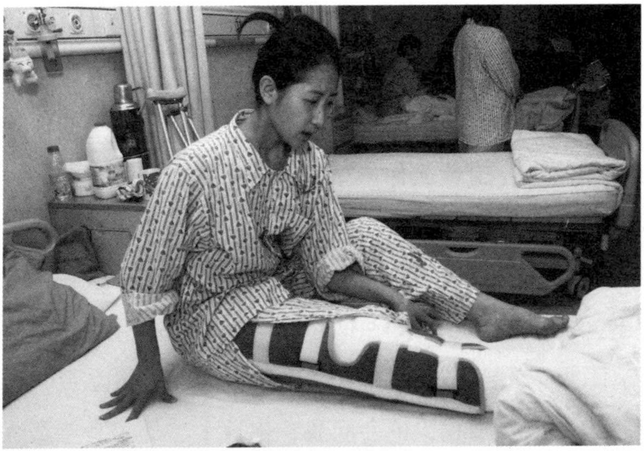

■ 2007年底，刘洋做完复杂而痛苦的腿部手术后，医生告诉她，“你可能再也不能跳芭蕾了……”

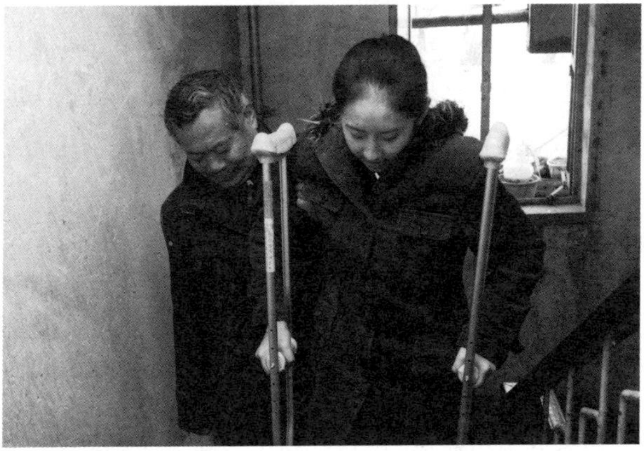

■ 刘洋做完腿部手术出院后，爸爸接她回到了北京的出租屋。在这间出租屋里，她的父母陪她度过了人生中最灰暗的一段时光

我去上课的时候，芭蕾老师是一位老太太，她给了我很大的鼓励，她说：“这么年轻，为什么不跳呢？”我的经历她知道了，她说：“没有什么，谁不经历点儿痛苦呢？”她就帮我联系学校。我当时跟着她们上课，她说：“哇！你跳得太好了！”这是我这么多年第一次听到别人说：“哇！洋，你跳得太好了，你是一个这么好的演员，为什么你不接着跳呢？”这个对我影响特别大，我说：“我还可以吗？我还能跳吗？”我不敢相信，就给自己打了很多问号，还要不要再跳下去，或者改行。这几年不停地受打击，我担心自己已经站不起来了。老师说：“你一定要练下去。”上课时，老师让我给学生们做示范，中午吃饭，我英语不好，她们就鼓励我，也会问我，你这个、那个是怎么练的？那三个月我挺开心的，仿佛找回了自己。

当时练了一个多月后，迎来了澳芭来南澳的巡演。我觉得不管行不行，它都是一个机会，我得抓住，我就特别用劲，我觉得当时发挥得还挺好的。后来练了把杆动作到中间的时候，我觉得脚特别疼，大脚趾就像刺扎似的。我心想没事，可能有好长时间没穿足尖鞋了，是正常反应。后来跳着跳着血就从足尖鞋渗出来了，越渗越多，整双鞋都被染红了。我实在是坚持不下去了，一脱鞋大脚趾甲盖整个都翻了起来，粘在裤袜上，血肉模糊。当时没法跳了，直接被送到医院急诊了。那次考团就这样失败了。

当时，我爱人特别坚强，他觉得我太爱芭蕾舞，一定要帮助我获得一个机会。

后来，也不知道为什么，我慢慢瘦了下来。脚伤恢复好了以后，我感觉膝盖还可以，承重能力也有了加强，我每天练两堂课。我去了布里斯班，它是澳大利亚另外一个舞团，不过不是国家芭蕾舞团，我去考试。那次，发挥得真的不错，瘦了，能力也上去了，那一次我特别自信。考完以后，她们的主管就说："叫到名字的……叫不到的……"我听不太懂，就一直等叫自己的名字。等了一阵，别人都被叫进去了，就把我和几个人留在那儿。我想，这是把我们留下来了吗？出去一看，主管说："可以了，你们回家吧！ bye-bye！"我听懂了"bye-bye"，我这是又没被录取。后来才知道，他们那年招的是实习生，就是预备进团的，要倒贴公司钱的。我想没考上也挺好，本来是想去积攒经验的，如果去了又当学员，我也不想去。

考试的时候，大多是妈妈带着孩子去，陪着去的就我爱人一个男士，他就坐在中间。妈妈们都在聊天，他觉得特别不好意思，别人一看他不说话就过来问他，说："你女儿是哪个？"他说："我女儿就是那个亚洲的。"人家都把他看成父亲带着闺女来考试。真的当时就我一个人是 20 多岁，其他都是十五六岁的小姑娘。

澳大利亚那年不招了，我想着考不了就只能再去试试新西兰。新西兰皇家芭蕾舞团还招演员，可能还有机会。我当时有点儿不想考了，想回去学英语，改个行吧，干点儿什么不好呢？就是重新学习也来得及，我干吗这一生要死磕芭蕾？

爱人劝我："最后一次去，你权当去旅游，玩一玩，万一考不上就当欣赏风景了。"我听进去了，回去又接着练起来。10 月底新西兰考试时，刚好赶上电视台给皇家芭蕾舞团拍摄一个招演员的片子，叫 Secret Life Of Dancer，讲舞蹈演员的日常生活，开拍第一季从考团开始拍。我也不知道，进去以后发现好多台摄像机，当时的演员里就我年龄最大。

那时的团长是一个英国人，他看了报名表，说："中国来的这个女孩我非常感兴趣，你看她的经历，既是北舞毕业又进过中央芭蕾舞团，我们要着重看一下她。"这是在纪录片里，他们拍出来后，我才知道的。

当天去考试时，我还在想怎么办，我太胖……爱人就说：“你每天都在重复一样的话题，胖瘦都已经这样了，别想了，进去考吧！”我一进去发现，哇！我还是最瘦的那一个，我的自信又起来了。她们都穿着小裙子，我就穿了一身练功衣。老外都很自信的，头发梳得很高，走路昂首挺胸的，中国人相对比较含蓄。我心想她们应该很厉害吧，结果跳起来以后，我发现就那么回事，水平还好吧。

考完以后，团长把我叫到最前面，说：“你之前在哪里学舞蹈？”我也听不太懂，只会回答 Yes，说什么都是 Yes。那个片子现在我都不太敢看，因为我当时的英语真的是太烂了。团长

■ 2013年，刘洋演出舞剧《吉赛尔》

笑笑说："我要找找你男朋友在哪里，你的笑容很灿烂。"考完后，我就知道结果了，我激动得一直流眼泪。旁边有一个小教室，我在那里特别激动地先给我爸拨了个电话，用家乡话报喜讯。拍摄人员把这一幕也录下来了，后期制作的时候，他们专门找了河南人翻译的这段对话："爸爸我考上了！终于考上了！"这个片子在新西兰 TV3 上，每周会播放两集，特别火。

刚进舞团的前半年，我在当地特别出名。去超市买东西，就有路人打招呼说："啊！你是洋吗？你怎么样？你的英语还好吗？你跳得真的很棒！"

我蛮感谢新西兰舞团的，它历练了我，使我获得更多的成长。

团里的演员非常友好，虽然开始的时候语言交流不顺畅，但是肢体语言都是相通的，芭蕾舞的术语在全球也都是通用的。她们帮了我很多，我的英语逐渐有了进步。

我小时候在国内舞校的最后两年，因为受伤没上过几堂现代舞课，后来在芭蕾舞团也没怎么跳过现代舞。我在这方面有所欠缺，总觉得现代舞不是我的强项。我这个性格本来就容易产生自卑情绪，很少特别积极地去想一件事，因为被打击了太多次，一开始就会自我否定，"我肯定不行"或是"能不能行"，"要是万一不行我该怎么办"。这些年过去，随着自己的成长，心态上有了转变，"不管怎样，行不行都要先试一下"。

一般演员要给编导一些 idea，他会把他的一些东西加进去，这个舞蹈就成了。我才知道，现代舞可以这样来编。他走着走着，会问你："这一个八拍，你自己想一下，你觉得做什么好？"我又开始想这个要是做不好怎么办？这个编导会不会不喜欢我？就会想很多。待了两三年后，不用管他想什么，去做就是了。编导有时会说："这个不错，这个还可以。"

从之前的环境到这个环境差别比较大，不能说哪个环境好或哪个不好，不同的地方，它都有好有不好，如果善于把它们综合，揉在一起，就变成好的了。原来的环境给了我非常坚韧的性格，在国外有些舞者内心承受力弱一些，比如编导非常温柔，提出这个动作你可以怎么样，有的演员就去哭了，在化妆间里一直哭，感觉特别委屈。大家熟了后，她们会问我："洋，为什么从来没有看到你哭过？"可能是我以前哭过太多，现在反而更加坚强了吧。

从国内走的时候，是我特别孤独和无助的时候。搬走前，我一个人把自己锁在芭蕾舞团的宿舍里，连最好的闺密来敲门，我也不回答，在屋里关着灯，不说话，在黑暗中度过了两天两夜，一直没出门。

生完孩子离开新西兰的舞团时，我挺不舍的。虽然到现在我也没有完全脱离舞团，我的梦想是希望在舞蹈生涯最后跳一个我喜欢的角色，画上一个完美的句号。其实静下来想一想，哪有什么完美的句号，如果还在芭蕾这个圈子里，就不可能画上句号。

生育

记得怀孕一个多月时，我还在跳《罗密欧与朱丽叶》里的四女友，在台上疯狂地跳。我那时还不知道自己怀孕了，是晚上吃夜宵的时候，朋友在吃汉堡，我闻到培根的味道瞬间觉得好恶心，整个人就像生病了一样。还有例假晚得有点不对劲，女孩子都有第六感，我就去测了一下。那天，我好奇心比较重，非要在上场演出前知道测试结果。测试结果出来后，我当时就傻眼了。此时，广播里响起："洋，在哪里？准备就位，演出马上就要开始了。"演出结束后，芭蕾大师就问我："洋，你今天怎么了？”

我不敢跟团长说自己怀孕的事，觉得不想错过这样一个好机会，可是肚子越来越藏不住。剧团放假的时候，我就告诉她我怀孕了。她特别开心，说：“这是一个好事情！新西兰从建团以来，从来没有一位演员怀了孕再回到舞台上跳的，我相信你是可以的！将来，你可以带着你的baby来练功。”我说：“这样可以吗？”她说：“你就铺个垫子，她在那里滚就好了，你在旁边练功一点儿也不影响啊！”她的话让我认识到，我生完孩子还可以再回团当演员，这给了我莫大的鼓舞。她还说：“我可以帮你保密，你想让我告诉团里的人吗？或是等你自己想让全团知道的时候，你再告诉大家。”

我怀孕满三个月时，才跟全团说了这个消息。大家都为我开心，因为她们说这是新西兰皇家芭蕾舞团第一个芭蕾baby。在我生之前，同事们还给我办了一个大party。同事和团长都来了，送了很多孩子的东西。对我来说，这是生命中让我特别感动的一件事情。

我产后不到三个月，就回团恢复训练了。我经常涨奶，从腋下开始像石头一样，而且，她们跳现代舞在地上滚来滚去，我涨奶涨得厉害，想着谁都别碰我，若谁碰我都恨不得一拳打在她们的脸上，很疯狂的感觉，因为太疼了！我感觉整个乳房要爆炸了。这期间我一直给女儿喂母乳，喂到她三岁半。

团长还专门为我腾出来一间屋子去泵奶，我上班都要背着一大包东西，包括吸奶器。吸奶器用完后，还要随时消毒。团里有微波炉，团里的这间屋子，团长说暂时作为我吸奶的屋子，让其他同事进门时一定要先敲门。她给我的感觉就是很重视你，很在乎你，让我心里很温暖。

其实之前我并没有想过马上要孩子，因为这个团长刚来，我想跟她好好合作两年，总是觉得我这个梦还没有圆，自己还有力气，我还可以再好好跳一下。

怀孕后我一直在上课，在团里排练直到39周，怀孕的时候，孩子跟妈妈其实是相通的。助产师也很支持我，她说："没问题，健健康康的为什么不可以接着跳呢？该干什么就干什么。"那时候，我就不停地跳呀蹦呀，等肚子太大后，就不参与集中排练了。刚开始我孕吐也挺厉害的，团长看见了说："算了，你在外面歇着吧。"而且，排练时一会儿一举手："我要上厕所。"生完孩子后是："对不起，编导，涨奶了，我要去吸奶。"3个小时一次，我都不好意思了。只要我一举手，编导就说："ok，ok，出去吧，去吧。"不用说都知道我要干吗，一趟接一趟的。

进了团后，运动量很大，我也不减肥，也许是年龄到了，进新西兰皇家芭蕾舞团时24岁。每年有南北岛巡演，一年四个季度，有几百场演出，真是连轴转。周六、日就有两场，中午、晚上各一场。因为是小团，不像中央芭蕾舞团，这里就35个人，分A、B组，A组跳这个，轮到B组，你不可能休息，还要接着跳。有时，演一场《天鹅湖》，我身兼五六个角色。

怀孕三个月左右时，我才慢慢不做跳，不参加大强度排练。整个孕期就长了8千克，生完孩子，一个星期左右，腹肌就出来了，恢复的速度很快。

我生完孩子后，自己除了生理上，心理上也发生了一些变化。当你诠释角色时，感情会更丰富一些。思考的东西、从内而外的表达、肢体语言也会比年轻演员更成熟一些，生孩子确实会改变你身体的构造，我觉得比之前要"开"很多，就是在转开方面。

我也慢慢意识到需要科学训练来延长我的芭蕾舞寿命。比

■ 2019年 刘洋与女儿在新西兰皇家芭蕾舞团

如：团里在芭蕾课之前有普拉提训练，一个 Warm-up，算是课前热身；有专门的理疗师做定期的按摩，还有定期的健康营养课。

生完孩子后，我跟团长聊，说："我不能再接着跳了。"她说："为什么？你是身材没有恢复好还是心里没有准备好？还是就是不想跳了？"我说："不是不想跳了，我很想跳，特别想跳，但是我生完孩子后，首先是一个妈妈，然后才是一个舞者，我想在女儿没长大的时候多陪陪她。"团长说："你跳舞也不会影响陪伴女儿，你可以把女儿带到团里来。"团长那年 50 多岁，跟她老公也是因为跳舞认识的，他们没有要孩子。她说："可能我体会不到，不过我的兄弟姐妹都有孩子，也可以理解。你的决定是你自己的事情，任何人都不能阻止或改变。但是，如果你想回来的话，舞团的大门任何时候都为你敞开。”她说：“你要想好，没关系，我尊重你们每个人的决定，随时欢迎。”

当时，我一出来就给好朋友打电话，跟她说我辞职了。我就这样辞职了吗？那天过得好恍惚。

家人

我女儿太硬了，还没有我妈妈软呢，我妈还能下横叉，她就像钢铁大桥一样。我说：“算了，你也别学了。你也不爱学，送你去学跆拳道挺适合的。”我每天教她跳舞，她就说：“妈妈，你别跳了，我来跳，妈妈你学我。”她让我学她在地上做各种翻滚。

如果她真想学舞蹈的话，我肯定不会阻止她。我不会因为我走过的这条路很苦，就不让她学，但她要是不喜欢，就不勉强了。我还想过，如果我小时候学了别的或是早点儿改行的话，也就没有这么痛苦的经历，这是身心和肉体的双重折磨。可是我爱芭蕾。

我爱人说，人这一辈子能为自己喜欢的事情付出这么多，其实也是一种幸福。芭蕾让我很纯粹地去面对。

我爱人之前是不会摄影的，我跟他说：“好遗憾，在国内跳了那么久的群舞，也没有什么舞台的照片。”后来他就自学了摄影。开始他也不会拍，后来，他问新西兰这边的团长，能不能去拍演员的带妆彩排，就是正式合乐前的彩排，团长答应了。之后，他每一季度都去拍，想借此机会练练摄影。他进步很快，新的艺术总监上任时，我爱人就签了剧团的摄影师，正式进团拍照了。

这个阶段，留下挺多剧照的，现在全归我了，我非常知足。即便现在不跳了，也有很多美好的回忆！我非常感谢爱人，他为我的芭蕾舞事业付出了太多，一直支持着我。爸妈也是。特别幸运的是，无论我做到什么地步，如此执着，时常碰壁，碰得头破血流，家人还是一如既往地支持我。

现在的我

前几年赶上疫情，团里线下安排休息，都在网上排练。学校的老师联系我，问我要不要去学校教课。教课对我来说是新的开始，我又不自信了，觉得自己没有教过，教不好怎么办呢？

校长就说："你尝试下看看。"我教完第一节课，学生们反馈说："很喜欢你的课呀！"他们还给我写了贺卡，这些我全都留着。我觉得那是我第一次做老师，得到学生积极的反馈，这就是对我新的开始的肯定。我没有固定在一个学校教，同时还在新西兰芭蕾舞团教他们开设的奖学金课程。通过学生给我写邮件，不断地反馈，我觉得教课也是一条芭蕾的路。

我小时候在舞校常常滚地板，身上裹着保鲜膜，再穿上减肥衣和减肥裤，在舞校主楼最大的501教室，从这一边滚到另一边，滚到想吐，此生难忘。老师说："你们滚到想吐就好了，不用吃了，目的达到了。"

那时候跑北京三环，每周一学校升国旗后，男班老师就让我们女班跟着男班一起跑三环。老师说："快一点儿！快一点儿！1996级的女孩子不要掉队了。"他骑着自行车在后面追我们，每天都追我们。

"胖"伴随了我整个舞蹈生涯，反倒当我放下了，不那么在乎的时候，人就瘦了。生了孩子后，我越来越瘦，别人见了我说："天哪！你都快瘦成一道闪电了。"

自信很重要，自信会给你带来不一样的人生轨迹。当你自信的时候，去做一件事情，结果完全是两回事。

新西兰皇家芭蕾舞团里没有考核，不像国内那么严格，每年都有考核。我来这儿的第一件事就是问舞团里的一位演员有没有考核，她说："什么是考核？"我说："就是每年考核演员。"她说："没有。"

出国后，有些人经常会问我："中国芭蕾和外国芭蕾相比，你觉得哪个好？"我觉得这没有什么可比性。芭蕾舞起源于西方，但是中国芭蕾也跳出了中国芭蕾的风格。

鞋

我留了很多自己的旧鞋，团里面还演了很多不同的现代剧目，鞋子的缎面有各种颜色的，后来不跳了，我把这些鞋全都放在专属的柜子里。我放了一柜子臭鞋，这是我最珍贵的东西。

穿足尖鞋的过程挺痛苦的，这也是芭蕾舞演员必须经受的过程。从疼练到不疼的过程就是痛苦的，得让疼痛变成你生活中的一部分。小时候开始，立足尖的时候，脚就没好过，天天都是破的，脚趾甲盖儿掉了一层又一层，最后都不知道这是第几层脚趾甲盖儿了。

我从来不会穿高跟鞋，我脚上的大拇趾骨这么大，已经深度变形，我不想把五个脚趾露在外面。这双脚实在太丑了。我们生活中穿平底鞋或者大拖鞋，还得穿带气垫的，从头到脚，怎么舒服怎么穿，像运动裤、运动衣、棒球帽是我认为最舒服的。

生活中走路过于挺拔的人，不一定是职业舞蹈演员正常的

■ 刘洋爱人镜头中的她

状态，正常的状态就是哈腰，这种姿势最舒服。我妈现在都会说："你把胸挺起来！"我说："那样多累呀！这样多舒服呀！"

完美

我看到很多世界级芭蕾明星的采访，她们认为自己的每场演出都不是完美的。其实，完美不一定就是最好的，留下一些遗憾或缺憾也不一定就是不好的。如果没留下一些缺憾，就没有再前进的动力了。我有时候用我的故事去激励现在的学生，但她们还是不能完全理解。可能只有到了一定的岁数，亲身经历了一些事情，她们才会说："噢，原来是这样的。"

跳芭蕾的时候，我最享受自己跟自己较劲的那一刻，比如特别累的时候、绷脚快绷不起来的时候、感觉整个人快"完"的时候。每次跳舞剧跳到最后，有一段大团圆、大结束，我就很喜欢挑战我的极限，特别累、快坚持不住的那个瞬间，离"完"很近了，也是跳舞的最高潮，最能激发舞动的激情的瞬间。

我想在芭蕾舞这条路上，一直走，坚持走下去。若真的换一个职业，我不知道自己能否像对待芭蕾舞一样执着。从学校到舞团，我一直在同一个圈子里，因为这个圈子是我喜欢的。

考试

甘露

芭蕾有很多传统和模式。

芭蕾舞演员从头到脚，是从尺子的丈量开始的。他们10岁左右在舞蹈学院附中的考场上，软尺就搁在考官面前的长桌上，初试中有一项就是专门测量孩子身体的比例。腿比上身长不得少于12厘米，这一项数据足以宣告无数孩子与芭蕾无缘。芭蕾的选材是苛刻的，有很多个判断的标准，身体各部分的比例、肌肉素质、柔韧性、协调性、气质、能力、乐感……在从事芭蕾的人的一生中，眼里不会有“完美”二字，她们已习惯用审视的眼光看待别人和自己，而且从小就有了这种审视的眼光。

考试时，孩子们一拨拨地进入考场，男孩们光着脊梁，只穿着练功裤，女孩们穿着练功衣，满目都是一张张可爱纯真而又怯生生的笑脸。老师们从孩子进教室的那一瞬间就在仔细观察，遇到一个条件好的小孩，她们会乐上一天。芭蕾有这种魔力，入了芭蕾这一行的人都像被魔法棒点过一般。每一次去舞院附中的芭蕾教研室，我总会看到老师们聚集在一起谈论某个孩子的专业或讨论老师的教学方式。年长的老师、中年的老师、年轻的老师全窝在一个屋里，彼此交流、示范，空气中全是芭

■ 当年的她们

蕾的气味。

2005 年，在候考的舞蹈教室里，我跟一些孩子闲聊。她们来自全国各地，在当地多少学过一些舞蹈，但不一定是芭蕾。孩子们的家人是进不了考试大楼的，他们在长长的警戒线外焦急地等候，看上去比孩子还紧张。来考芭蕾科的小孩们都很瘦，10 岁左右的年纪，她们跟我说芭蕾舞演员的理想脸型是五官上蒙着一层薄皮。大多数孩子说自己从小练舞是父母的意思，主要是练一种气质；现在的愿望是考上舞蹈学院附中，以后的愿望是进入中央芭蕾舞团。

她们说起练舞时的痛苦，也是一副欢快的表情，好像与己无关。比如说一天要练很长时间，容易枯燥，鞋总是磨破脚……孩子们在互相攀比着痛苦，说芭蕾是先苦后甜，说那些跳芭蕾的姐姐们刚穿足尖鞋时都起码掉过两次脚趾甲盖儿。她们互相讨论着彼此的脚背，说跳芭蕾舞的人的脚背可重要了，比脸还重要。一个女孩儿分析了身旁另一个女孩儿的小脚背，说还不够好，要她多练一下前脚掌。于是，其他小孩争先恐后地说着练前脚掌的方法，比如说抓毛巾，或者窝着前脚掌走路……孩子们说得更多的还是羡慕，羡慕芭蕾舞团的演员们可以去世界各地演出。有个小女孩干脆直接说就喜欢谢幕，这个女孩那年考上了北京舞蹈学院附中，是班里最小的孩子。

2005 年，全国有几千名小孩报考北京舞蹈学院附中芭蕾科，也就招了一个班，有 16 个女孩、15 个男孩。

男生和女生是分开考试的。这个年龄段学舞蹈的女孩显得比男孩老练，男孩之间还没有这么多关于现实的话题，他们对一些抽象的事物更感兴趣。这期间，他们的身体在做着各种动作，神情严肃，脑子里却暂时没有那么多对芭蕾的钻营。

■ 舞者宋潇潇

芭蕾不止有残酷

口述者：宋潇潇

考舞校

我是 11 岁考进北京舞蹈学院附中的，考试的过程特别顺利，不仅考上了芭蕾，还考上了中国舞专业。我同时报了这两个专业，当时我读的业余班的老师跟我说："你能考上哪个算哪个。"结果，我两个都考上了，完全没有料到会是这个结果。我不算特别努力的学生，老师觉得我条件好，让我去试试，就这样，离芭蕾又近了一步。

小时候，我没有太多的目标，也没有想过学舞蹈，当然也没有想过学别的。我学过画画和钢琴，都需要静，我不太能坐得住。跳舞起码整个人能动起来。我是北京人，当年在少年宫学习，一位舞蹈老师就来看我们，她问我爸妈："想不想让女儿未来学舞蹈搞专业，她的身体条件特别好，可以让她去试试考北京舞蹈学院附中。"我爸妈当时就问我想去吗，我说："那就去呗。"我喜欢动，所以我痛快地选择了舞蹈。那位老师就是我的启蒙老师。

在舞蹈上，我真的是老天爷赏饭吃。我后来才知道，太多人学芭蕾特别痛苦，付出太多，可我就还好，身边的人都知道，我算一个特例。

当时考舞校的时候，我对即兴表演这一段印象特别深。很多小时候的事情我是记不住的，但是这段我印象很深。我小时候性格跟现在完全不一样，那会儿比较内向。到即兴表演的时候，偌大的教室，就我一个孩子缩到最后面的角落里站着，轻轻地比画动作，我压根儿就不会即兴跳舞。当时，我也没有那种表现欲，我特别害怕。我头埋得低低的，躲在角落里看着，正前方的镜子前坐了一整排的专业评委老师，他们不停地瞄着所有的考生，考生们也是积极地在他们面前做着各种展示。

我可能就是因为这样站在那里不过于表现，反而引起了评委老师们的注意，他们后来也没有让我补跳。

考试前，我的启蒙老师跟我说："潇潇，你身体条件太好了，你呀，记住去考专业时不要穿那个专业练功衣。"通常考试是有规定的，要求考生们穿练功衣或体操服，而我穿的竟然是一件绿白相间的跨栏背心和一条小绿内裤。主要是我身体比例很好，老师说这样穿会比较特别，更容易被人注意到。所以，我也不知道自己怎么就穿着那身衣服去考试了。所以在考场上，我本来穿得就很"显眼"，老师再一量身体比例、掰软度，对我来说都不费力，我可能就是天生吃芭蕾这碗饭的，想在考场上不被注意都难。

后来，我的那位启蒙老师去世了，她就是很有名的王佩英教授，她也毕业于北京舞蹈学院，我很怀念她。

回想在舞校读书的日子，从小到大，老师们都特别喜欢我，对我特别偏爱。这个都不用掩饰的，我舞校的所有同学都知道。在舞蹈学院附中学芭蕾的七年里，老师们在芭蕾课上管我管得最多，她们对我特别上心。

在我们这行的很多演员都爱自嘲“芭蕾不爱我，我爱芭蕾”，但我却成了“芭蕾爱我，我不爱芭蕾”的活生生的例子。

把杆中央

在舞校的七年中，我几乎每次上课都是站在把杆中央的位置，我们班另一个女孩也是班里优秀的学生，现在是中央芭蕾舞团的首席演员，她那时候都不是每次站在把杆中央的。其实很多学芭蕾的孩子，特别是那些从没有被老师安排站过把杆中央的，她们非常羡慕能站在把杆中央的人。学舞蹈很看重孩子的先天条件，当然我没有因为自己站在把杆中央就感觉比别人高出多少，但从小到大我确实知道自身条件好占了很大优势。可能我不像别人没有得到过就一直想要得到，我认为这些对我来说是正常的，本来就是我的。

■ 舞校时的宋潇潇（左三）

我是不太爱跟别人争的那种人，说得好听点是我不跟别人争，也可以说我不会为了得到某样东西而让自己付出比别人多得多的努力。正常情况下，按照我的先天条件在中央芭蕾舞团不会只跳到一个群舞演员的位置，肯定是跳主要演员的料。所以在学校时老师们就一直重视我也重点培养我，只能怪我自己不争气，没有尽自己百分之百的努力。

芭蕾的好条件分为两方面，外在条件和内在条件。外在条件就是你的身体比例，头小、胳膊长、腿长；内在条件就是天生的开，柔韧性好。考北舞的时候，用尺子量就属于看外在条件，掰腿、看软硬则属于内在条件。刚进校一年级的时候，谁的条件好，谁的条件一般，同学之间就已经互相知晓了。其实芭蕾舞本身挺苛刻、残酷的。我想，如果我自身条件不好的话，我根本就不会选择跳芭蕾。不会像有的孩子，条件不好也要硬逼自己去做。我真的太不会跟自己较劲。有的舞者做完双脚的手术也死活要跳，很痛苦，这种我真的不是特别能理解，确实也做不到感同身受。

从我进舞校到后来进了中央芭蕾舞团，可以说我的芭蕾生涯一直都是靠优越的身体条件在跳舞，而不是说靠后天的努力在跳舞。我不会觉得身体条件好对我来说是束缚，反而会很感恩老天赐予我这么好的条件，让我可以快乐地去跳舞。

从小到大，我的家人没有给我压力，而且我一直是那种特别不愿意跟自己较劲的人。但凡我愿意跟自己较劲，我就不会只是群舞演员，早就升上去了。一直以来，我都是能让自己轻松就好的心态，不会总给自己压力，在这一点上我跟团里其他人很不一样。

我 10 年前就已经退出舞台不再跳舞了，但我不会因为自己只是一个群舞演员而觉得遗憾。如果会遗憾的话，我当年就不会安于现状了。毕竟跳了那么长的时间，有很多机会都可以去争取。对我来说这样很舒服、很轻松，我觉得很好。

我的老师

我们班当年有些女孩很刻苦，她们对自己要求很严格，不仅上课时努力，下课后还在教室里狂练。我常常是下了课赶快回宿舍躺平，有时候被我的专业老师抓个正着，她会把我单独带到教室盯着我练习。有一阵我长了荨麻疹，她给我炸蝎子让我吃，说以毒攻毒。她很关爱我，每个假期，她会让我去她家给我补课，当年她肯定特别想把我练出来。其实，对于老师来讲，要找一个各方面条件都好的芭蕾苗子是很难的，这是我长大些才明白的。

芭蕾老师对学生，真的就像母亲对孩子一样。我的芭蕾老师是我的恩师，我从小被她手把手带过来的，况且我还是她那年作为主考老师亲自招进来的。她有一次跟我语重心长地说："这辈子我唯一的遗憾就是没把你教出来。"我说："老师，我对不起你。"

压力

我觉得在一部芭蕾舞剧中，主要演员的压力更多的来自自己的内心。况且跳舞不可能像拍戏一样，不行咱们再来一条，没有这个机会，只要音乐一响起，演员就必须马上进入状态，一次性完美地完成。作为主要演员，她要撑起一部戏，全场的焦点都是她的时候，内心的压力肯定很大。即便是某个国际芭蕾巨星，在上台之前多多少少也都会有内心的波动，这种压力往往是无形的，有时候也是自己给自己的。

我常常在侧幕看，侧幕是看舞台最清楚的。间隙的时候，群舞演员之间还会说说笑笑，但是主要演员永远都是沉默的，也许是默默地在检查自己身上的服饰或者在出场之前默动作。作为群舞演员，首先这点上没有什么压力，而主要演员就不一样，她考虑和担心的问题就比较多了。

群舞虽然也有很多动作要记，但是相对来说还是比较轻松的，动作没有那么高的难度。因为我跳舞时脑子比较好使，小时候我们专业老师就说我有灵性没悟性。比如教一个动作，我绝对是第一个学会并且记住的，可是再要去钻研这个动作的要领是什么，具体要怎么做才能够做到更好，仿佛就没我的事了，我也不会再往里钻下去。

跳芭蕾舞可能对很多人来说是世界上最难的事，虽然我在先天条件上确实很优越，但对我来说也有很多攻克不了的难题，比如在技术技巧方面，像大跳、挥鞭转就是我的短板，需要我去克服的，除开这些，我完成好其他的技术是没问题的。

我可能就是一个奇葩的个案，芭蕾舞演员很少有我这样的。有些条件好的人也会使劲往上争，非常努力。闺密那会儿经常说我："你要是有我们团谁谁努力的十分之一，早就成主要演员了。"

伤痛是难免的

虽然自身条件好，但总也避免不了受伤。脚破是经常的，学生时期我的脚经常会破皮，破了自己忍着，包裹以后还要继续跳，钻心地疼。那时候整个人就会很烦躁，心情会很受影响，但不克服又怎么办，只能跳下去啊，也没得选择。

我在上舞校附中三年级时，有一次自己转圈，"啪嚓"脚就骨折了，那次受伤直到今天骨头都回不去正位。受伤以后我的脚打了石膏，歇了几个月，只能看着同学们训练。

后来，我考进了舞团，那10年好像没有受过什么严重的伤，我想确实是因为条件特别好，跳舞做动作就会顺溜些，也不拧巴，身体就没有那么容易受伤。大部分受过伤的舞者，跟身体条件多少也有些关系。当然那些条件好、特别努力的人也会受伤，她们练得多呀，受伤的概率高，不像我有时候会偷懒。

但是随着年龄越来越大，身体条件就不如小时候了，因为身体骨骼一直在变化，越大会变得越硬。现在我生完孩子，稍不注意，腰、胯就会突然间别一下，这些都属于职业病，像是之前积攒下来的债，现在要还回去。

坚持不了但还是坚持了

抛开跳了这么多年的芭蕾舞来说，世上最难的事是让我去干一件持之以恒的事情，那不行。我是一个特别没有长性的人，而且我非常清楚自己缺乏毅力和耐力。尽管我缺乏这些，但我进中央芭蕾舞团也整整跳了10年，再加上之前在舞校学了七年，做这一件事，我也做了17年。

无论晴天、下雨或是自己状态不好，这17年我每天必须正点去练功，雷打不动，有时候一排练就是一整天，已经到了人的极限。哪怕我条件好，觉得跳芭蕾还算轻松，也是需要体力来维持的，真累呀！当离开芭蕾舞团时，团领导还笑着跟我说再见："潇潇，我非常了解你，对于你来说一件事能坚持10年已经是非常非常不容易了。"因为大家都了解我的性格，芭蕾舞竟然能让我疯狂地坚持了这么多年。不管我是开心地跳或是怎样，反正这一件事我坚持下来了，我想这辈子不会再有其他事能让我坚持这么久了。

八字脚

我的八字脚是不知不觉中形成的，没有什么不同。

双人舞

舞校三年级学跳双人舞时，我没有感觉扭捏，没有不好意思的感觉，对我来说这是再正常不过的一件事。我可能晚熟吧，其实女孩会比同龄的男孩早熟，我这种性格可能跟自己的原生家庭有很大的关系。父母都太保护我，这也是别人比我想得多，走在前面的原因吧。

我一直生活在北京，也没有舞校同学们那种从小离开父母的孤独。从小爸妈都很爱我、呵护我，我内心也很满足，家庭条件也很不错。像别人那种从外地来北京求学的经历，我这辈子是不可能经历了。她们说的很多感受，我能理解，但是真的体会不到。包括减肥，从学舞蹈开始，我就从来都没有胖过，谁减肥我都没有减过。你不要觉得我“凡尔赛”，但现实就是这样。或许，老天有时候也是不公平的吧。

完美

每年我们舞团里都要考核，有意思的是每次我都被安排在第一个，我问：“为什么是我？”他们说：“你不紧张啊，你心理素质好。”我说：“谁说我不紧张啊，你们看不出来我紧张吗？”他们说：“真看不出来呀，所以让你第一个跳。”其实我内心也会紧张，但是周围人感受不到，那种紧张用语言很难表达出来。比如我知道要跳什么剧目后，这个剧目中的某个点会让我担心，转圈是我的弱项，每次跳到那儿就会不顺畅。一紧张我就想“一会转圈的那个地儿，千万别有什么问题”，脑子里会有负担。所以，即使条件再好的人，对于芭蕾来说都是不够的，都是不完美的。但是每个人都会有弱点，而且我很清楚我的优点在哪儿、缺点在哪儿，自己永远都要想着怎么在舞台上去克服它。我真的转不好圈啊，练也没有用。附中三年级那次受伤我 14 岁，就是练转圈摔的，从此我心里就有阴影了，一到转圈我就会恐惧，没转完两圈就掉下来了，会形成下意识的自我保护。

这个是我过不去的坎儿，也是人正常的本能反应吧。当你心理上一旦出现问题，就真的很难克服它，这不仅仅是“练一次跟练一百次就是不一样”的事。

我们班女生除了我还有一个同学在跳舞，其他人都不跳了。她是团里的首席演员，她的老公也是我的同班同学，他俩 12 岁就认识了，青梅竹马，长大后结婚了。她老公也是主要演员，是她的舞伴，两人在一起很幸福。现在她还在舞台上跳，但是她老公几年前已经退出舞台做了老师。

坚持

我从小就特别不愿意跟别人一样，甚至还有逆反心理。卖衣服的柜姐说：“这件衣服卖得特别好……”那我肯定不买！而且，我绝对不会去模仿别人。这种个性跟跳芭蕾没有什么直接的关系，但也许有潜在的影响。

但是在跳芭蕾的时候，作为群舞我就不会太任性，要求我怎么做我就会怎么去做。我不会刻意追求不一样。既然是跳群舞就要接受统一，自己的独立个性不应该在这时候显现。对我来说，最难的是重复地做动作，尤其是排练和联排的时候。而且群舞经常要在主演旁边站着，一站就是很久，这时候主要演员要在中间完成各种变奏，我心里就会有点儿烦躁；最累的是跳古典芭蕾《舞姬》和《天鹅湖》，跳《舞姬》比《天鹅湖》还累，从出场的Arabesque抬腿控制，一遍一遍地做，总归要使劲的，关键还要控制，这是一种最难的平衡，是最累人的。

我不太喜欢跳现代的或新创的剧目，我喜欢跳古典芭蕾。这么多年过去了，全世界的芭蕾舞团都还在跳，能跳这么久，这种经典是不可替代的。虽然跳古典芭蕾比现代芭蕾要累很多，但是它讲究、干净、严谨，一板一眼的。每一个动作都得有硬功夫才行。就跟我买包似的，我喜欢买经典款，看那些经典的古典剧目，心里都会产生特别的感触。我现在看年轻的舞者跳古典芭蕾的时候，就会瞬间联想到自己当年在台上起舞。如果是新的剧目，就没有太多想看的欲望，我本身也没跳过，跟我很难产生共鸣，所以坐在台下就没感觉。

我不会杞人忧天，也不会未雨绸缪，“车到山前必有路”“船到桥头自然直”。考舞团的时候，我就知道我一定能考上，我很有这个自信。我们班在舞蹈学院是最幸运的一个班，正好赶上两台毕业大戏，一个《胡桃夹子》，一个《天鹅湖》，我跳的是《天鹅湖》里除了黑、白天鹅外另一个比较重要的角色。毕业考试那天，正好中央芭蕾舞团的领导来看我们的演出，基本上在那一天就看上了一些演员，包括我们那一段时间的芭蕾课，他们也都会来看课。

在舞蹈学院上学那会儿很累，总想着什么时候才毕业，这一天天的日子实在太难熬了。等到真正快要毕业的时候，就不想毕业了，反倒想回到上学的时候。

后来真正进了舞团也很开心，我终于工作了，那种心态和做学生完全不一样。舞团的生活跟在学校也不一样。因为在学校毕竟是学生，有老师管着，没有自己自由支配的时间，虽然进了舞团也有领导管，但确实会轻松很多，有一种自由的感觉。

现在，当有人介绍我曾经是一名中央芭蕾舞团专业的芭蕾

■ 满怀喜悦的宋潇潇，现在是一个全职妈妈

舞演员时，我就会感到很骄傲。其他人会觉得“你太厉害了！跳芭蕾舞真的太难了”，其实关于难的细节他们不一定知道，可能也知道表面的一些东西。我离开舞团这么久了，回去再看团里的演出，也从没有再想要上台的欲望，可是那份对芭蕾的情感依然是有的。我会想到曾经我站在这个舞台上，我跟他们一样经历过汗水、欢笑、掌声……回想起当时自己在舞台上的时光，常常很怀念！它确实是我人生中非常重要的部分。但也只是单纯地怀念那段日子，毕竟走过了十几年，为它坚持了那么久。

芭蕾不止有残酷

跳芭蕾的时候我挺开心的，因为这是我感到很快乐、想去完成的事。

每次演出，我怀着早跳早结束的心态，想着“跳完回去就能歇着了”。演出后演员们相约聚餐是我最开心的时候，在上台前想着“一会儿回去，大家就能谈笑风生，吃吃喝喝了”。在北京的剧场演出，有时候大家都各回各屋了，尤其是去到外地、出国演出，那真的是太开心了。

在学芭蕾和跳芭蕾的过程中，“好玩”这两个字对我很重要。其实相比跳舞，我更喜欢整个的氛围，而不是芭蕾本身带给了我多么强烈的感受。我认为这种集体生活很开心。跟我有同样感受的舞者是很稀有的，大部分学芭蕾的人心思不会在生活这上面，有的舞者反而会觉得大家在一起的这个氛围是压抑的、是有竞争的，而不是快乐的。但我确实是喜欢这个大家庭，大家在一起的这种生活像一个与外界隔绝的城堡。我的性格是杜绝跟别人竞争的，别的舞者要的，我可能不会太在乎。自身拥有学芭蕾的条件，从小老师就重视我，等到了舞团，团领导也很喜欢我，这些就几乎排解了我内心的不愉快，也是为什么我会觉得跳舞“好玩”，而不会像别人总是面临着巨大的压力、得不到的不安。从小到大，我生活在爱的环境里，所以我非常乐于在这样的环境里跳舞。

我肯定也会让我女儿练芭蕾的，等她再长大一些，但是我不会让她学专业，除非她的条件够好、自己又特别喜欢，那我绝对会百分百地支持她。如果她自己没有那么喜欢，但是条件好，我也不会让她学专业。她的身材条件现在看起来完全不像我，因为她是个小胖妞。但是她出生时腿特别长，当时医生们议论说：“哇！这个小女孩腿真长，将来可以去当舞蹈演员。”我躺在手术床上，局部麻醉，脑子很清醒，心想：“哼，也不看看她妈是干吗的。”

我现在常看一些育儿方面的书，最愁的是孩子的教育问题，其他都还是小事。我暗下决心，一定不要把自己的意愿强加于她。

时间之舞

口述者：魏群

招考

那些年舞校招生，北京舞蹈学院招生办会给老师们安排一个路线，比如说顺着陇海线或是京广线，大家坐着绿皮火车，这么一个个城市去招。也就是说，学生们基本是在当地参加初试，等初试通过后，才有机会来北京参加复试。

每次招生都是在春节前，作为老师，我第一次参加招生是大学刚毕业，2001 年。招生小组有三位老师，我们出去了半个多月，我坐着大巴回北京的时候，就已经是大年初一了。说实话，走到最后都有点儿想家了。

芭蕾初试比较像现在的所谓海选，什么样的考生都能见到，特别有意思，也会碰上那种让人印象深刻的孩子，老师们迫不及待地就想当场把这个孩子留下。来考试的学生常常把考场的过道塞得满满的，到处都是人，我们每天就跟打仗一样，也确实会碰到很多出人意料的场面。

现在的小孩跟那会儿不一样，那时候很多考舞蹈专业的孩子都是为了改变命运来的，未必是出于对舞蹈的热爱。尤其是二三线城市，你看见的都是家长们那种迫切的眼神，让孩子学舞蹈更多的是家长的意愿，让孩子有机会去大城市学习和工作，他们那时候对芭蕾本身并不了解。

标准

芭蕾舞是舶来的艺术，长时间受到西方的影响，苏联的专家来帮我们建立的芭蕾体系，所以我们还是会严格依循他们的标准。首先，孩子得长得像个“芭蕾人儿”。“芭蕾人儿”是西方制定的舞者身体黄金比例的标准：第一，头要小小的，脖子长长的，最理想的是溜肩膀，是斜着顺下来的那种肩；第二，四肢长，指的是胳膊、腿都要长，上身稍短一些。第三，芭蕾比较看重的就是脚背，我们选苗子习惯了从下往上看，先看脚背，最后看到脸型，脸型基本上对就行。因为未来她们会成为舞者，在舞台上跳舞，和观众是有一定距离的，需要灯光、化妆的配合，舞者整体顺眼就可以。这几年挑选的话，倒是也稍微会侧重一下颜值。因为现在的芭蕾团体招收演员的标准也和从前不太一样了，会要求得更高。

舞蹈学院考试都是千里挑一的。1990 年我考舞校，考完以后，学校会通知一些家长带着自己的孩子到一个大办公室开会，等于说考完现场就宣布了，也可以说是出榜了。这种形式是延续俄罗斯的挑选标准，孩子们开会都坐在家长的腿上，其实正好能观察到家长们的身材身高，那个年代好多考生是被蒙在鼓里的，后来，这个小规矩就传开了。听说有些考生还有把自己的叔叔、舅舅叫来的，谁个子高，孩子就拉着谁来陪他考试。

2005 年，北京各大院校开始扩招，之前北舞附中每年招一个班，后来招两个班，那时候考生确实太多，主楼外面每天拉

■ 1990年，儿时的魏群

着好几道警戒线，家长们从早到晚在外面站着，等着自己的孩子。好多学生告诉我那会儿考试对舞校的印象是“冷”，为什么呢？因为复试是在最冷的冬天，经常考完已是半夜或者夜里两点，学校空间有限，考前大家都得在外面候考，我们只能把一楼的六间教室拼出来，让家长在里面待着。

有些家长会带着孩子在考试前找一些老师私下帮着补习，现在要求得比较严了，不允许招考老师做考前辅导。

现在，考试的流程网上都已经总结出来了，孩子心里相对清楚一些，不像以前懵懵懂懂的。以前考试，谁被老师“推”的话马上着急得要哭了，其实有时候“推”是说明你被选上了。

我现在教的这个班是2021级的，我问孩子们："去年被我推过的人举手。"孩子们基本上都举手了。这些孩子肯定是被我推过的，因为我看人容易脸盲，尤其在招生时有那么多孩子的情况下，我对她们没有太深刻的印象。但是，她们却记得很清楚，知道"推"这个动作的含义。

芭蕾只是一扇门

大概30年前，学生们对考舞团、上大学或是改行这些还没什么概念。从舞校附中毕业后，大家基本上认定一门艺术就要一直走下去，没想过去转行或改专业。可是从20世纪90年代开始，很多被选进来的孩子，学校培养了很长时间，很重视她们，附中认为她们会理所当然地选择在本校直升大学，但没想到学了六七年以后，她们却选择了考影视表演或其他专业。当时，这一选择对很多人的冲击还是挺大的，大家不理解，她为什么最终选择去当一个影视演员而不是舞蹈演员。但从那个时候开始，我明显感觉舞蹈学院很多学生的观念也开始转变了，毕业时她们开始有了新的选择。

老一辈的老师对她们从事的艺术奉为终生信仰，认定自己要做这一行就要做到最专业、最纯粹。那时候苏联的专家来中国，带来了很多层面的知识，比如文学、绘画方面，以及舞蹈解剖学等。当时在给舞校制定课程的时候，也包含了这些课程。这些知识是很深的，而且都跟舞蹈专业有关联，也都跟芭蕾舞是有关联的。所以，当年学习西方芭蕾的人不会觉得这里面是肤浅的，或者说没有什么可学的东西，就好像芭蕾只是一扇门，你把这扇门推开了，里面还有很多宝藏，就看你能不能深挖，能不能发现。

时间之舞

经历了芭蕾专业7年的学习后，孩子们也想得很清楚了，如果没有老天爷赏饭吃的身体条件，如果不能成为一名真正的芭蕾舞者，那就去选择别的艺术专业，比如影视或者其他适合自己的，而自己这7年的芭蕾训练也没有白费，培养了自己出众的气质。

现在国内转行的舞蹈生很多。以前在俄罗斯有那么多的芭蕾舞演员，包括自身条件不太优越的演员，她们一辈子都在这个行业里，从事芭蕾舞的舞美设计、服装设计或者其他与芭蕾相关的职业，以及芭蕾延伸出来的其他各种职业，他们都涉及，

■ 1990年，舞校一年级的魏群（前排右三）

形成了一整条完整的产业链。可是我们这边芭蕾舞普及率还不高，大家对它不够了解，比如在聚会上一见到芭蕾舞演员，人们只会说“很美啊，来，给我们跳个舞”，其实是对这个艺术有着比较肤浅的认知。

我们在招生时真的是千里挑一甚至万里挑一，考生们内卷得很厉害，这一点儿都不夸张。经过这么多专业老师层层选拔挑上来的这些孩子们，如果说有十项条件，最差的也至少具备了四至五项。比如说形象上欠一点，但脚背好；脚背不太好，可是整体身形是有的，条件一定是出众的。

毕业的孩子们经过 7 年的专业芭蕾舞训练，即使她专业上再普通，她的气质也会有所变化。经历漫长的 7 年，我们作为专业老师，并不仅仅想给社会培养一个看起来赏心悦目的人。

现在，很多毕业的孩子或者一些退出舞台的演员都在网络平台上开一些网课，做的工作大多是直播塑形，对此，我还是觉得有些遗憾。一个朋友曾跟我说：“舞蹈学院 7 年培养出一个跳芭蕾舞的孩子，花了这么大的精力。有些孩子哪怕没有考进团里，没有找到一份自己满意的工作，但是，她仍然可以在社会里发挥自己的作用，这个作用不仅仅局限于最初的普及，也并不是找一个漂亮的空间，做点勾绷脚和教女性塑形，就叫普及芭蕾。”

有些人不了解芭蕾，总说学芭蕾光会跳，没文化。所谓没文化，首先是因为确实有些东西学术上立不住，我们研究深入得还不够，其次只是在网上展示形体来引导大众的话，这个行业的走向就会越来越让人遗憾。

我记得好些年前，我们学校芭蕾舞专业有个黑龙江的小女孩退了学。她黑黑的，身心挺健康的，条件实际都够用，但就是看起来比较壮实。

她三年级的时候开始发胖，后来，她的专业老师就找她父母谈，说她做个职业舞者的希望不大，不太适合。这个女孩知道后把自己锁在家里的卫生间里，不吃不喝的，旁人怎么劝都没用，她觉得能用自己的意志力控制吃的欲望，能最终减下来体重。

她还是个孩子，她认为自己只要付出了就一定能得到回报。她暂时还不明白，艺术并非你一厢情愿就可以去达到的。

其实她在学习态度各方面都没有问题，但确实是自身条件，包括舞蹈上的悟性，她都没有能达到一个标准和高度。我们校领导也是考虑再三，包括她的老师也纠结了很长时间，为了她的前途最终还是决定跟她直接说，建议她重新选择，一切还都来得及。她妈妈最后帮她做了这个特别艰难的决定，从北京舞蹈学院附中退了学。

后来过了几年，大概是在这个班快毕业的时候，她给我写了一封长长的信，我读了挺感动的。

在她正值青春期的时候，经过了这么一件事情，做了个这么重要的决定，几年后的她相比那些同班同学思考了更多、更深的东西，而她的同学们还处在我们特殊培养的温棚里。

她在信里跟我讲自己所经历过的挣扎。之后她选择在普通中学上了学，她发现了学舞 3 年对她深刻的影响。她有自己独特的审美，拥有得体的行为举止。除了这些，她的思想和选择方面也比其他同学更成熟一些，爱思考并且很果断。她在学校比较优秀，一直担任大队长……当同龄的孩子语言还很稚嫩的时候，她内心已经这么充实了。读完她的信，我觉得转行对她的长期发展是有益的。

在人生的某一阶段，如果能从一件事情上真正认清自己，而且能认识到芭蕾舞带给她的东西，这个是很难得的。她告诉我，自己面临困境为什么会坚持，面对困难时那种迎难而上的劲儿究竟是从哪儿来的，她为什么会做出这样的选择，她觉得还是那三年的芭蕾学习给了她很多东西。后来，她大学毕业，做过很多种工作，目前是深圳地区的一位保险代理。看得出来，这几年她带着自己的团队在这行里做得风生水起，她整个人显得非常自信。

小时候我觉得老师的话都是神圣的，觉得老师就像一把钥匙，不知道哪一刻就把我们的发条给开启了，把我们点醒了。但当我自己成为老师以后，发现老师就是一个普通人，你没有那么神圣，也会有特别无助和无奈的时刻，你自己并不是孩子们的神。尽管所有孩子都把你当作神，这也挺有压力的。时间一长，就觉得所有的老师就是分工不同，这就是一个职业，通过某个职业，比如芭蕾舞，比如音乐，比如美术，把一个职业的规律、职业道德，这些东西尽可能地传授给孩子。之后最重要的是对她精神上潜移默化的影响，就是抛开所有知识性的东西，或者社会约定俗成的东西，你想给予她什么。让她能通过她所学的专业，将来或许能帮助她在困难面前撑下去，或者说遇到事情怎么做到自洽，怎么学会乐观，怎么能有耐心，怎么能够包容别人，等等。这些应该是学生们在所学的所有专业之后，能学到的终身受益的东西。

现在很多艺术专业之间互相轻视，比如说学芭蕾舞的看不上学中国舞的，学中国舞的看不上别的专业，或者美术专业看不上其他专业，这种看不上真是太狭隘了。如果是作为老师具有这种分别心的话，那就更狭隘了。你就没有资格向孩子们传达艺术的美好，让她们能到达更高的境界。艺术应该是相通的，你自己都通不了，怎么让孩子们通呢？

为什么通不了？因为大家都拿着自己知识性的东西来看。

当别人聊到中国舞，说到某个动作的时候，原来这跟芭蕾舞有这么多相通的地方，反而让人觉得很有意思。学芭蕾舞的人不能高高在上，总觉得自己不一样。

有些所谓资深的专家、大师级的人物，说出来的话会对很多后辈产生影响，如果他们的知识总不更新，还是停留在过去，不用发展的眼光去看、去评判，这反而是更可怕的。

公平

在放开二胎之前，好多孩子都是独生子女，从小家里有什么好东西都是他的，突然把他放在集体生活中，他会觉得这个东西为什么不只属于我？肯定会有失落。当然现在也有两三个孩子的家庭，这些孩子在这方面相对就好一些。

一方面家长对孩子潜移默化的影响，另一方面是进校后老师言传身教的引导。首先孩子得学会接受，像好多家长带着孩子接触大自然，那里面有他喜欢看的花，也有他特别讨厌的虫子。每个人或多或少都是有偏见的，比如我女儿一看见多脚虫，她就恶心得受不了。其实世界上有很多生物都是共生的，有你认为美的，当然也有你认为特别丑的，它就在你眼前，你就要学会接受它。

所以家长和老师也要告诉孩子这个道理，人人都想成为最美的那个，但是每个人情况又都不一样，就要学会接受自己的不一样。来到舞校你是要被重新塑造的，不是说你真的一无是处。你要是真的有那么多问题，我们也不会选择你。你来了以后当然不见得是最完美的，这也很正常，那你就在你的基础上去努力让自己变得更好。在这个过程中，家长和老师就得有这个耐心陪着孩子。

按常人的标准来说，我可能不是一个最好的芭蕾舞老师。

常人认为，作为专业老师，她一定要通过一场考试或一次比赛来证明自己，一定要在舞台上通过一个孩子来展现她的成果，你看这是某某学生的老师，这位老师很厉害。当然这也是一方面的能力。但是只拿一个专业突出的成果来定义一个老师，我觉得不够准确。

舞蹈学院这种职业院校，应该教给孩子们将来能够在社会上生存的技术和能力，从而适应这个行业的竞争。也有人已经意识到了光会跳舞不行，所以我们也在不断地探索未来需要发展什么样的学生和人才。老师和家长要慢慢地达成一个共识：考试成绩只属于一个阶段性的成果，是眼前可以看到的，从长远来看，自我调节和自洽的能力对孩子来说更为重要。

把杆中间的孩子

通常专业老师会选择一个从身体条件到舞蹈能力各方面相对完美的学生站在把杆中间的位置，因为学芭蕾最初是一个模仿的过程，从外形到舞姿的模仿。最难的其实是意识，这个是模仿不来的。你必须找到一个起榜样作用的孩子，让别的孩子看到，最优秀的是这样的，有一个标准暂时树立在那儿，大家就会奔着这个目标去努力。到了期末考试，都会看到谁站在最中间，家长也会在意孩子今天考试在中间把杆的第几个，以此来推测自己的孩子在舞校里未来的走向会怎样。

现在很多老师都会注意把杆位置的排序，我自己也会。这需要老师有特别强大的心理。因为追求艺术的人多少也是追求完美的，就像你剪辑一个作品时，这个地方不完美，虽然它有可取之处，但是你衡量了半天还是把它给剪掉了。上芭蕾展示课也是，这种心疼和无奈也是常有的。把杆中间位置只会挑选专业更加优秀的孩子。当然，平常训练的时候，尽量给每个孩

■2004年魏群与戴爱莲先生

子能站在把杆中间的机会。

孩子们到了一定的年龄才能感受到这些。有时我女儿会反过来教育我，说："妈妈，你老说她们，每个人都想做到最好，她只是没有做到你想要的，不应该这样去责怪别人。"我说："我没有怪她们，我也是能看到她身上某一下的亮点，只是妈妈的眼睛已经习惯了完美，完全妥协也有点儿难，课后我可能会跟她交流一下。"跟孩子沟通得平衡，就是要把握一个度，作为老师难就难在这点上。比如有些孩子说："老师，我觉得不公平，你要把我放在最中间。"我可以尝试把你放在正中间，但是，"欲戴王冠，必承其重"，你要承受得住别人挑剔你。艺术家将来也是时刻被人挑剔的，你的心理素质能力、心理调节能力，包括舞台应变能力，就像射击选手一样，万众瞩目之下唯你不动，心就能够定到这份儿上，你行吗？如果不行，你会崩溃的，这是难以承受的打击。如果你觉得你能承受，我可以给你这个机会。

学生不理解的时候，会觉得这个老师偏心眼。小时候我也曾对我的老师有过这种想法，我现在到了不惑的年纪，回忆小时候有些机会我没有得到，我在人群中也没有那么打眼，这反而让我不得不迫切地去思考其他东西，我的心可能不再纠结于之前的那一点上，思想会放空、开阔一些。就像一个小孩在森林里溜达，探索到各种有意思的东西，之后随着成长，会捋出来自己真正感兴趣的东西去坚持，更坚定地走更符合自己的路。并不是说别人给你修好一条道，你只能按照这条道走。我记得我们同学有的人走着走着这条道突然放弃了，去改行了，事后又很后悔。她说当初看好家长和老师给自己修的这条道，往前走，到了一定年龄又不甘心，于是，她叛逆了，可能就想跳道走，跳道走后才发现森林里其实挺乱的，她没这个能力去面对……我这种属于盲打，各种溜达，后来发现我还是可以干这行的。每个人的人生路是不一样的。

现在看那种特别早就自带光环的跳舞的小孩，通过比赛的机会出来的，或是抖音已经有 5 万、10 万以上粉丝的这种，我接触过其中一些，觉得从家长到她本人都太受关注了。有的小孩未必愿意这么受关注，这是父母们希望的，家长们都害怕孩子输在起跑线上。这种孩子本身压力也是很大的，因为她还没有真正投入她的专业，就已经受到了外界太多功利的影响。芭蕾这门艺术，如果附加太多的功利心，就很难追求它本质上纯粹的东西。我不是一个特别急功近利的芭蕾老师，当我看到这种孩子的时候，会想她 10 年后会怎么样，会有一种莫名的心疼。

自律

控制体重是很难的一件事儿，11 岁，那么小，父母也没在身边，一切都得自己要求自己。我小时候也有一阵因为体重的问题特别痛苦。我的体型属于扁一点的，小时候是娃娃脸、苹果脸。考舞校那一年还挺瘦，进校一年后就开始发胖。学校考虑要跟我妈妈谈话，当年舞校是有试读期的，老师觉得再这样胖下去不行。当时我也比较懵懂，不懂得胖意味着什么。我专业上表现得还不错，最后学校也没有让我退学，很幸运能够继续学芭蕾。在舞校里，我一直都被打着“胖”的标签直到毕业，在课上别人跳一遍我跳两遍，体力增长了可肉还是没有掉，真是特别痛苦。还好，平时我属于比较乖的，也很少被老师体罚，不像其他同学可能被罚到操场跑圈之类的。

现在小孩的发育期比我们那时候要早。以前我们在附中三四年级都尚未发育，现在他们基本上三年级就开始飞速发育了。这是一个特别容易发胖的阶段，四、五年级又是一个阶段，反倒毕业那会儿学生们的体重开始降低。我们那会儿可是正好相反的，五年级之前都还比较正常，大概六年级快到毕业的阶段就开始发胖，老师发愁，我们更焦虑。当时我真觉得我没吃什么怎么还是在长胖。现在想想也可能是以前没有什么烦心事，也没有现在的孩子这么多登台的机会。现在的舞台实践变多了，这些就不断地提醒她胖瘦很重要，她可能会下意识地要求和约束自己，所以这个阶段，会逐渐产生出具有代表性的两类孩子：一类是自律性好的，可以管住自己的嘴；另一类是容易自暴自弃的，每次发胖对她来说都是一次打击，就有点青春期焦虑。

自律对于芭蕾来说是非常重要的。自律可能是从小养成的一种习惯，做事情认真的态度，不是单纯靠一个要求能出来的，在很多小事和细节上，慢慢形成了一种习惯。但是这个习惯会不会成为一种偏执，这个度是很难把握的，发展到一种偏执，不能够自洽，那一定会走向另一个极端，人会很纠结很焦虑，不会感到特别快乐。

我公公、婆婆是朝鲜族人，他们对厨房是非常讲究的。你在任何时候看厨房几乎是看不见油腥的，你会发现盘子、碗，包括锅，刷完了以后一定要擦到一滴水都没有再摆放好。像我公公这么大年龄了，每天做完饭以后一定要擦一遍抽油烟机，无论遇到什么情况都雷打不动地做。我们看着会觉得他每天如此多累呀，他不觉得，这就是日积月累的习惯。

无论从事舞蹈还是其他专业都是一样，做这个事之前我可能会提前规划，这是我的一个习惯。在此过程中不会因为其他事情而受到干扰，来打乱我的节奏和秩序。我女儿也是，我以前扔了她的一个破盒子，她就跟我急，不停地哭。后来，我去她学校问她的幼儿园老师，我说早上我扔了她的一个特别破的盒子，想给她换个新盒子，她不愿意，非要到垃圾桶里把那个破盒子捡回来。老师就告诉我："小孩也有她自己的秩序，你破坏了她的秩序。"

后来我也在反思，很多事情上我们总是以自己的意志去破坏孩子心中的秩序，造成了有些孩子对本该自己做的事情却没有安排的后果。例如上课很被动的那种孩子，她等着你来安排，因为她也不知道自己安排得对还是不对。其实本来就没有对错，但是她就是想从你的嘴里得到一个答案，这是对的，她才去做。其实她不一定必须按照我的答案做，可能她动脑后也能符合我的要求，但是她的思维方式已经固化了。

自我

一般来说，大家定义芭蕾，它是自律的、有韧性的、高贵的、典雅的，等等，它具有一种贵族精神。也有人说芭蕾太美了，太较劲了，总之，每个人都有不同的感悟。其实很多美的东西不是随意的，不是自由的。现在有好多小孩的绘本就能告诉你一个道理，带有哲理性的，我女儿说："妈妈，不是所有的公主都那么自由的，公主不能随意吃自己想吃的，干自己想干的。"我说："之所以能成为公主，是要承担责任的，为什么不选择别人来当公主？也许上帝给你一个机会让你来当公主，你同时肩负着与生俱来的责任，自然而然会有很多标准和规矩来约束着你。"

我现在常跟我的学生说："要淡定一点儿。你要做到心里有数，比别人更清楚自己要干什么。我知道你站在侧幕时会紧张，但当你站在舞台上那一刻就要尽力去调整自己。"

认识和保持自我

我看着我女儿常想：我将来能给她带来什么？说什么？事物不只有表面的光鲜亮丽，可能你还要教会她一点，看待这些不能太过于神圣化，要拥有平常心。做一件事要认真，因为里面还有能深挖的东西，这是很有意思的。可能有些小孩会说"妈妈这样就不完美了"，不是，是要知道你是一个正常的人，能理解人不完美是正常的，要接受自己的不完美。这个说起来容易，做起来太难。对我们成人也是一样，到了一定年龄才会真正发现自己，有些人的表现是"我不行，我就是干不了"，会越来越颓废，有些人"很油腻"，把所有好东西往自己身上套。

如何保持真实的自我？有些艺术家和演员在舞台上个个耀眼夺目，下了台你跟她一交流，发现她的思想只停留于表面，这个表面的东西只是一时的，支撑不了太久，也经不住琢磨。从事这一行，如果能保有真实的一面，有包容心，取长补短，对艺术一直保持好奇心，这样才有可能让别人认同你是真正的艺术家。

走出围城

舞者在外人面前不会表现出真正的自我，在舞台上这就是他的角色扮演。

现在好多芭蕾舞者给人的感觉是高高在上，不好交流。其实也不是，只不过她们有时候确实不善于表达，这并不是件好事。国外的艺术家会通过很多场合去介绍自己所从事的专业，从而让别人去了解芭蕾艺术更深的东西。比如在一年一度的世界芭蕾日，演员们会围坐在一起分享和交流很多关于芭蕾的想法。这点很重要，从事这行不仅仅是让别人来观看的，重要的是要通过你的社会责任，加深大家对这个行业的认知程度。

我原来教过一个英国的女孩，她妈妈也是芭蕾舞演员，她就把自己定位得很准确：这是我的职业，我有责任让别人去了解我的职业习惯。她没有把它过度地包装，让别人产生一种错觉，好像芭蕾离我很远。

芭蕾舞确实属于一个特别小的圈子，一个外人看起来很神秘的圈子，舞蹈演员只用肢体说话。另外在宣传上也会吃点儿亏，不像有些行业。这行也不缺乏领导者或者引领者，他们容易把自己拘在他的位子上。未来芭蕾舞这个职业可能会受到市场的冲击，受到其他艺术的冲击，你开始担心你的位置可能会受影响。如果这行真的是有能扎下根的东西，就不怕被吃掉。

如果你真的能把芭蕾舞吃透了，后期能宣传到位，随着观众欣赏水平的提高，芭蕾舞在整个中国市场肯定能长久立足、持续发展，而且现在已经有一些固定的芭蕾粉丝。当然也需要更有效的宣传，总等着观众来捧你，那太被动了。在一定程度上可以稍微接点儿地气，这个度还得把握好，芭蕾不是说随便一个场合就能表演了。可能好多人也没有想好我能怎么去做，也缺乏尝试的勇气，所以芭蕾舞直到今天给人的感觉还是神秘的、有距离感的，大家一谈起芭蕾只知道美，其他的就不知道了。

以前看过一本外国的杂志，全世界实际都存在这样的情况，对芭蕾舞这个领域的认知是有限的。芭蕾舞是最纠结的，尤其舞校里被选拔出的这二十几个孩子，他们是一拨很独特的种子演员，从 10 岁左右开始被舞校栽培 7 年，既是同时竞争的人又是要互帮互助的人，特别难，就像书上看到的一句话："芭蕾舞演员既没有朋友，也没有敌人。"

所以在舞校的这 7 年里，老师发挥的作用是什么？给孩子讲完基本知识后还能否再给他们开拓一些思路？比如我们专业有很多舞蹈课程，是用肢体去实践，理论上的东西要去大学再深造。孩子们会花更多时间去感知并训练自己的身体，但是真正要排练的时候，除去这些肢体动作以外，我具体告诉她用哪块肌肉怎么使劲，之后，到了一定的程度和时机，应该要上升到艺术的层面。就像影视演员一样，他看了剧本，他脑子里要是没有画面以及对人物的理解，就很被动了。有的影视演员脑子比较活，看到剧本他自己会二度创作。在这个过程中，他会大胆地设想作品出来的一个最终效果，就变成他自己的东西融进了角色。所以舞校的孩子到了中高年级也是一样，演一个角色的时候，她必须去看相应的舞剧，从人物本身上升到剧情背景，她不看怎么去表演呢？她必须看。

从小接触赏析课也很重要，既然没有时间坐下来去看芭蕾舞剧，就应该开设相应的课程。不仅以视频的方式呈现，也可以举办讲座，让学生通过这些方式多了解芭蕾。哪怕一个学期针对一部舞剧，细细地剖析剧中每一个人物角色。就像某些导演说，虽然剧本上的这个人物应该是正面的，你也可以反向思维，他也是人，难道就没有人性真实的那一面吗？

受疫情的影响，现在孩子们只愿意通过老师和网络去了解，很少有孩子能够静下心来去读一本书，但是你不读书就缺乏想象力，缺少思考的能力。

舞校老师的一天

我的一天是跟随着学校课程表的安排度过的，每天早上8点开始上第一节芭蕾课。可以说是最简单的生活，给你一张课表，去吧，老师们就消失了，像工厂零件一样分布在各个教室里开启一天的工作。

舞校一、二年级的老师就是婆婆嘴，不停地絮叨，手把手地去纠正学生的动作，一个半小时的课，嘴、手、脚没有一刻停过。芭蕾舞是需要每天坚持练功的。

到了中年级，孩子们面临青春期，你就要逼她们，因为谁都愿意舒服。听说拳击运动员好像必须把自己逼到极限之后，身上的潜力才能爆发出来。最枯燥的阶段当属中年级，是老师与学生们互相嫌弃的阶段。到了毕业班的时候，有种经历过以后再重新回归的感觉，那段“拧巴期”就算度过了。因为这是面临毕业的关键时期，学生跟老师基本上是在同一条战线上，我老说：“咱们是一条绳上的蚂蚱，要求你们的同时也是在要求我自己。”

你说哪个年级好教？真没有。以前还说低班好教，毕业班怎样，带过后觉得没有一个班是好教的。因为不是取决于知识含量，取决于她们是一个个人。一个班不是商品流水线生产出来的，她们是有思想的个体，个体自然就有个体的麻烦与劳累。但凡对自己要求高的老师，教学一定是要因人而异的。

舞蹈学院好在当时还有教师进修，老师们有机会碰在一起跨专业探讨舞蹈，这个也是舞校一直坚持在做的。现在我就在做这项工作，才意识到原来这是挺重要的，毕竟大家能在一起有一个共同的话题，如果能就某个学术问题急赤白脸地嚷嚷，互相争论就更好。大家互相之间会有思想上的碰撞，虽然我嘴上没有承认你的观点，但是心里可能觉得这位老师的观点还是有可取之处的，我也可以试一试，因为人无完人。当然也会有一些搞艺术的人，要面子追求完美，他也未必会接受，但是多数人还是能听进去的。进修是我们工作中唯一能再学习的机会，我觉得需要珍惜。

师生关系

舞蹈老师对于学生亦师亦母，如果你不爱学生的话是发现不了她的优点的。比如我们平时去逛街，看到好的东西，一般会先挑，心里就是喜欢它，它有瑕疵也觉得好；如果这个东西不是她想要的，再完美也不想买。这是常人的本能反应。

而老师也是一个人，对学生也会有第一印象，这个小孩怎么看都喜欢，那个别人再说好，我怎么跟她就没有那么亲。如果你心中没有大爱和包容心，跟不对眼的学生在一起待 7 年，不是学生痛苦就是自己痛苦。最好的就是能跟自己达成和解，爱她，去发现她身上的优点。我们有缘因为芭蕾在此相遇，这 7 年我必须和她相处，在这个过程中发现她还有可爱的一面。这样试着相处才能产生感情，有了感情以后才会觉得这 7 年跟孩子们之间的关系非同一般。

青春期

现在的小孩，青春期比我们要提前很多。因为他们的物质生活的需求已经达到了，就比我们更早地接触到心理的需求。为什么现在好多孩子有心理问题，因为一些家长还停留在给她提供充足的物质好像就够了的观念，现在已经不只是这个问题了。作为老师，首先要了解她的问题的根源，其次要有共情的能力。有一次，我女儿跟我说："你怎么对我要求这么高？"七八岁的她会提出这种问题，这让我开始思考。

共情力不是所有人都有的，比如有些老师，她或许是特别优秀的舞蹈演员，从舞校到进团一直比较顺利，她只经历过心理的抗压、舞台上的调整或者其他的演员方面的素质要求，但在共情方面、与人相处方面是有所欠缺的。为了把她作为尖子培养出来，从小开始就把所有的机会都给了她，她是往演员这条路上走的，就不一定适合育人。如果真碰上青春期叛逆的孩子，这方面她没有经历过，或许会束手无策。

有些一直在学校的老师，她可能更了解青春期孩子的心理，理解她们，并知道如何跟这个阶段的小孩相处。更细心一点儿的老师还会发现孩子具体在哪方面有变化，会跟家长进行一个良好的、有效的沟通。

比如有的孩子刚进舞校，从她的自身条件上看，可能真的未必能走到最后。但她的文化课方面确实在当地都是最优秀的，还被选为大队长，就是我们常说的"别人家的孩子"。可是在专业上，谈到实质性的条件，她是有硬伤的。那怎么办？你骗她？不可能，像大家说的善意的谎言？没法撒谎，镜子天天都摆在教室，她自己会看见、会比较，将来在机会和选择上，她也会感到失落的。

所以你跟家长肯定也要提前聊，要问一下孩子之前是什么样的情况，还要问问他们对孩子的感受。有的家长是不知道的，但有的家长就会很明确地说："我们知道她有这方面的欠缺，但

■ 成为舞蹈教师的魏群

因为是她自己想学跳舞，我们作为家长也希望能鼓励她。”那个孩子的家长也是从事教育行业的，知道孩子的性格可能不够抗压，也意识到孩子比较好面子，要听好听的话。“妈妈我很好。”妈妈问她怎么胖了，她说：“你看错了，角度问题。”这样发展下去未来在社会上会很容易受伤。她不跟父母倾诉，也不能跟任何其他人倾诉，就认为自己是最好的，不能接受自己的丁点儿不好。像这种情况，不能等青春期的时候再让她意识到，那就来不及了。可能小时候就要开始教她一些东西，让她知道失落，不是说打击她，这个度作为老师就要去把握一下。

我们上学那会儿都还是用写信的方式与家人沟通，这种时空的距离反而缓解了一些问题。这个时代网络通信这么便捷，家里一个电话打过来，就直接造成她情绪上的波动，太快了！有时候我们都没反应过来到底发生什么事了，原来是她跟家长产生了误会或争执，导致课上跟你不对付。

这个时候就需要老师跟学生共情，去了解一下她是因为什么，知道原因后才能对症下药。她的个人情绪可能跟她的家庭有关系，也可能跟我上课时哪句话刺激到她有关系。但是有些原则上的事，比如在跳舞当中你把个人的情绪带到课上，就是把职业道德给扔掉了，这是不对的，所以你关心她的同时，还要告诉她职业道德应该是什么样的，是你从事这个职业要遵守的规矩和秩序。

我刚当班主任的时候，学校规定老师不能直接上岗，都要先锻炼，去教别的专业的学生，不像现在科里可能缺人，毕业就直接教芭蕾。当时我教的是国标班的孩子，他们被招进来的时候年龄都比较大，因为国标舞是四年制。有些已经是很成熟的孩子了，年龄大一点儿的已是初中生，而且家长管得少，相对放任一些，不像芭蕾舞专业的孩子那么单纯。

我带的那个班，有一个女孩在青春期就特别逆反，逆反到跟谁都不对付的程度，你说一句她能顶上十句。我刚刚当老师，差不多跟她们一样大。她们看我的眼神都是那种“你谁呀，哪来的”，我也是大学毕业没多久，人也比较内向，怯怯的，不知道怎么去应付。

有一天晚上正好赶上我查房，宿舍明明要求10点关灯，她屋里的灯还都亮着。值班阿姨跟她们相处得久，很了解她们的个性，就睁只眼闭只眼了。我就走过去把走廊上的灯全关了，准备去关她屋里的灯，她死活就不让关。她个头比我还高，跟我站在那儿耗着，我关，她开，我再关，她再开，想想这个画面，真是特别尴尬。她一直在挑战我的底线，又像是一种威胁。好歹我也是她的老师，头一次碰到这种事，让我的自尊心很受挫。其他学生看到我们俩在那儿僵持着都不敢吱声，默默地爬上各自的床。我一直忍着，后来值班阿姨过来调解了一下，十点半查完房，我走出学生宿舍楼的那一瞬间，眼泪一下子就流出来了。

这是我第一次当班主任发生的事情，当时就觉得老师没有那么好当，碰上了这样的学生我该怎么办？那是个“大姐大”，我从小到大就没遇过这种女孩，在我的概念里尊师重道是第一位的，她上来就这么挑战我，我还不能说什么。她说的比我说的都多，感觉自己完全压不住。我又不像有一定经验的老师，面对这种情况能随机应变，自有方法管教。

后来，我私下跟文化课老师打听了一下，他们直摇头说“管不了，根本管不了”。上文化课的时候，她总是坐在第一排，想干吗就干吗。

我很纳闷，这孩子到底为什么会成为这样？

有一个岁数大的班主任跟我说：“你今年正好去招生，也会经过她的老家，去约她父母见个面聊一聊。”我说：“行。”我就赶紧去问了一下她的同班关系不错的同学，她为什么这样叛逆。她同学跟我说：“老师，你没来的时候发生了一件事，她之前跟一个外班的男孩子谈恋爱，关系很好，后来男孩出去演出出了事故，去世了。遭遇这个事之后，她性情大变，家里人也不敢对她怎么样，要钱就给她钱，都哄着她，怕她出事。从男朋友出事之后她就不在学校食堂里吃饭，总在学校旁边的小饭馆吃，就是跟她男朋友经常吃饭的地儿，永远都是自己点完菜，对面要放一双筷子和一只碗。”

原来还有这样的事，就像电影里的情节。这个女孩跟我想象中的太不一样了。我突然可以理解她了，这么小的年龄就经历了这种事情真的挺难过的，她总得有一个宣泄的出口，只是她的方式不太克制。

假期的时候，我就去找了她父母，她爸妈都是单位里有头有脸的人物。他们就跟我说“女儿现在变化很大……”觉得这个孩子给家里丢了面子，也不太能理解。我就问他们知不知道这事儿，他们似乎也知道一点儿，但是细节应该不太清楚。

我就跟她爸妈详细地讲述了这件事，包括她在学校的种种表现。我当时说：“站在她的角度上，我现在能理解她，她对那个男孩的心结还没有打开，你们也应该试着去理解下她。”后来，她父母就跟她好好地聊了一次。随着时间的推移，这个结就算打开了，这肯定是要一个过程，不可能那么快。

这事以后，她跟我的关系就特别好。她性格里面的那种义气是很珍贵的，比有些孩子要可爱、真实得多，而且她各方面的学习能力是够的。我老开她玩笑说她是“大姐大”，她比我大也比我壮，感觉能够护着我的那种。

最有意思的是，后来我们去唱卡拉 OK，同时还有一位年轻的男老师，他跟我说话多一些。她一把把他推开，说："跟我们老师这么近干吗？"就像一个大姐一样保护着我。

她毕业的时候也跟我聊了很多班里的事，像朋友一样，并没有把我当成老师。我其实就是设身处地地把她想成我自己，在青春刚萌芽的时候有这么一件对她来说很重要的，天都塌下来了的事。现在个别小孩青春期根本不是因为感情这些事，她们最纠结的莫过于要让老师看见她，要让别人知道她，好像变得更自我了。

当了妈妈以后，我也会想，将来我女儿到青春期时，我能为她做些什么，可能只能跟她共情，试着去理解她而已。因为有些我们认为的小事在她眼里可能就是个大事，我不能只站在自己的角度想，拼命把自己的观念强加于她。

不能只相信镜子

有时镜子能够帮助我们去纠正自己、调整舞姿，有时候没学会的动作可以透过镜子瞄着别人，就能顺其自然地和上音乐，跟大家的节奏相统一。镜子给舞者一种安全感。有时候我们还会在镜中寻找某种完美，总下意识地看向镜中的自己，找寻可能完美的一刻。

那年我在圣彼得堡进修的时候，我发现镜子前面常常会有一个幕帘，一到排练的时候，老师会把幕帘拉下来。这是为了让你用肢体去感受空间，而不是让你死死盯着镜子看。作为演员，你必须在脱离镜子后，才能把注意力真正放在自己的身体上。一位法国老师给我们讲课的时候说："你做某个动作的时候，能感觉到空间里周围流动的空气。"我们当时还说太虚了，简直就是意识流啊。但回过头想想，她的话是对的。平时我们潜意识里有很多时候，会透过镜子看自己的舞姿及线条，那只是镜子呈现给你的一个平面，是你眼睛里的画面，但是身体在空间中是立体的、流动的，就像我们跳芭蕾舞的人总说“延伸”一样，即便一个舞姿停住，也不是真的停住，是要继续延伸的。就是脑海中想象的画面，加上空间感知的结合，它可能是一种意识。比如拍照和照片，在按下快门之前，镜头前是一个立体的景象，拍完打印成照片，就变成了一个平面的影像。

从训练的角度上来说，当学生背对着镜子去做某个动作的时候，她更容易集中注意力并且真正关注到自身。因为身体训练到一定时间，大概的舞姿走向、身体的重心摆放，在脱离镜子时才会重新在空间里找到准确的定位。如果永远是对着镜子的，不知不觉会对它形成依赖。条件优越的人很容易做出要求的点，而条件相对一般的人就硬掰，掰成看起来好像是一样的，实际上她为了跟别人一样，把自己掰到变形，她真正的身体重心早就被破坏掉了。所以不能只相信镜子。

感知

我们总是希望别人认可自己，我之前也是，2010 年我去俄罗斯进修，一走进教室的时候我就开始紧张，毕竟是站在俄罗斯的土地上去跳芭蕾舞。我特别渴望老师能看到我，过了一会儿发现压根没人理我。同学们也都各做各的，一个个觉得自己美得不得了。

你能看到这里学生的条件不全是出类拔萃的，不像我们北京舞蹈学院的选材在全国来讲是数一数二的，有着非常专业的选拔标准。在国外很多学芭蕾的人，条件是参差不一的，但是个个都很有自信。就算做错了动作，对他们来说也没什么，会接着往下做，从来不会受外界因素的干扰而打破自己原有的节奏。

整堂芭蕾课上下来，既没人夸我也没人骂我，这时候没法通过别人的眼光来判断自己做得好还是不好。可能这对于国外的舞者来说是很正常的，你的生活就是你的生活，你的工作就是你的工作，不因别人的判断以及对你评头论足而改变。但我从小受到的教育就是一定要通过别人的评价来认识自己，“你今天打扮得真好看”，“你穿这双靴子更好”……我记得刚留校任教的时候还不太习惯跟大家一起去讨论这些，可能自己还有点儿学生气，经常做完自己的事就回家了。久而久之，别人就会觉得你这个人有点儿问题，不合群。如果为了弥补自己的不合群，很违心地迎合别人，会消耗自己更多的精力吧。每个人的时间都是有限的，何不做点儿自己真正喜欢的事情。当然在大环境里，如果总是不吭声、不从众就会显得不合群，自己也得找到那个平衡点。

回想起来，我在国外学习的那段日子是最开心的。因为大家都是互不干扰地在做同一件事情，当排练的时候，大家都会集中精力在自己身上，很快就能进入状态。

这些让我开始思考。有一天我女儿做了一本小京剧脸谱，画了好几页，然后自己拿订书钉给钉上，问我说：“妈妈，你觉得我做得好不好？老师会不会喜欢呢？”问了我大概两三遍。后来等她睡着了，我就给她床头留了一张小纸条，写着：“这本书是你精心画出来的，是你最真实的表达，不用过于在乎别人的想法，你自己喜欢就好。”

舞校的很多孩子经常用诚惶诚恐的眼神看着老师，其实我并不希望她们一直害怕我，我希望该严肃的时候严肃。在芭蕾课上我对绷脚的这个事儿很较真儿，是因为我们现在有一个共同的任务，要一起去追求芭蕾的那个标准，并不是说你不绷脚我就会很生气。然而老师一生气，很多家长就开始跟孩子说不要惹老师生气，老师付出挺多的，要给老师争脸，导致很多孩子又开始怀疑自己是不是又做错了什么。这样不停地循环下去，就总是停留在为谁干某件事的层面上，而不是说自己发自内心地想要去做。

以前舞校的孩子去了国外跳舞，假期回学校跟我们交流，他说：“在国外上练功课时还是要适当喝水，停下来少量喝。”但是我们不习惯在课上喝水，应该是跟我们上课的节奏和意识有关系，一方面是怕大家分心，另一方面是以前过来授课的俄罗斯老师是很严格的，这一个半小时里教室就是舞台，教室是神圣的，你出现在教室里就不能带有生活的状态。我们觉得这种观念应该传达给学生，如果没有这种意识的话，那种散漫会互相影响。虽然他们还不是团里的演员，但在学专业的时候就应该具有很强的自我约束力，很清楚某个点有必要快速放松一下，下一秒就能马上进入状态。我觉得我们学的系统跟欧洲还不太一样，那个孩子是从欧洲舞团回来的，不知道他在国外的学校里有没有待过，在那边作为学生应该是个什么状态，还是他已经是舞团的演员，才能更多地支配自己。

我在俄罗斯进修时，我的芭蕾老师是一位80多岁的老太太。我们跳《肖邦组曲》时，动作并不那么难，记忆中有一段音乐特别慢，其实越慢越难控制。就像唱歌剧一样，你听着是一句，其实里面有很多细节是需要把控的。她很少说这个动作应该怎么做，更多是让我们自己去体会，她说：“你们要想着一幅画面，夕阳西下，你坐在公园里树下的椅子上，看着白桦树叶一片片随风飘落，感受到了一丝丝暖意，忽然你想起你的初恋，这个感觉就把握到了。”听她说完，我的眼泪就流下来了。其实艺术就是要去感知，你没有想象力只是想动作，做出来一定是干巴巴的。

在那边周六的时候大家会互相交流，交流的内容也都是有主题的，很有意思。比如周六搞一个小 party，我做鸡翅，你做薯条，大家力所能及地做自己擅长的食物，做好后带过来大家一起分享。一个聚会大概有六个人，我们三个中国人、三个外国人，大家摆好食物后都围坐在长桌前，其中一个女孩开始说“今天的主题是……”，虽然形式像开会一样，但氛围是轻松的。大家先举杯祝贺，然后品尝美食，一轮吃得差不多了，接着，那个女孩在屏幕上放一个短片说“咱们看完可以聊一聊”。其实这个短片是我曾经看过的，讲的是，一位父亲是铁路闸工，每天做着重复且枯燥的工作，当火车开来时他会把铁路上的闸“咔”一下，使两条轨道合并为一条，这样火车才能顺利通过。可是有一天他没有看住自己的孩子，当火车开过来的时候，孩子还站在铁轨边上，他是会救儿子还是会考虑一车人的安全？这位父亲面临一个艰难的选择，最终他选择了舍弃自己的孩子。大家看完了以后，心情都很沉重。接着女孩说：“你们怎么看？”我就问她：“你们聚餐都是这样的吗？”她说：“我弟弟、妹妹多，我们周末去教堂或者去演奏，回家后就会定一个主题来探讨，各抒已见。”

在生活中的很多细节上，他们是非常讲究仪式感的。我们经常和一个来自俄罗斯周边国家的男孩一起玩。有一天我和他一起去看演出，我带了一块蛋糕，见到他的时候就直接拿给他了。我说：“快点儿吃，吃完咱们坐公车去。”他说：“怎么吃？”我当时还在想，不就边走边吃吗。这时，他以非常快的速度拉了一把凳子过来，拿出来盘子、刀和叉，还递给我一个盘子，把蛋糕卷细细地切成小块小块的，切完后他先递给我一块，自己再拿另一块。那时候我已经有点儿着急了，担心看演出迟到了。他说：“再着急也要享受吃蛋糕的过程。”吃完后我

■ 2011年6月，魏群在圣彼得堡留学（左二）

们去赶公车，到站后，下车的时候我通常会下意识地往下冲。这个男生在我前面，先下了车，而他却下意识地伸出手来接住我。他的这个举动就很绅士，让我下车的时候不得不矜持起来，可能这就是东西方文化的差异，大家的习惯不同。

芭蕾舞也是，有一种文化和习惯在里面，那种骨子里的东西就是对自己以及民族的自信，体现在舞蹈的一举一动中，这是难以模仿的。如果你私下里是一个邋里邋遢的人，在舞台上又如何自然地呈现出贵族的那种人物形象呢？

在俄罗斯进修的那几年对我个人来说特别重要，他们的物质文明没有那么发达，反而能让人整个心能静下来，心静下来才有心思抬头看看云、低头赏赏花。就像舞蹈家杨丽萍说过的：

"我是生命的旁观者，我来这世上，就是来看一棵树怎么生长，河水怎么流，白云怎么飘，甘露怎么凝结。"当时有些人认为她说得比较虚，其实一点儿也不虚，因为她的内心跟那些人不在一个层面上。

我记得在国外进修时，帮别的系跳过一个舞蹈，就是编导系的编导借用表演系的演员，学生之间的互帮互助。那时候我已经30多岁了，在国内的话，对于舞者来说这已经属于不自信的年龄。

这段舞蹈讲的是一个关于初恋的故事，女孩追求的是自我成长，直到她最终脱离男朋友的那一刻，她才找到了自己。舞蹈的灵感来源于一个雕塑，选配了一段相应的音乐，音乐的节奏是四分之三摇摆的感觉。

艺术和情感的表达是没有国界的，她们不会因为你是亚洲人就区别对待。她们欣赏作品里的那个点，觉得很有意思，不是在某一个舞姿上，而是一个摇摆的细节，是一种心理。当女孩挣脱开男孩时，往前迈了一步，脚腕有微微的晃动，再接着走下一步。这里处理成试探，因为心理上并不坚定，这一步需要一点儿摇晃。之前他一直在她身边，她很有安全感，她挣脱的那一刻是很兴奋的，但又没有真正离开过。直到最后那一刻，才是真正的分离，女孩很坚定地向男孩相反的方向走去。

我在动作处理上用了自己的想法，可能我这个年龄有一个好处，就是对人物的理解以及动作的处理，因为是我经历过的，所以那个感觉能抓得很准。当时我表演完以后，来看的老师们都很开心，见到我很礼貌地说："太漂亮了！太美了！"我能从她们的眼睛里看到欣赏和认可。她们能看出你想表达的东西，她们就非常真诚地感谢你帮她做了这个作品，非常直接。

未来

国内真正从专业院校毕业的芭蕾舞老师和舞者才多少人？所以行业内的乱象是避免不了的。我只能建议家长们尽量去找专业院校毕业的授课老师，比如舞蹈学院芭蕾舞系毕业的，或者专业芭蕾舞团的培训班，她们毕竟是从小受芭蕾训练的，起码在专业上不会乱来。

无论你是欣赏芭蕾还是歌剧，你找到的这个老师一定得是比较懂行的，能在这个领域带你去欣赏和审美的，一定要根据自己的需求，找到专业的人领你入门。选择一门专业也好，兴趣也好，要学精学扎实，不是什么都沾一点儿，什么都没学透。像俄罗斯小孩的美育就没有那么杂，比如选了一门艺术体操，他们就会坚持学这门。虽然他们可选择的也很多，但不管是芭蕾、艺术体操，还是音乐开发，都有相对应的专业老师；而且为了提高芭蕾，可能还会再去上一些辅助课，比如普拉提，来加强他们身体的机能。就是围绕着一门主要的兴趣课或专业课，去针对性地选择一到两门辅助课。家长慢慢地也比较懂了，为什么选择这位老师？为什么学这门课？而且他们的家长几乎都知道任何兴趣一旦从事专业以后，都会有淘汰机制。相比国内的家长，可能心态上要平和一点儿，或者说接纳这件事的程度要高一点儿。

不管选择哪个专业，首先家长得把心态放好一点儿，跳舞的过程孩子带给你欢乐，她在你身边待到 10 岁左右，可能就面临着选择职业还是非职业。真正喜欢跳舞的孩子，在 10 岁之前当作兴趣来学的时候是最快乐的，在之后就跟她自己的吸收和悟性有关了。有的身体条件确实好，也不要埋没她，等到有合适的机会就让她去试，要真的是那块料就肯定能从事专业的。

有一次我带女儿走在商场里，有人追上来问：“你孩子的头发是自来卷吗？这孩子挺好的，去我们那儿参加模特培训吧。”后来我才知道，这种是一个坑接一个坑，这个坑也可以说是一个平台。孩子最初先在国内走秀，代言知名度不高的品牌，之后再走一些名牌。这背后衍生出了一条龙式的商业产业链，这时候家长就要考虑是否再继续这样下去了。当然很多人还不清楚，因为别人的商业操作能力搁在这儿，能把好处说得天花乱坠，所以她会继续让孩子往下走。可能短期会看到你家孩子跟别人不一样，实际是满足了大人的虚荣心，满足了大人对自己的期望，这个就不太理智。

现在舞蹈市场也有一些乱象，有些说是从事芭蕾培训，其实只是提供一个平台，让大家去参加比赛。家长是不懂这些的，总是货比三家，只是筛选性价比如何，能不能让孩子上台表演，能考上几级，其实重要的是你为什么让孩子去学芭蕾，你觉得芭蕾能给予她的是什么。

有一些先进的育儿理念挺好，如果不能作为职业，可以当成业余爱好去学。就是真当不了专业演员，也许你可以成为一个会跳芭蕾舞的医生。芭蕾是他们的文化，孩子从小学芭蕾，将来可能当个老师，也可能当个司机，反正他懂芭蕾舞，他还可以买票去看演出。这在国外是很正常的。现在国内看芭蕾好像还停留在一个身份的象征，所谓的高雅。大家只是看看热闹的心态。

孩子成长中家长能给予最多的也就是陪伴，因为真正搞专业我们往往是帮不了的。比如我女儿在学钢琴和舞蹈，一方面出于我们的私心。她爸爸是钢琴老师，我是舞蹈老师，有得天独厚的条件。因为从小就可以让她接触到这些。当然也会考虑她学这些东西是为了什么。因为艺术是相通的。如果她是一个很有悟性的人，就会把所学到的东西融会贯通。等我们老了，将来她不管从事什么，因为她从小接触过艺术，也能使她的精神世界更为丰富。

有一段时间我每天坐地铁去上班，在回家的路上，我习惯戴上耳机，听着自己最喜欢的音乐，脑海里可能浮现出一幅之前看过的画、给学生编过的某个舞段。那个时刻任由自己的思绪恣意飞翔，在纷杂的日常中，至少有那么一刻的时间是完全属于自己的。我便感觉40分钟的路程也没有多远，也不会受地铁里的各种干扰，更不会觉得枯燥无聊，即便是去上班也很享受。

我们改变不了外在环境，但至少可以改变自己的心境。但是这需要一个媒介，需要一个事物来帮你，这个媒介、事物对我而言就是艺术。

可以出门旅游的时候，到某一个地方去当地的歌剧院看看，或是在街上闲逛偶遇一位正在演奏的街头艺术家，其实生活处处皆艺术。去巴厘岛游玩的时候，到他们的庙里观看那些在跳舞的女孩，就能产生很多共鸣。人情世故，贫穷富贵，那一瞬间杂念全没了，那一刻会觉得在这个世界上跟你有共同语言的人特别多。

现在就是需要一位引领者，大家合力把芭蕾推向一个更高的高度。

影像和芭蕾

甘露

在拍摄纪录片和电影的这些年里，一个美妙的缘起让我接触到了芭蕾这门艺术。很多人以为我小时候跳过舞，所以才会热衷于拍摄舞者，其实并没有。

我从未想过与芭蕾和芭蕾舞者有这么深厚的机缘，那时的我还没有那么确定纪录片原来跟芭蕾舞有很多相似之处。后来在慢慢的观察发现中，我看到了两者的微妙连接，这就是我感兴趣的原因。

我常常看着舞台上起舞的她们，仿佛不属于这个世界，她们在对舞蹈完全的奉献中抵达彼岸。那一刻的美好，台上的每个人都在尽力留住，拍摄影像也是，我们记录时间，每一个记录者都深深体会过刹那就是永恒，我们想用影像留住这即逝的当下，所以我们或许对美好的定义与很多人不同。这个美好包含了太多的东西，但是当你对美好升起贪欲，你就永远够不着。适度的美或许更为重要，这种外在的索求借舞者的身体，只有结合了心和灵，它才会抵达灵魂深处。艺术真是捉摸不定的，它在每一刻给你的感受都不一样，随着你心境的变化此起彼伏。变化也许是最吸引人的部分，我们在艺术中寻找一种变化。你在其中看到了从前、现在甚至未来。我们常常珍惜过去，因为它充满回忆；而现在，往往是我们最不易珍惜的，因为觉得还

■ 甘露

可回忆，所以就任凭它匆匆而去；未来带着希望和困惑，是最不确定的，人在最不确定的时候会有些孤独，但是也有些侥幸的心理。恰好，纪录片需要直面当下，一点儿回避的可能都没有。剧场艺术也是，转瞬即逝的美让人怅然若失。所以芭蕾舞天生带有一丝忧伤，淡淡的，只是在舞者微蹙的眉宇之间稍有流露，我常常看到一种惋惜和挣扎。现实中所有的不完美在芭蕾面前变得不值一提，因为在那一瞬间，起舞的人已经忘记了自己。

艺术或许是这样：当你没有私心，全身心奉献给它时，你才能真正地感受它。

走 出 围 城

口述者：胡甜甜

考舞校

小时候我在重庆的艺术体操队学习，我爸爱看报纸，特别关注文艺方面的消息。1990 年的一天，我爸说："北京舞蹈学院到重庆来招生，去考考吧！"他还让我同学也一块儿去考。大家都没什么概念，就想着一起去见识见识也好。

我在重庆歌舞团考的，那天人山人海，我被挤在人流中间，我说："爸，我不想进去了，挤得难受。"我爸说："反正你也出不来，你就进去吧！"那个时候我 10 岁，身高有 143 厘米左右，算是考生里中等偏高一点儿的。

进去之后，教室的玻璃门都被挤碎了，有些孩子的鞋都挤掉了。我不理解为什么这么火爆，可能对学舞蹈的孩子来说，北京舞蹈学院是一个非常神圣的地方吧。考场老师让我们填选民间舞还是芭蕾，我从来没看过芭蕾舞，觉得听起来很洋气，但我听到有人议论："学芭蕾可苦了，穿那个芭蕾鞋立脚尖，脚都会流血的。"我心想，那还是选民间舞吧。老师把孩子们按民间舞和芭蕾分成两拨，我们被叫到名字的被带到一个教室里坐

胡甜甜小时候在重庆学习艺术体操

着，我脑子一片空白。不知道过了多久，老师进来说："民间舞的已经考完了，现在芭蕾舞科的孩子跟我过来。"我说："老师，我报的是民间舞。"老师说："已经考完了，自己不集中。"我就这样糊里糊涂地考了芭蕾专业。

考试时老师要拿软尺量你的胳膊和腿的长度，以及你各种身体比例，还要看柔韧度、压胯。我接下来复试，跳小组合，考完还挺顺利的。

我爸问我考得怎么样，我说："正常发挥，我也不知道。"其实，我练的艺术体操很多基本功是跟芭蕾相关的，还算有点儿优势。

我爸特别关注考试结果，天天下班就去门口收发室问有没有信，但我就对这个事儿不太上心。

后来过了一段时间，有一天下午，我爸给我买了一个特别漂亮的香皂盒。他特别开心地对我说：“女儿，恭喜你考进了北京舞蹈学院附中，我们要准备去北京了。”

我确定要离开重庆，独自在北京生活了吗？

本来跟我一起出发去北舞附中的还有两个比我大一点儿的艺体队的师姐，她们当时都比我级别高，已经拿到了健将级运动员的待遇，她们考虑的事情比我要复杂得多。因为北舞附中有一年的试读期，她们会想一年后如果被退学了，那真的得不偿失。临出发前，她俩还是放弃了。到了北舞附中之后，我看见床铺还贴着她们的名字，但是最后谁都没有来。

我爸爸带我来的北京，我们坐公交车去学校，一路上听着售票员带着浓厚的北京腔报站“下一站魏公村啊，没票买票”，就觉得很有意思，她们说话好像嘴里含了颗枣。我们拎着大包小包的行李走进了舞蹈学院的大门，因为早期的舞校是在陶然亭的旧址，搬来魏公村这边的新校址也就一年多，学校的一切都很新，给人感觉很好。

进大门之后，校园左手边的食堂特别宽敞明亮，一开始我还以为是个练功房，因为它有落地大玻璃，后来才知道是我们的食堂。起初我还住了一段时间的混合宿舍，就是既有学芭蕾的学生又有学民族舞的学生，6 个人一间宿舍。

我爸离开北京的那天特别希望我像别的孩子一样恋恋不舍，可我只说了“爸爸再见”，就转身进校门了。他站在那儿久久没有离去，期盼我能回过头看看他，我却一直没有回头。我属于那种挺大条的性格，从小学艺术体操就离开父母住校独立惯了，习惯了这种分离，当时班里有因为想家难受的同学，我还疏导人家呢。

刚入校时我们的专业老师年轻漂亮，爱穿粉色的衣服，她对我们也很温柔，所以前两年我们过得很开心，没有太大的压力。到了三年级就来了一位特别严厉的老师，这位老师给我们代课的时候特别温柔，等正式接我们班的时候就变得特别严厉，我们那会儿一上芭蕾课就会产生巨大的心理恐惧。即使她从窗户走过去，我们都会感觉浑身上下不对劲儿，我们偷偷观察她的情绪，今天是“阴天”还是“晴天”。她有两个标准动作：钥匙往钢琴上一放、一压腿我们就觉得完了，肯定“阴天”；她只要进教室跟我们主动聊天，那我们就能确定她当天心情是好的。

专业老师在学校时对我们的影响是最深的，包括和我们成长过程中形成的一些性格和习惯，都有密切的关系。

机会

我对自己的专业要求比较高，在班里一直是前四名。我们班从一年级开始基本上就是我们四个女孩轮流站中间把杆，舞校 7 年从来没有变过。当然最后考入中央芭蕾舞团的班里女孩也就我们几个，个头儿上相对来说比较居中。

我的性格是把自己的事情做好就行了，有我的机会就接着，没有的话也不去强求，可能也算是专业不错的，也一直都有机会，不需要自己特别去争取，虽然我的硬性条件也不是特别好——比如我的身体柔韧度这方面，也只属于够用，偏好点儿的那种，所以说胜负欲不是特别强。

芭蕾舞的确很美，但又是很苛刻的，有很多位置和要求。比如手脚的位置，几位就是几位，很规矩，你不能乱来。我自身柔韧度不如别的同学那么好，就会很沮丧。我再拼命练可能腿就只能抬到这个高度，不能像条件更优越的人一下子抬到那个高度，她可能自身条件好，根本不用使太大劲儿就能到那个极致，但我还是需要去练很多遍，并且每一次都是失败。芭蕾对身体条件的要求太高了，我的自身条件也限制了我的发展，致使我对芭蕾始终是一种又爱又恨的状态。

快毕业的时候，我们专业老师要从附中去大学当系主任，她说希望我们继续上本校大学。但我还是希望找到一个更适合我们、有新鲜感的地方。我觉得进团当演员还是挺有必要的，有一个更大的舞台。于是，我们几个同学约着一起考了中央芭蕾舞团。

我有的时候特别怕那种按部就班的模式，我给别人的印象挺踏实安稳的，但其实内心挺叛逆的，觉得有的事情为什么只能这样，就不能那样做吗？我不愿被人管得特别严。我还是更想进团当演员，觉得无论什么事自己做主就不会后悔。

那时候想的还是赶快脱离学校吧，进了团就能独立生活了，就自由了。我们常常看高班的那些入团的师哥师姐们的演出，特别向往演员生活。当时决定考中央芭蕾舞团的时候心里还是很忐忑，大家都这么优秀，自己的条件也不是最好的，万一被淘汰了也挺丢人的。

我进团考核基本上是正常发挥，很顺利考上了。考团时看到小时候在舞校听说过的这些国内顶尖的芭蕾明星，现在终于见到了。那时候团里的一位芭蕾大师经常回舞校，她走在校园我们觉得她特别高雅有气质。她当年扎一个特别高的马尾辫，穿一件纯白色的质感很好的高领羊绒衫，外面套了一件大背带裤，朴素大气，但是非常高雅，这是我第一次看到偶像的感觉。

考团时能这么近距离接触她，我还是觉得很荣幸。我小时候一直觉得芭蕾很神圣，不是说我对芭蕾多么了解，就是内心深处觉得它与众不同，独一无二。

进团后，大概是在1999年，芭蕾大师正好要给我们编排《过年》中青花瓷那段群舞，当时有两组领舞是我和另一个女孩，我跟那个女孩专业上还是有差距的，她能力比我强，但我角色扮相比她更有优势，当时芭蕾大师选中我的时候我还有点儿意外，但心里有点儿小得意。她给我排练的时候，我就有点儿开窍的感觉，所以对每一个动作都特别投入，完成得也比较到位。我觉得机会来得如此不易，我必须珍惜它。包括我现在回看当年那些排练的视频，都会瞬间想到当时我们从创作、排练到最后完成的细节，真是令人享受的。

在我芭蕾之路的节点上，这位我尊敬的芭蕾大师给了我很多信心，包括后来我们有一次在北京大学演出《吉赛尔》二幕，有一个第二领舞的角色，她说："甜甜，你来试试。"当时她把那段变奏还改了一点儿，动作跟原版不一样，那一次对我也算是一种突破。现在我已经退出舞台好些年了，但我依然很感谢她给了我机会。

或许角色只是个领舞，但我觉得也算是一种馈赠。在人才济济的国内最顶尖的芭蕾舞团，各方面不是很突出的我能有这样的机会，我是很珍惜的。

芭蕾是一种修行

我们那时候的足尖鞋不好穿，很硬。鞋没有现在的好，现在还能选鞋型，肥的、瘦的、软的，那时候没得选，就一种。如果自己挑到一双舒适的鞋，就像握着救命稻草一般整个人能开心好几周；一旦挑到一双自己怎么掰、怎么改造都不舒服的鞋，而你又不能跟老师去说，只能用脚去征服它，带着极想驾驭它的冲动，可能不能一次成功，一次两次跌倒了，又回来重新开始，最后穿顺了些，一双脚也磨出了茧子，真的像别人说

■ 胡甜甜和魏群在舞校时住在同一个宿舍

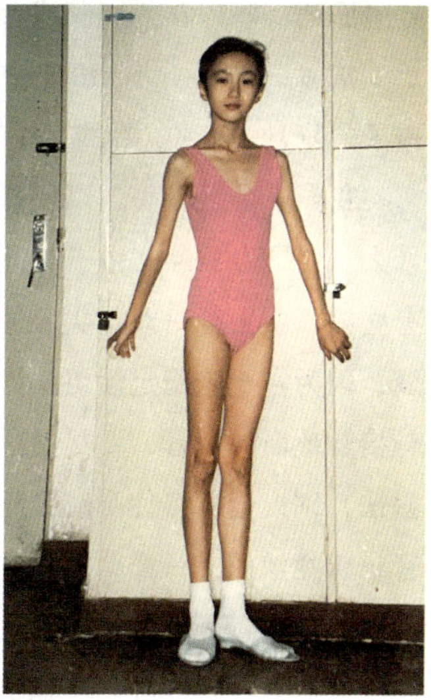

■ 考入舞校的胡甜甜

的“鞋舒不舒服只有自己知道”。

我小时候有一次穿到不舒服的鞋，10个脚趾甲盖儿全部瘀血发黑。晚上睡觉的时候，我一蹬被子脚趾甲盖儿全都掉了，疼得一晚上睡不着。第二天我又不敢跟老师说，就拿胶带和橡皮筋一层一层地把它们勒紧，穿上鞋使劲跺让它们跺麻了。下课以后，一脱鞋解开胶带，血顿时往上涌，那种疼至今都忘不了。现在回想起来自己还蛮坚强的，那时候会觉得学这个舞就应该这样，我们都习惯了。

我们老师说：“除了骨折，其余的你跟我说也没用，我肯定还是得让你练。”对这个舞蹈，我是又爱又恨，但还是坚持了下来。

为了让脚舒服，我们想尽办法地改造鞋，有的演员会去拆足尖鞋板子，以前还没有什么半板跟一板之说，可能都是一板。有的时候可能会把鞋板掰折，掰折之后还不能让它硌脚，会在鞋里面铺一些棉花，用胶或者钳子各种改造，那一刻我们真的是变成了一个不折不扣的工匠。我们的工具包里面特别丰富，钳子、剪刀、胶水、针线、小刀等，应有尽有。

我们还会缝鞋头，以便鞋立得更稳。我们做这一切是为了什么？就是为了台上那一刻能达到最完美。鞋头我缝得相对少，有些演员会去缝每双足尖鞋的鞋头。跳古典芭蕾的时候我就会缝，因为它要求稳定性更强，动作会更加严苛。也要严格控制鞋接触地面的声音，要尽量没有声音，如果落地声音大，会很露怯，别人会觉得你弹跳力不好。要尽可能轻盈，落地没有声音，感觉像仙女一样，如果你“啪啪啪”的，观众可能就觉得声音怎么这么噪，感受不好。

鞋舒不舒服只有自己知道，尤其是我们的足尖鞋，我们之间的关系就像恋人一样。穿上舒服的鞋，我不会担心鞋会影响我的下一个动作，反而能辅助我让我更舒展，跳得更高、做得更好。穿一双好鞋的享受感是很强的，我心里暗自庆幸这双鞋只属于我。舒服的这双鞋哪天突然变软了不能再穿了，就会觉得很可惜，我又要重新去征服另外一双鞋，我的心情也会跟随着不同的鞋起起伏伏。

芭蕾这门艺术挺磨炼人的意志的，有点儿像修行，我需要一次又一次地去磨炼自己的心性，慢慢去体会它，把一个枯燥的、很难的东西想办法去克服，还要想办法在一段时间里有一个飞跃。你在之前某个节点完全不能领会的东西，过了一两年或许就能想明白。你会觉得你做的选择是正确的，选择了它你并不后悔。

学芭蕾的人眼光会变得很挑剔，我们经常自嘲说我们这个眼睛有点儿太讨厌了。包括国外的芭蕾明星来演出，我们盯着人家看，看到她的状态会说，她今天肯定没有热身好，这个动作没有跳开……你会不由自主地去挑剔别人。好像每个演员都是在或多或少的遗憾中去完成了一场又一场的演出，永远没有完美，但是心里会想着下一次我怎么去征服它。对芭蕾有了那种投入或者说那种职业的状态，我觉得是从我进了舞团以后，人开始成熟了，跳了一些角色之后，才能真正感受到对芭蕾的那种完全的投入。

舞伴

芭蕾舞不像别的舞跳得那么随性，它无时无刻不需要控制。不是说跳激动了怎样就行，关键时候还要特别冷静地去跳。其实我挺佩服那些主要演员的，一场跳下来，都气喘吁吁了，还得根据角色的内心去表演。表演一些感情戏时需要稳下来，控制好自己呼吸的节奏，我觉得这很难。除此之外，就是身体不能长胖一丁点儿，但是还得保持应有的体能。因为双人舞配合太多了，尤其是女演员，要更注意体重。我们常常说真不是每个人都能当主要演员的，我觉得在芭蕾舞里，能当主要演员的就是神。

你会觉得他们是整场聚光灯下最闪亮的存在，鲜花和掌声都是属于他们的。我们也希望能跟他们一起谢幕，接受观众的喝彩和掌声，所以当我们这些群舞演员哪怕只是得到一个小小的角色，也都会加倍珍惜，心想我也在第一排跳舞，尽管不是舞台中央，我也能拥有属于自己的鲜花。那一刻谢幕的时候，真的，你会觉得瞬间起一身鸡皮疙瘩，就是那么激动，血液充满全身的那种感觉，特别特别享受。

双人舞中女舞者跳好了主要是男舞伴的功劳，男舞伴有种顶天立地可以依靠的感觉。有一次我赶上一个特别的机会，当然也是唯一一次，跟我们团的首席男主演一起跳了一段双人舞。跟他跳完我才知道什么叫真正的双人舞，我们女演员都不用太费劲，是太舒服的一种状态，你只需尽情享受你的每个动作，他该支撑你的都能给到位，实在太棒了。

他不光力量强，也很聪明。不是说每一个男孩子跳双人舞，他都能知道女舞者需要配合的点在哪里，这个点都是不一样的，柔软度好一点儿的可能需要在这个位置帮扶一下，柔软度不好的是另外的位置，他都刚好给到位，非常准确。有的男舞者跳双人舞会仔细观察和琢磨，有的可能是天生的舞感，有的人就很木讷。

我记得我们团的首席女主演个个能力都很强，她们跳双人舞时，如果遇到了一个不是很理想的舞伴，她们在台上起舞时甚至会用气声提醒男舞伴："往前一点儿。""给住。"碰到舞伴现场不给力你就得说，不说他就意识不到，给不到位。舞伴好的话，女舞者会很省力就把动作完成得很好，仿佛体力只消耗了一半，好的男舞伴实在太难得了。

幕后的纠结

上舞台之前真是会有点儿强迫症，总觉得哪些地方会有纰漏，不停地一遍又一遍地检查。头发有没有梳好？会不会待会儿跳着跳着散了？妆还好吗，会不会不够完美？有没有把足尖鞋的鞋带塞进去，万一待会鞋带出来，感觉多不专业……紧张到不时想去卫生间，本来刚刚去过，会觉得不行还要再上。

第一次上台都会紧张，特别是赶上自己一个新的舞剧角色或者团里新排的舞剧首演的时候。做我们这一行的人，好像不紧张的人很少，因为在舞台上表演跟平时排练的状态和氛围完全不一样，强烈的灯光打在你身上的时候，万一看不见位置和方向怎么办？如果我当天体力不支，服装又很重，我又要拿着道具，道具会不会出问题？服装会不会崩开？会有太多的心理负担。

平时排练紧张度可能就 50%，等你到了台上，紧张度是 200% 都有可能，但是观众并不知道，他们总希望自己看到的这场演出是一次最完美的呈现，他不管你平时转了 10 圈还是 20 圈，你在台上只转了两圈我就只看见这两圈了。那一刻没有任何人帮得了你，人家不会替你去解释，你也没有机会解释。作为芭蕾舞演员，当你站在台上的那一刻起，就会有超强的责任感，这就是艺德。

你站在台上的那一刻、开幕的那一刻，要把最好的一面留给观众。观众都是第一次看一场演出，他不管你跳了几百场，他是第一次看，你留给他什么样的印象，他就或许会记一辈子。特别是跳古典芭蕾之前，比如《天鹅湖》这样的剧目，所有的

■ 胡甜甜与舞校同学和老师

女演员不敢吃不敢喝，特别是到了国外，特别想出去逛逛，但为了保存体力我们哪儿都不能去。男演员可能稍微能放松点儿，女演员一大早就在化妆间做热身和准备，这一切都是为了自己能在舞台上达到一个最好的状态。演员要学会适应各种舞台，大大小小的、国内国外的、平的斜的，很多都是第一次。到了国外你要倒时差，各种东西你都需要在刹那间全部克服，调整到一个最好的状态，其实也是不太容易的。

在演出成功的那一刻，剧场充满了鲜花和掌声，就算像我一样跳群舞，都会觉得一切付出都是值得的，那一刻忘了所有的伤痛和痛苦。那种单纯的幸福只有演员自己才能体会到。

当演出结束，我走出剧场时会感到很孤独，好像立刻被拉回了现实中，生活上琐碎的一切你仍然需要面对。尽管我们要不停地适应这种落差，但是芭蕾带给我的一直都是美好的。

人有寄托、有信仰其实挺重要的。信仰能使内心获得一种力量，会让你多一些安全感。我们或多或少需要它，不然在你特别累，觉得无法坚持的时候，那口气怎么能顶得上去？

那一步

演出时我们常常会遇到这样的情况，当我们的体力已经透支到了极点，跳下侧幕时感觉都要累趴下了，感觉再也没劲儿跳上舞台的时候，只要到了音乐暗示你必须上的时刻，那一瞬间你就像换了个人似的，好像满血复活，又充满了无尽的力量。

假如跳很累的一些舞段，到了舞台上需要应对各种突发情况，人就会高度紧张和兴奋，体力透支更大。其实就是侧幕跨出舞台的那一步而已，如果上去了，你就挺住了，但在前一秒，我会感到自己已经完全没有力气了，但是到这口气时还是得逼自己提起来。

在侧幕时，我们团的演员们会互相鼓劲。假如今天你演一个新的角色，快到跳变奏的那个重要时刻，其他演员都聚集在侧幕，关注着台上的你，替你捏把汗，跳好了之后他们比台下观众更加激动，大声喊着“Bravo”。这一刻蛮感动的，因为大家觉得每个人的进步跟成功都是集体的一部分，不是说你跳得真的有多么好，但那一刻大家是真心为你开心的。

这个时候不会因为你是主要演员还是群舞演员而区别对待，反正大家就是一个集体，那种感觉让人难忘。

心态

芭蕾的主要演员内心要特别强大，在于他们承受的不仅仅是压力、体力各方面，还是他们每时每刻都在追求完美和极致。

如果一部戏你是男主或者女主，如果这台戏你失误了，整场就失败了。带给他们的压力都不只在于这些技术技巧动作能不能完成好，还需要他们深刻领会和塑造角色，并且要贯穿全场，每个技巧在他体力不支的情况下保证做到完美，这不是普通演员能达到的状态。这也是为什么全国真正在舞台上跳舞的职业芭蕾舞演员也不到500人，各团的主要演员更是凤毛麟角，他们的综合素质是超人的。

主演可能会有各自的优势，有的是技术优势，如果赶上舞剧适合自己，就会如鱼得水，压力小一些；但是当遇到一部戏剧芭蕾，需要她精彩的表演，可能导演就会处处挑剔她，哪怕手指的小动作不完美都会被挑剔。一旦被说，演员会产生很大的心理障碍，会怀疑自己，也很难真正享受舞台，心理素质不够好的话，会不够自信地去表演每一个笑和哭。拍电影还能NG，舞蹈演员停不了，表演的机会只有一次。它是一气呵成的，没有重复的机会，今天败了就是败了，这种失败或许会直接影响她未来的职业生涯。

一分一秒都不能懈怠，要极度地专注，不能专注的话可能你也只能到此为止了；心要静，但丝毫不能懈怠。这个专业太特殊了，我有时候甚至觉得芭蕾的苛刻有点反人类。

机会总是藏在不起眼的地方

有一年我们有好几个演员当时都是在领舞那个位置，然后刚好赶上一个舞团改革，团里认为现在领舞演员偏多而群舞偏少，这个配置不太平衡，那一年就干脆把我们几个从领舞降为群舞。当我拿到聘任合同的时候，看见“群舞”那两个字，我就像做了个噩梦，脑子发蒙。

那会儿很难接受，我几天几夜睡不着觉，始终都在想“我究竟哪里做得不够好”，始终想不明白。后来老领导看出我不对劲儿，便找我谈话，说：“甜甜，你要理解我们的工作，为了让大家都有个更平和的心态，我们就这样决定了，希望你理解一下。”

她说：“你刚好被排出去了……这么说吧，假如 9 号还是领舞，你就是 10 号。”

但那一阵刚好有一个领舞要离开舞台，老领导说：“也说不定，反正她们有几个说要走，也说不定她们一走就可能有你的位置了，我尽量为你争取吧。”这样过了一段时间，他们开完会之后，领导见到我又说：“实在抱歉！甜甜，我没能争取到，多理解吧！”

我只能回答：“好。”面对这个结果我很沮丧，虽然领舞跟群舞的区别不大，但即使就这一点点区别，也是这么多年我争取来的，那一刻感觉失去了寄托。我只能慢慢去消化、去接受，然后一点一点地去想一些别的事情。我不是那种给我降了级我就不好好跳了的演员，我一定会认真对待每一个角色，哪怕是最不起眼的。我的性格跟爸爸特别像，要做就要做到我的极限。这个事也算是我人生中一个小小的打击。

前些年，我快要退下来不当演员的时候，团里正好有同事问我有没有兴趣教成人业余班。我没想太多就立刻答应了，因为那时候还在跳舞，我觉得多一点儿经验也挺好的。开始我先教成人班，后来想“要不然我就教业余芭蕾吧”，算是没得选择的选择，但是我想“那我也要好好儿对待这个岗位”。

没过多久，我跟我们新的团领导写了封信，表达了我想转岗在中芭艺蕾当一名芭蕾教师的想法。毕竟教成人也有一定经验，我也希望把这份工作干好，虽然没有教过小孩子，但我还是有信心能做好的。领导同意了。

跟我同一批进团的演员里，我算是跳得最长的了。我人生中很多选择就是一瞬间决定的，我觉得自己不年轻了，如果再在舞台上多坚持几年，如果我不早点儿退下来的话，连现在这个位置都没有了。那会儿衡量了一下，我早点儿退下来或许还有合适自己的位置，我需要一些小突破，我要让自己的成就感更强一些。

我是 2013 年正式去的中芭艺蕾，2014 年中芭艺蕾就要做演出，我被分配去负责一台重要的演出。第一次完成得还不错，团领导也发信息鼓励我，说："甜甜，祝贺你！到了一个新的岗位取得了成功，我也知道这次的演出非常成功，我相信你会是芭蕾普及教育里面的佼佼者。"看完信息我就哭了，这坚定了我做业余班芭蕾老师的决心。

未来

我们当年到世界各地去演出的时候，很多剧场的氛围会让我们觉得到了艺术的殿堂。

林肯中心、肯尼迪中心或巴黎歌剧院，踏进去那一刻你就得端着，那种艺术氛围就是很不一样。从巴黎歌剧院走出来时，你会看到很多国外的男演员骑着机车就来了，又飒又帅，女演员一只手拿着咖啡，一只手牵着自己的小狗就来上班了，优雅又自信，跟我们很不一样。剧场的建筑这么美，就像走进了博物馆一样，到了这样的地方，人不可能是松懈的状态，瞬间会对艺术产生更大的敬畏。

在那里的每一场演出，观众来看演出的心态、给予舞台的尊重都不一样。我会觉得自己就是一名专业的被尊重的芭蕾舞演员，他们不会吝啬自己的赞美，谢幕时的掌声和欢呼声此起彼伏，我们能强烈地感受到，他们关注的不仅仅是主要演员，对待群舞演员也是同样的热情，令我们团所有的演员们有点儿受宠若惊。

很多年前，国内很多地方的剧场还比较落后，包括舞台设施、设计理念、观众素质都没有达到一个高的标准，有的剧场旁边甚至是烟酒小卖部、美发店什么的……不过，这些年国内各地加强了专业剧场的建设，观众的素质也在不断提高，越来越好了，虽然硬件好了，但我们的芭蕾普及也还有很长的路要走。

现在全国各种艺术教育机构也是鱼龙混杂的，也有非常不专业的。我们从小是从专业走过来的，我们会觉得小孩子才5岁，你就要让她一下子跳变奏，可能吗？我们得循序渐进，慢慢来，但这个市场呢，他们要拔苗助长，感觉就很矛盾。

从我们的眼光来看，她连开、绷、直都不会，她怎么去跳？但是对很多家长来说，她们看重的是自己的孩子可以很快在台上跳芭蕾舞，让身边的家长都羡慕羡慕，孩子学了半天还

不会立脚尖就不行。所以我们上公开课的时候常常给家长一遍又一遍地解释，希望家长们跟我们都是一样的心态和感受。芭蕾需要“循序渐进”，他们很多时候理解不了，他们会觉得我花了钱就得让她演出比赛，这些想法完全颠覆了我们对芭蕾的认知，但还要特别无奈地去妥协，有时内心特别矛盾。

培训机构加盟的老板会跟老师们提出各种要求：“你们的专业我不懂，但是这个市场不能这么慢，慢的话就没人学了，没人坚持了，生意就没法做了。”

我们说：“那难道弯着腿就立上去了？”

“也可以呀！”

有的时候我们过于严苛地去把控那些动作的质感，有时候也会觉得是不是自己在折磨自己，不见得孩子和家长也能懂。给孩子们练柔韧性也是，同事提醒我说：“你尽量少去碰孩子，万一弄伤了家长会怪你，你也负不起这个责任。”我说：“那不上手她能怎么压？”

好多你得妥协、妥协、再妥协，现在好像跟我的初心越来越远，一切为了顺应市场，好像大家都在变。

但如果遇到家长们的认知、态度各方面特别好，孩子们也会学得更好。之前，我付出了6年时间，参与了一个北京市的“高参小”项目——高雅艺术进入小学作为必修课。作为老师之一，这6年的感受挺深的，我带的这帮孩子是从六七岁——他们上小学一年级时接触芭蕾的，到他们小学毕业大概12岁，真的感觉他们变了。先不说他们能跳什么，他们的身体体态就不一样，包括他们表达的东西。我们任教期间，尽可能在6年当中把我所知道的芭蕾的一切，不管是舞蹈本身的、我认知的，包括一些艺术赏析课里所选的影像给他们看，尽可能地让他们多了解一些，也许他们生命中只有这6年才有机会认识芭蕾。

有一个孩子，她学完6年后又去了我所在的中芭业余班上课。后来她家搬去了西安，她妈妈前两天还发信息，说她们找了好多培训机构，也没有找到很专业的芭蕾老师，最后只选择了一个相对来说好一点儿的机构，老师只给她排练了4次就上台演出了，但孩子演出的效果还不错。

她说这个时候她就想起来孩子学舞那6年当中的点点滴滴，她说芭蕾是需要坚持的，如果把芭蕾坚持下去，孩子看到的世界是不一样的，对艺术的感知也是不一样的。这孩子的家长也学业余芭蕾，因此她的认识就很深。她和孩子已经把芭蕾时刻融入生活当中了，成了她们生活的一部分。了解到这些我就很欣慰，感觉自己做了一件特别有意义的事情。

有的孩子学了芭蕾之后会说这个舞剧音乐挺好听的，她会想去听听音乐会或者去看个芭蕾舞剧，她跟普通孩子看的点也会不一样，因为她知道舞台上的演员都在跳什么，他们的动作是什么意思，就会越来越有兴趣。艺术其实是相通的。

传承

我们每一代演员都从老一辈演员那里传承到一些做事的方式，包括他们看事物的方式。

老一辈演员一直在强调先做人再做事，你的心得静下来，你对艺术的追求和敬畏感必须要有，才能很安心地做这个事情，而你做出的东西就是很纯粹的，它没有一丝杂乱。

芭蕾舞团的演员为什么不像有些不太正规的院团的演员，走走关系就能得到某个重要的角色，要是没有点儿硬功夫，给你这个角色你也不敢跳。你没有那几个圈儿、没有扎实的基本功，给你角色你真的敢跳吗?

你必须得从小开始下功夫，有了这个水平才能去争取这个角色。明天要演出，今天练功自愿，你练不练？我肯定得练！我明天要上台，不能对不起观众，做这一行就得自律。

也许大家会认为学芭蕾付出比得到的多，但如果没有芭蕾，我就不会是现在的我，可能我会过一个大多数人都会过的普通的生活，也许还会很现实。是芭蕾塑造了今天的我，我享受不管是以前当舞者还是现在当老师的生活。

芭蕾的美是淡淡的、纯粹的、干净的、舒服的。我相信一切舒服的东西会更持久，更接近永恒，那些过于浮躁的东西只是过眼云烟。我小时候在舞校看到的是："今天树叶的颜色挺好看。""叶子掉完了这树干也挺有质感的。"课间到操场上看见个篮球筐也觉得挺好看，"椅子的结构还挺特别"……这就是芭蕾带给我的对美的感受，它会跟随我一生。

完美

完美就是在舞台上能淋漓尽致地发挥出自己的能力，但这是不太可能的，我们亚洲演员的身体条件还是会受到一些限制。芭蕾舞演员的身体比例如果能有像欧洲演员那样的条件，不用考虑柔韧度，腿想抬到哪儿就能抬到哪儿，想怎么转就怎么转，没有太多技术负担，那该多轻松。因为最好的芭蕾舞演员是希望观众看不出自己的技术痕迹，而是被自己所塑造的角色打动，她的那些高难度的技术技巧已经被她完美地融进了角色里，当你所有的动作都是这么行云流水，就会感觉到很舒服。观众跟随着角色心潮起伏，这样应该是顶级演员带给观众的感受。如果看一些演出，观众开始担心演员的动作，那么这场演出可能就没法看了，因为演员还没有达到最高的境界。

有一位年老的芭蕾明星叫 Alessandra Ferri，她是意大利人，她曾经来中国演出。在我心目中，她是最美的吉赛尔。我小时候看过她跳舞的录像带，还只是看录像，就觉得她跳得真是完美……她跳《吉赛尔》，跳《罗密欧与朱丽叶》，感觉她的每一次呼吸都是在表达情感，你就觉得自己跟她一块儿有一种在谈恋爱的感觉，这只能是世界顶级的芭蕾舞演员才能做到的。

我想这是世界上所有的芭蕾舞演员都在追求的境界，因为太难，所以才有这么多人想去达到它。

镜子和人

甘露

听说镜子能照见人的灵魂。

电梯里常装有镜子，陌生人在电梯的镜子里反观着自己，也打量着别人。只要有镜子就没有人不照，这是人类的习惯。电梯一关门便仿佛与世隔绝，连苍蝇都飞不进去，如此多的陌生人挤在一起，距离只有“0.01 厘米”，严重缺乏安全感。难道这是出于人性化的考虑，才在电梯里装了镜子？电梯里的镜子有装在一面墙上的，有装在两面墙上的，更有甚者三面墙上都装有镜子，一抬眼，顶上还装着一面，着实可怕。或许人就是这样，既想看清自己又怕看得太清。

大大方方照镜子的有几类人，其中就包括芭蕾舞演员。在平时的训练中，真正的观众其实就是镜中的自己，灵魂里那个更为孤独的自己。当你走进排练厅，大镜子占据了一面墙，她们对着镜子练习着动作。比起人，她们更相信镜子，几乎每一天都会重复无数次相同的动作，在镜子里检视着自己的一举一动，镜子是她们的另一个忠实的陪伴者。

芭蕾舞演员们演出前常常在化妆间里彼此聊天，但只要有镜子，她们通常便不会彼此相看，而是对着镜子中的对方交流回应，这是她们特有的习惯。刚开始注意到这一点时确实让我吃惊，那一刻她们信了镜子里的肉身真切地存在。

■ 甘露与芭蕾舞者们

芭蕾具备精确的空间定位，每一个舞步都是一个比喻，它是最富有诗意又远离现实的舞蹈，所以她们也常常在理想与现实之间徘徊。（芭蕾惯常的动作是徘徊。）芭蕾舞演员的眼神微微朝下，收起下颌，带着淡淡的忧伤，是矜持而神圣的。不过这是在舞台上，在她们面对台下观众的时候。当她们面对训练的镜子时，也和常人一样真实，充满挑剔、理解、欲望甚至愤怒……因为，这是在面对自己。镜子反馈着最为直接的信息，让欺骗不能得逞。镜子仿佛是张无形的网，让她们对自己的要求也近乎苛刻和残忍。人最怕面对的终究还是自己。镜子里的狂妄和自卑、忧伤和喜悦，很多时候不过是做给自己看的。

人有些时候也想多看看自己，这是人之常情。自恋的人太害怕失去时间，镜子既毫无顾忌地证明了时间的流逝，又给了你留住刹那的假象。你观望着镜中的自己，想留住这空虚的一刻，可当你挪开镜子的一刹那，它已经悄然地流逝，你会怀念那恍惚的留存，镜子明明还在手上呀！人制造了无数的东西，这无数的东西却和人开着或大或小的玩笑。即使有一天生活中没有了镜子，你也一样会感觉到它的存在。

一生离不开镜子

口述者：黄知勤

1959年，我考了舞校

我父亲是搞音乐的，是1938年入党的老党员。他从上海音乐专科学校毕业后入党并参加抗战，后来在当地省委宣传部工作，任文艺处的处长，主管文艺工作。他有一个音专的同学在当时的湖北艺术学院（现在改名为武汉音乐学院）当院长。院长夫人跟我妈妈是同行，都是中学老师，所以我小时候经常被父母带去艺术学院见他们。

有一天，妈妈带我去艺术学院时刚好碰到了她的一位学生，那个女孩是吹长笛的，她说："李老师，我们学院现在成立了一个舞蹈科，是教芭蕾舞的，让咪咪（我的小名）去学吧。"我妈也不了解什么是芭蕾舞，我们在1959年前完全没听说过芭蕾舞。第二天，我们在院子里又碰见了从苏联留学回来的一位老师，我妈就问他："您看看我女儿能不能去舞蹈科学芭蕾呢？"老师打量了下我的个头儿，然后跟我说："姑娘，你下个腰吧。"我那时也不懂什么是标准下腰，我做完他就说："行啊，你让她来试试吧。"我妈想着让我学个专业，有一技之长也不错。我那

■ 1959年，舞校一年级时的黄知勤

年正上小学五年级，我妈跟院长说了下我的情况，院长说“让她来吧”，就这样我进了湖北艺术学院的舞蹈科。

1959 年 12 月，全国文代会在北京召开。我爸爸和林院长都是文代会的代表，他们在北京开会时又遇见了当时北京舞蹈学院的校长陈锦清，林院长就跟陈校长说：“我们刚刚成立了一个舞蹈科，能不能派两名学生去你们学校学习，作为教师培训，等毕业以后再回来？”陈校长想了想，同意了。

1959 年 12 月 26 日，我们学院选了包括我在内的四个小孩去北京。有一位老师把我们送到了北京舞蹈学校。到了舞校后，经过挑选只留了两个人——我和另外一名女同学，另外两个人让他们回老家了。我学的是民族舞，她学的是芭蕾舞，我们俩关系还挺好的。我们 12 月到的学校，也就上了一个月的课。放寒假期间，学校组织我们下乡劳动，所有的学生都被安排到了北京的一个叫大井的地方。在大井劳动了几天，我就被老师叫回去了。

原来芭蕾舞老师不认可我那个同学，她觉得那个同学身体条件太差，根本学不了芭蕾。芭蕾舞老师说能不能让她跟我换一换，让她学民族舞，我来学芭蕾。我小时候很瘦，细长条，她看了看我的身体条件，说："从形象上看还可以。"紧接着，她掰了掰我的腿、压了压胯看看开度，随后就说："你也够硬的。"虽然那时候我还不知道怎么回事，但这句话给我的印象特别深。

之后，我的老师就说："从下学期开始，你就去芭蕾舞科上课吧。"这相当于我跳了一个月民族舞就转学芭蕾舞了。我觉得不是我选择的芭蕾，而是芭蕾选择了我。现在想想，其实很多学芭蕾舞的孩子都是被选择的。

我小时候也不太爱写信，一个月给家里写一封，开头写的是："亲爱的全家大小……"我妈边读边乐。那时我总觉得学芭蕾太枯燥，根本就不想跳，心里很苦闷，在学校总想哭，想逃回家。特别是刚进舞校的时候，每天除了蹲就是擦地，我身体又硬，腿一搁在把杆上，其他同学都伸得直直的，可我的膝盖总打弯，一到压腿就疼得压下不去。老师"啪"一巴掌打过来："有什么好哭的，那么硬还好意思哭。"我委屈地站在那儿，眼泪不住地往下掉，呆呆地看着别人。

在班里我年龄最小，因为我是上小学五年级时来的，其他同学都是上六年级时来的，只有我是 1947 年出生的，而且个头儿又最小，所以刚开始我在班上显得特别不合群。其实我在班上一直都不属于好学生，直到快毕业了芭蕾专业课都没得过满分，专业课想得 5 分几乎是不可能的（当时 5 分是满分），一个班的学生几乎没有人能得到，我经常是 3+ 或 4-，如果能拿个 4- 已经特别高兴了。

我永远是站在把杆旁边靠近钢琴的位置，从没站过正中间，当然会特别羡慕站到把杆中间的同学。

那个时代的双人舞

我是 1966 届的毕业生，双人舞是在附中五年级时开始学的，但是由于革命化、民族化的兴起，我们就没有学双人舞，学校干脆把这门课程取消了。双人舞是我们这一代人的短板，我们缺少的就是这一门课，当然这也是时代造成的。

刚开始芭科、民科是分开学的，芭科的就学芭蕾，民科的就学民间舞，互不干扰。等到革命化、民族化一起来后，我们就开始学民间舞、毯子功，开始练劈叉、下腰之类的动作，我们也有了专门的民间舞老师。那时停了芭蕾双人舞课，取而代之的是民间舞课。

民科的基训课开始上芭蕾，芭蕾课是很科学的。民科训练出来的学生大腿有时特别粗，虽然弹跳好、能力强，但是身体线条不够好；芭科训练出来的孩子身体线条比较细长。这跟长期训练的方式有关系。

我先生是 1963 届的毕业生，他们完整地学了双人舞，并没有学民间舞。

现在可能有些人会认为，那个年代没有那么开放，跳双人舞是不是跟现在不同。其实也还好，虽然芭蕾比较小众，但在舞校的这个氛围里，我们该学的东西几乎都学。20 世纪 50 年代，老团长和我先生那一批学生在舞校时，有从俄罗斯派来的芭蕾舞专家、双人舞专家、性格舞专家，所以他们学到的东西是比较正统和专业的。

到 1972—1973 年，老团长他们这一批人赶上了双人舞恢复，等到他们在舞校上到三四年级时，正好“四人帮”倒台就

■ 1963年，在舞蹈学校就读四年级的黄知勤与同学

■ 1974年，黄知勤在上海国棉二厂深入生活——“帮厨”

恢复了双人舞。这批学生是很幸运的，跟我们不一样。对芭蕾来说双人舞是非常重要的，尤其对古典芭蕾来讲，没有双人舞就等于缺了点儿什么，不够完美的感觉。

脚

我们是在舞校读二三年级时开始练习足尖动作的，想想也都是60年前的事了。我有一个得天独厚的条件，脚趾头有肉，脚趾稍微有一点点斜，是那种比较适合穿足尖鞋的脚；我的脚不容易破，我记得我们班有个同学的大脚骨特别突出，每次上课一立脚尖脚趾就流血，她就忍不住掉眼泪，老师看见后并没有停下来，缓缓地对她说："接着做。"

我的脚趾甲盖儿一点儿都没有受损，但我也有我的问题。1972年，我25岁，扮演《红色娘子军》中的琼花，我的脚开始长鸡眼，长在两个脚趾中间，常常疼得我直冒冷汗，但我还得一直穿着足尖鞋，没办法，晚上要演出。我把脚缠上橡皮膏，再穿上足尖鞋，因为鸡眼膏比较厚，涂太厚脚塞不进鞋里。后来有人给我出主意说："你什么都不用涂，直接缠上橡皮膏就行，洗澡、洗脚时都别拆它，等过两三天再把它揪下去，整个皮正好就会掉下来，慢慢鸡眼就好了……"这个恢复的过程正好赶上我要演出，没办法，我只能穿上足尖鞋后开始使劲"踩脚尖"，踩到脚趾头发麻，整双脚麻木，这样上台跳舞就没有痛感了。跳舞时，我所有的神经都紧绷着，整个人都在角色里，也忘了疼。等到演出结束，如果即刻脱鞋，血就会"唰"地一下子冲到疼点上，疼得不行。

那是我跳舞生涯中最痛苦的一次登台了，自那以后，我的脚被我保护得很好。很多舞者的脚都变形了，10个脚趾甲没有一个是完整的。她们觉得自己的脚难看，所以夏天都不怎么穿凉鞋。

一个个那么美的芭蕾舞演员，一脱鞋完全是另外一个样儿。我曾看过一张芭蕾舞者脚的照片，每个脚趾头上都缠裹着胶布，看起来仿佛有些夸张，不过这对芭蕾舞演员来说实在太平常了。

以前足尖鞋很稀有

在舞校时一双舞鞋我能坚持穿上好几个月，一个学期顶多穿坏两双舞鞋。比如我穿 37 码，当年鞋坊就发我一双 37 码的足尖鞋，并没有按照我们的脚型定做。我们那时候也没有缝过鞋头，第一次看见是一名日本芭蕾舞演员到国内演出时在缝鞋头，我们感到特别好奇。

后来等到进剧团后，芭蕾舞团的演员已开始缝鞋头。我看她们缝鞋头觉得新鲜，说："你缝鞋头干吗？"她说："这样比较稳、比较涩，而且不容易打滑。"其实中国的芭蕾舞演员真正开始缝鞋头都是在 20 世纪 90 年代以后了。

她们不仅缝鞋头，还把足尖鞋里面的脚底板掰断。我之前看见过一个主要演员就这么做，我问道："你这怎么立呀？"她说："这样不仅脚背能顶出去，另外足尖鞋还特别跟脚。"我说："那你不硌得疼吗？"她说："不会。"

每个专业的芭蕾舞演员拿到一双新舞鞋，都会根据自己的脚去改造。有时候一场演出穿一双鞋，紧接着需要改造第二双，耗鞋量其实是很大的。主要演员有时一场演出要穿坏一双鞋或是一场演出需换两双鞋，群舞一双鞋大概可以撑上好几场。有时好不容易挑到一双舒服的鞋，有的人就不舍得扔。像我以前好不容易找到一双舒服的鞋，每次穿完后我会把鞋带一圈圈绕好、捆好，鞋打理得平平整整，特别珍惜。现在的小孩生活条件好了，那些看起来还非常干净、漂亮的鞋演出完都扔了。

芭蕾业余班的小孩会要这些演员不要的鞋，我们有时候会帮她们留下来，每次一兜子一兜子地给她们拎去。对那些小孩来说，新鞋她们反而难以驾驭，穿过的旧鞋比较软，她们穿着会舒服一些。

芭团制鞋组原来有一位师傅，他最早是一位舞蹈演员，从舞蹈演员退下来以后去做鞋。从他来以后开始给演员量脚，比如脚型、脚宽、脚长，他按照演员的脚型做出他们的鞋楦儿，就像私人定制一样。

我对国外舞团的制鞋流程不是很清楚，有一个欧洲的舞鞋品牌，做的鞋非常人性化，演员们出国经常会买回来穿，不用改造就可以直接穿。

以前足尖鞋很稀有，我们对鞋很爱惜，加上以前也没有那么多剧目可以让我们演，平时除了上课训练就是排练，用鞋的数量要比现在的演员少得多。我是在 1968 年进团的，进了舞团以后正值那个特殊的年代，我们除了演《红色娘子军》以外几乎没有跳过别的。后来我跳主要演员以后，鞋的消耗量才开始增大。到现在我还留着一双多年前演琼花的足尖鞋。

一步之遥

芭蕾舞剧《红色娘子军》是中国芭蕾的经典保留剧目之一。

我第一次演琼花时，前一天晚上翻来覆去睡不着觉，手心、脚心不断地出汗，既兴奋又紧张，躺在床上一遍遍地在脑子里过动作。尤其是上舞台前的那阵最紧张，等真正一登台也就完全投入进去忘了紧张了。

从侧幕跨出的那一步特别忐忑，紧张得好像血液都凝固了。在侧幕我一遍遍地检查服装、头饰、鞋子……每个细节。这其实还都是表象，因为鞋早已穿好了，只是通过不断地检查来缓解自己内心的压力和紧张。

■ 1964年10月8日，毛泽东、刘少奇、朱德等国家领导人观看芭蕾舞剧《红色娘子军》

紅
紅

过去的鞋经常会掉脚后跟，在舞台上要是脚后跟从鞋上掉下来就没法跳了；现在的鞋确实先进很多，脚后跟上都有一根松紧带，穿上鞋后再沾点儿松香，绝对不用担心鞋从脚上掉下来。有的舞者系好鞋带塞进去以后还会缝上两针，确保她在舞台上的这双脚是完美的。

演员除了掉脚后跟，还会发生断鞋带的情况。我们跳《海盗》里的花园时，老团长跳其中两个独舞之一。当时她正在做这个动作：一只脚抬起来 passe 落下，另一只脚重复。突然，她的一根鞋带断了，整个鞋带都飘起来了。所有人在旁边看着，都很担心，但是她不能停，就算她都没法立脚尖了也不能停在那儿，她只好坚持跳到结束，才能跑下舞台整理。

在舞台上发生这种让人措手不及的事儿还挺多的，舞蹈演员的内心必须足够强大，才能应付这些突发事件。

孤独

我演琼花时，在剧场会有自己的一间小小的化妆室，屋里有两个小沙发和两张桌子，有时是我和演连长的演员一起用，但大部分时间都是我一个人用。穿戴好服装头饰后，我就会静静地在那儿默动作，动作、音乐、舞台方位等各方面都要想得特别清楚。演出前绝对不会跟群舞有太多的交流，或者聊些轻松的话题，所以大多时候主要演员都比较孤独，很少跟别人打成一片，都会沉浸在自己的世界里。后来我当了排练者，每次演出，在主要演员上台之前我都不忍心去打扰她们。

我真正喜欢上芭蕾是很久很久以后了，芭蕾吸引我的东西很难用语言去形容，就是发自内心的单纯的喜欢。在舞校的时候，我几乎是懵懵懂懂的，而且我们快毕业的时候（1966 年），那一学期社会都乱套了，学校被搞得乱七八糟。尤其当时学西

■ 1975年，黄知勤所在中央芭蕾舞团赴东北三省巡演《红色娘子军》《草原儿女》等舞剧

方舞蹈会更加敏感，什么“大腿舞满台跑，工农兵受不了”，都是这么传的。

在那个特殊的年代，我才感觉到了芭蕾舞的美跟别的舞是不一样的。当时我们有机会看到很多内部影片，有《红菱艳》，还有一部关于俄罗斯芭蕾舞演员巴里什尼科夫的电影。接触到这些国外的舞蹈影片以后，我觉得芭蕾舞太美了。因为当时国内关于芭蕾的东西太少了，也没有影像把它留下来，所以每次看到国外的影像，才会觉得现在学的专业跟这个是有关系的。到了 1978 年改革开放后，大家就像海绵吸水一样，所有人都在吸收新的东西、好的东西。

特殊的巡演

1968 年底，我被分配到中央芭蕾舞团，印象最深的是刚一进团就不让我们上台。因为舞团里所有的老演员那时还很年轻，才 20 多岁，而我们的到来直接影响到她们的位置。所以我进团还跟着服装老师熨了整整两年的衣服，从 1968 年一直到 1970 年。后来舞团成立了二队，我才有了上台的机会。那时舞团有两个队而且是完整的两队，现在中芭是一个乐队、一个舞美队，过去每个队配置是一样的。过去一队主要担任出国演出的任务，而二队则是担任下乡巡演的任务。

1971 年，一队出国去阿尔巴尼亚、罗马尼亚、南斯拉夫等国巡演时，我们二队去了山东深入生活。沂蒙山区太冷了，我至今都记得，冷得简直没办法跳，女孩们全都穿上厚厚的秋裤（过去叫棉毛裤，都是纯棉的，特暖和，还不是现在的带弹性的），再套上裤袜，一个个跟象腿似的。比如今天一说天气零下 2 摄氏度、无风，领导说天气真不错，演出！我们立马开始准备，因为服装道具都是随队带着的。一共 70 多位演员在打谷场上跳，脚尖一立一个洞，这么艰苦的条件也得演，并且要饱含激情。我们演出，乡亲们都看得很高兴，他们心里肯定在想：这些人是怎么把脚尖立起来的？

沂蒙山区过去太穷了，最开始我们被分配到各个老乡家去住，一个班住在一个老乡家，女演员住一屋，男演员住一屋，每一屋有一位班长。屋子里有一个大炕，一个炕上至少睡 6 个人。每个人自己扛着大包小包的行李，进屋后把自己的被窝、褥子给铺上。另外单独有一个小床，我们就让给班长睡，因为班长的年龄比较大，起码比我大五六岁，其他跟我同岁的人都睡在炕上。炕上没有木板，因为山区没有那么多木头，只能临时用秫秸秆横着、竖着搭起来。晚上睡觉时大家都头戴军帽，就是部队那种很暖和的帽子，如果不戴帽子脑门儿晾在外面全是冰的。第二天早上，所有人睡醒后都说实在太冷了。那房子有扇门，实际上是为了挡猪，生怕它跑进来；门只有下半截，上半截还是空的。那时穷到这种地步，谁能想到芭蕾舞会在这样的地方演出。

那地方条件很艰苦，但我们吃得却挺好的。过去芭团被称作“样板团”，团里给我们的待遇相当高，每次外出巡演都要带上自己的厨师做饭。

晚上团里组织大家看电影，在大型仓库场里放映，一个晚上看两部电影。所有演员裹着军大衣席地而坐，坐久了大家冷得受不了，但因为大家集体意识强，再冷也得坚持看完。现在回忆起来，当时也没觉得有多苦，好像这样做都是应该的。

1975 年，我们二队去东北三省巡回演出，差不多两个月，基本上是我和另外一个同事交替扮演琼花，那年露天的演出也很多。1975 年 7 月，我们去长春的一个公社巡演，观众特别特别多，现在想起来挺有意思的。在室外演出时，无论刮风还是

■ 1975年，黄知勤随团巡演，当时漫山遍野的观众

下雨，甭管什么天气都得演好这场演出。当时下那么大的雨照样得跳，所有的动作必须完整地做出来，一丝一毫都不能差。就算鞋泡软了立不起脚尖来也得立，鞋踩在脚下跟面包似的，被雨水都泡发了，而且泡了水的鞋之后就不能再穿了，虽然心里舍不得也只能扔了。

最有意思的是每年 6 月我们要去密云，团领导说是深入生活，其实就是割麦子。我们要在那里待一个月，经常是一队去不了就派我们二队去，一队去广交会，我们二队就上农村。

1975 年的冬天极冷，军代表说我们要去我们的第二故乡——密云，一队去那儿劳动，二队去那儿演出。那天我演的是琼花，那场打完以后得躺地上，舞台是水泥的，本来刚跳完一身汗，但我在冰冷的地上躺着，冷得不行，还得忍住不哆嗦。

过去我们经常演折子戏，跳的都是片段。化妆室里没有暖气，连大炉子都没有，只有一小盆炭火搁在屋里。我记得演《草原儿女》之前，演妹妹的一个女孩穿着鞋在炭火盆上烤火，过一会儿大家觉得味不对了，原来她的足尖鞋被烤煳了。

现在的演员跳《红色娘子军》，跳得很漂亮，但跟我们以前跳的那种精气神不一样。想想让现在的演员跳多年以前的舞的确不容易，红色娘子军的背景发生在 20 世纪 30 年代，1960—1970 年排的时候差了三四十年，她们现在来跳差了近 100 年，所以只能尽力理解，不过已经很不错了。

后来我们又去了新疆巡演，在克拉玛依的大油田上。12 月，我们先坐小飞机摇摇晃晃地到了伊犁，在伊犁演完以后，再坐两天两夜的火车回北疆。伊犁属于南疆，我们要回到北疆奎屯，一路上经过果子沟、赛里木湖，现在这些都是旅游景点了，但我们那时经过时一片荒芜，又正好是冬天，更加显得荒凉。途经果子沟时，团里的男孩们把原先穿腿上的毛护腿全都围在脖子上，身上披着军大衣还不够，还得把两只脚塞进座椅下的旅行袋里保暖才行。那时候哪有什么旅行箱，每人拎着一个旅行袋，袋里放着自己的换洗衣服。我们就是这样一路过来的。

当时我们很少接触新疆当地的人，不过我们有好几位老朋友在新疆歌舞团工作，一个是我老伴的同班同学，当时是副团长，另外几个是演员。1974 年底，新疆歌舞团派了好几个演员到中央芭蕾舞团来学习，他们那时天天跟着我们一起练功，排练，所以等到我们去歌舞团的时候，他们就特别开心。一听说我们“样板团”来了，他们就大张旗鼓地请客，即便是 1975 年最困难的年代也拿出所有钱请我们吃吃喝喝。在伊犁那时候冷，听说喝了酒以后身体能暖和点儿，我们就直往嘴里灌酒。灌完以后没想到更冷，为什么？酒精散发把仅剩的那点儿热量全给

■ 黄知勤当年随团巡演

散发没了。跟我一起去的一个女孩是汉族人，还有一个男孩是维吾尔族人，他们俩跟我们关系特别好。1975 年 1 月我结婚的时候，听别人说结婚的被子一定要让上有老下有小的人缝，当时还是那个女孩给我缝的被子。过去大家在一起就像亲人一样，特别亲近。

那个年代很多芭蕾舞演员都是同行结婚的。一个班有近 30 人，几乎每个班能有不止一对，现在偶尔也会有，但比原来少了。

回忆起以前演出的那些画面只能凭记忆了，过去没有现在这么好的条件，没能保留和记录下来我们生活的轨迹。虽然回忆整个过程不太容易，但有很多细节印象特别深刻，像印在了脑子里。

没有"跳够"

在那个特殊年代，我们几乎没跳过古典芭蕾，除了《红色娘子军》以外，不管是排《草原儿女》还是其他舞剧，都不是古典芭蕾。之后，剧团才开始恢复《天鹅湖》《鱼美人》，又请外教来排《希尔维亚》。当时全团演员就像海绵一样，拼命地吸收自己想学、想跳的舞蹈，而我那时年纪已经不小了。1976 年我 29 岁，其实对普通人来说 29 岁还年轻，但是对芭蕾舞演员来说不再是芳华，从舞校毕业后的 18—19 岁才是跳芭蕾舞的黄金年龄。

第一次跳《天鹅湖》时，所有演员都特别兴奋，而且什么角色都想跳。虽然我知道我不是跳白天鹅的料，但我希望自己能跳群舞，看见别人跳我也想跳，包括排《祝福》《林黛玉》，只要是我能够跳的，我就会毫无顾忌地争取。那时候大家工资都一样，也不存在谁钱多钱少的事儿，你跳得再多或再少都是四十八块五。所以过去的人心思根本不在钱上面，而且绝大多数人都还没成家，就算比我岁数大的成家的人，他们也可能没有孩子或是孩子很小。

那个年代没有“铁饭碗”。

1977 年 9 月，我生完孩子，儿子满月我刚 30 岁。1976 年，团里正好有一批 30 岁左右的舞者想生孩子，大概八个。同年 10 月，“四人帮”倒台以后，有很长一段时间整个舞团的工作陷入暂停状态，这一阶段不是都在搞运动吗，好多人就没有跳舞，都怀孕了。

那时候生育完的舞者都会选择继续跳，因为过去没有所谓的“铁饭碗”。我生完孩子以后很快就得恢复，产假只有一个月，80 天后就开始恢复上课，离我生完孩子不到 3 个月。

当时我没在北京生孩子，是回到老家生的。生完以后，我就把孩子搁在我妈妈家了。坐月子期间的 80 天没法练功，身体也跟着发福，我爸还开玩笑说：“这门你还能进得去吗？”等回团后我才开始慢慢恢复，不喂奶、不吃发胖食物，使劲儿练功，人就又瘦回去了。

跟我同一批进团的演员生完孩子后也都回来继续跳舞了，没有放弃不跳的人。因为在那个特殊时期，团里演员青黄不接，又没招生，我们这批舞者在团里就一直坚持跳。直到 1994 年，我们团去了香港演出，香港舞评家说我们是世界上年龄最大的群舞，平均年龄 39 岁。

并不是说到了 30 岁这个年龄，你就真的跳不了。我们团就有一个生完再跳的主要演员，甚至还有一个生了两个孩子后照样跳的群舞演员。虽然她跳主演比较辛苦，但是跳群舞问题不大，而且她的形象、线条、个头儿样样具备，也就看不出生育前后的差别了。

主要演员产后也可以继续跳舞，相对群舞而言的确辛苦一点儿。比如现在的团长是1990年生的女儿，生育后她很快就开始恢复练功，她能够在舞台上跳那么久已经很了不起了。1994年我们去上海演《红色娘子军》时，她已经成为舞团不可或缺的演员。1995年团里去美国演出，第一组就是她。

1986年，舞团去香港、澳门演出，演《吉赛尔》《天鹅湖》和《精品芭蕾》，这些都属于特别吃功夫的剧。当时同事老李说："黄知勤呀，你能不能演吉赛尔的妈妈？"我心想："没问题，演个妈妈怕什么。"我那时已经快40岁了，反正穿足尖鞋跳也费劲，就演个妈妈吧。从那时起，我就开始演母亲这一类的角色。

■ 1972年赴内蒙古深入生活，黄知勤在草原上起舞

1995年，一大拨学生被招进舞团里，他们都是刚刚从舞校出来的，一部分人是大专毕业、一部分人是中专毕业，总共进来了二十几个人。同年，我先生开始参与整改团里的结构，跟演员们重新签订合同，新演员进来后，我们这批老演员一个不留地全下去了。后来老团长说她要为中芭储备人才，要留下几个老人。当时团里的一批演员去美国巡演70多天，主要的教员和排练者全都跟随出国，最终只留下包括我在内的3个老演员。每天我们起早贪黑地给这些年轻的演员练功、排练、排剧目，就是希望他们能尽快地掌握更多的东西，等到其他演员巡演回来后，他们便能很快地融入舞团。近30年过去了，这帮孩子跟我的关系还特别好，称我为黄妈。

2012年的一天，我突然接到舞校于老师的电话，她说："黄老师，您能不能来给我们舞校小孩排一下《练习曲》？"当时小邱（邱芸庭，现为中央芭蕾舞团的首席演员）跳的是"白裙子"，他们班有四个孩子是班里比较拔尖的，两男两女包括小邱。《练习曲》中间有一段双人舞，原来是主要演员才跳的，现在让小邱跳。

2006级的老师曾跟我说："小邱这个孩子特别好，她以后能出来。"她对小邱跟对自己女儿似的，每个月花1000块钱专门给她买足尖鞋，这事还是我后来听说的。因为一双足尖鞋并不便宜，不是普通家庭可以随随便便能消费得起的，所以老师每个月自己拿出1000块工资给她悄悄买鞋。这么做实际上就是无私的奉献，现在都说小邱也代表了中芭，很少有观众会知道她的启蒙老师是谁。

我的老师早已去世了，她对我们也特别好。那个特殊的年代把她也折磨得够呛，在社会动荡时期，老太太仍然一门心思扑在事业上，专注于芭蕾教育。现在整个舞蹈学院的芭蕾考级教材都是她和几个老师编写出来的，最早倡议此事的就是她。考级教材出版前，学校建议以她的名字命名，她却婉拒了，而且无偿地送给了舞蹈学校。事后也有人说她傻，可他们这代人就是特别单纯，她就觉得是在为整个芭蕾行业而奋斗。等于现在全中国的业余芭蕾舞考级的教材都是他们那一代人留下来的心血，无比珍贵。

肌肉记忆

当一个懵懵懂懂的小孩走进教室后，老师从脚的一位开始一点点地教她，这期间老师得费多大心力啊！我们训个小狗、小猫也要成百上千次地训，它才能够按照我们的要求去做，何况教一门艺术呢？

人家经常说："舞蹈动作那么多，你们能记得住吗？不会错吗？"我说："怎么可能错，舞蹈之于我们已经是流淌在血液里的东西。"

除去芭蕾术语和动作，舞者对音乐的理解也是不一样的，因为动作已经与音乐相融了。比如我们当时跳《天鹅湖》《红色娘子军》是最多的，到现在为止我都不用回忆，只要音乐一响就知道动作是什么，条件反射变成了肌肉记忆。1995 年，我开始在舞团里任排练者一职，不断地给进团的新人们排《红色娘子军》，只要进来一批就排，再进来一批再排，必须让她们把所有的动作都学会，排到现在一共八批，从第一批舞校 1995 级毕业的孩子们排到第八批 2002 级毕业的孩子们。

科学训练

这些年看过来，芭蕾舞演员的整体素质包括身体条件方面都在逐渐增强。因为芭蕾舞有一套科学的训练体系，演员们有更多的机会接触到外请教师。比如团领导特别注重外请的编导和教师这方面，想办法请国外的大师尽力给团里这帮孩子上课、排练，既开阔了他们的眼界，又让他们接触到更为科学的训练方法。比如他们肌肉的训练方法跟我们过去完全不一样，演员通过一些动作的练习，慢慢改变自身的肌肉线条，不是说一下子就能改变，而是今天练一点儿明天练一点儿，潜移默化地去改变。

改革开放以后，团领导请了好多外教来团里指导，包括那时候戴先生请努里耶夫来团里排练，舞团的整个内部氛围变化太大了。尤其是团长那一拨人出来了一批优秀的主要演员，当时有六对至八对，他们也是改革开放以后最早的那批受益者。虽然我们很羡慕他们，但是我们芳华不再，只能跟随他们一起去欣赏新事物，感受着芭蕾文化的传承与发展。

芭蕾训练科学化以后能减小受伤的概率，还能延长舞者的舞台生命。你看现在训练出来的演员身体线条变得更为修长，不像我们以前长成什么样就什么样。我们最早学的是俄罗斯的训练方法，现在他们的训练方法也在改进，训练出来的演员们个个又细又长。可能大家越来越注重科学的训练了，国外除去基本的芭蕾动作以外还做很多相关的辅助练习，国内现在在这方面还稍微有所欠缺。

现在是全球化时代，世界各国的芭蕾舞门派相继发展，包括英国、法国、俄罗斯这几个芭蕾舞大国，它们各自的训练方法可能都不一样，不能说某一个国家的训练方法就是最好的，而是各有所长，要是能取长补短，未来芭蕾舞的发展肯定会越来越好的。

艺术就是这样，如果你一直故步自封是不可能向前进的。

身体的轴心

过去我们的弹跳还不错，但总是输在转圈上，男孩、女孩都存在这个问题。转圈需要找到身体的重心和轴心，最初接触转圈时天天都在找身体的轴心，如果转圈时从头到脚都能保持在一个轴心上，就是身体在一条线上，转起来是自然而然的、不费力的；如果身体稍微有一个地方是歪的，比如胯歪了、塌肚子或是后背不好，都会影响转圈。

转圈时后背用力也很重要，转圈转得好的演员，你可以看她的后背，因为后背练好了她就能控制上半身。另外还得加强脚下的能力，练多了，能力有了，她才能够控制全身，所以你看她转起圈来轻松自如。实际上从她的脚尖向上看，膝盖—胯—腰，到她的后背，整体是在一个轴心上的。有些演员转圈特别吃力，我们总担心“瓢了”，看有些演员转圈就没这种担忧。如果从最开始就能找准轴心，转圈也没那么难。纠正“转圈”反而很难，所以好多芭蕾舞者说自己转圈不好。这个的确很难，因为身体是自己的，你要用大脑支配身体去转圈，旁人只能辅助你去感受、去悟。所以好多芭蕾舞者练转圈，一直练一直练，怎么也突破不了，可能就是在转圈的过程中轴没对上，但她自己始终意识不到。比如团里原来的女首席演员一转圈会把自己的胯下意识歪一下，你不仔细看也发现不了，差一点儿都不行。她总说她最怕转圈，可能今天转顺的圈明天就没了。有时我看她的演出，一转圈我都会跟着揪一点儿心，担心她掉下来。

提到转圈，我忽然想到有一天晚上和我先生去看中芭的《堂吉诃德》，看完以后我们双双感叹，主要演员转圈简直轻松得像个陀螺，她做技术技巧看起来完全零负担，不可思议。只是她现在还年轻，在人物的刻画上欠缺火候，当然这需要一定

■ 2008年，黄知勤（左二）在芭蕾舞剧《奥涅金》中饰演奶妈

的生活经历。不过像她这样的苗子真是太难得了，全国多少年才可能找到这么一个条件、能力各方面相对全面的芭蕾舞者。

完美

我们常说芭蕾舞者的先天条件是“三长一小”，“三长”指的是腿长、胳膊长、脖子长，“一小”是头小，另外脚背还得高。这些都属于爹妈给的，谁也改变不了。除了先天条件以外，作为一名职业舞者，后天的自我修养尤为重要。

我们团曾经的女首席演员，她虽然也不是那么完美，但从艺术修养和对人物的刻画上，我觉得她更像个艺术家。她就是在40多岁意识到自己身上的各种伤痛，致使她已经达不到她在芭蕾上所追求的那个完美了，所以，她果断地从演员退了下来，我觉得也是对的。

每个人跳舞都有她的局限性。芭蕾太苛刻了，每个人都无法做到完美，这个舞蹈本身对人的要求比较高，世界上哪儿有完美的人，芭蕾残酷就残酷在这儿。

留恋舞台

我原来以为主要演员退下来会特别留恋舞台，好像也不完全是，或许是另一种留恋。比如她看别人在舞台上跳，脑子可能会有一种想法："如果在舞台上跳的人是我，我会如何表现这个人物？"但是真让她上台跳吧，也不可能。当时我们退出舞台也会有类似的感受。

群舞和主要演员退出的感受是不一样的。跳群舞可能不会有那么多留恋，她不存在塑造人物，从内心来表达自己的一种情感的时候，她可能不会有这样的想法。但是作为主要演员，既要从技术上完美呈现，又要从人物的角度去理解他的内心。整体的出发点是人物本身就要学会忘掉自我，这是很难的。所以不要光羡慕主要演员，外人看到的都是他们手捧鲜花、接受掌声，那只是他们的表象，实际上他们要付出很多。

不可或缺的群舞

有时候我经常想，如果我现在很年轻的话，主要演员跳不了跳群舞也行，穿上美美的服装在舞台上也是一种享受。有一天我先生跟我说："你要是在一个剧团里不跳主要演员，就跳一个不可或缺的群舞，也是非常幸福的，没有压力，还能跳着美美的舞蹈。"其实群舞或许是最好的位置，她们可以在团里跳得更久，不像主要演员时刻会担心，因为主要演员可能有名利、伤痛等各种困扰。

可能十几年前真正活跃在舞台上的专业芭蕾舞者不到400人，现在肯定比以前人多，欣赏芭蕾舞的人也越来越多，但其实芭蕾还是个小众艺术。

讲究

我们过去演出，舞团都有这样的要求和规定，就是上台以前演员需要互相检查水粉抹得到位不到位。我演琼花要梳那种光溜辫子，耳朵、耳朵后面、脖子全都要抹上，每次回家洗澡都要把涂过的地方洗干净，连贴身的衣服上都是水粉。现在跟演员提这种要求完全是一种不可能的事情，姑娘们那么爱美，怎么可能抹水粉呢？舞团也不会再提这种要求，水粉早就已经被遗忘了。其实这个还是挺重要的，只要你问我身边的老同志，他们都会说“抹水粉是必须的”。

当时我们跳《红色娘子军》时，穿的是浅棕色的裤袜，不是现在这种粉袜子。一场演出需要两双裤袜，颜色一深一浅。袜子的颜色跟身上的水粉是一样的，鞋得搭配着袜子穿。如果裤袜是棕色的，那么白鞋带或粉鞋带肯定是不行，所以鞋带也要抹上颜色。男演员们就更不用说了，因为他们表演时穿的是背心，跳五寸刀胳膊全都是露在外面的，不抹不行。

我们那时候演出，编导的要求是很严格的。有时候群舞一紧张，在台上摔一个跟头，或者跳刀舞的时候紧张得把刀掉地上，当时这些都属于政治事故，演出完要在全队会上写检查，第二天讲评的时候还要让你拿着自己写的检查在大家面前念一遍。

离不开镜子

芭蕾舞演员从小对着镜子做动作，动作好不好看、体型的变化都会从镜子里反映出来。很多舞者化完妆后会站在远处看镜中的自己，如果哪个地方不太对劲，他们会及时调整。之所以总对着镜子看，不是说看自己的脸化妆是否漂亮，而是审视自己的整体形象是否到位。

可能长年累月习惯了，镜子在我生活中也是不可缺少的。家里装修房子的时候，我坚持要有一面大镜子。当时我跟儿子说，你一定要装一面大镜子，能照见全身的。到这个年龄，每天我穿好衣服出门之前，也都会照照镜子。

镜子能反射出一个人的优点和缺点。有好多演员特别喜欢对着镜子照，他们都爱对着镜子摆一些手的位置，摆多了就成了一种肌肉记忆，手搁在这儿就是这儿，既不会偏低也不会偏高，等上了舞台没有镜子时手就在这个位置上了。如果没有镜子的话，你永远不知道你抬后腿时哪个角度呈现给观众的是最好看的，镜子有时候扮演的其实就是观众的角色。只有对着镜子做的时候才会发现怎样做动作是最美的，才能不断地纠正自己，等养成了一种习惯，到上舞台才能自然而然地呈现出更完美的体态和舞姿。

在舞台上，演员必须懂得转换和适应。因为好多演员从舞校出来的时候，已经习惯了在镜子面前纠正自己的动作，上舞台没有镜子他会不习惯，看不到自己跳成什么样子。我小时候的排练老师就说："别看镜子了，转过来把我当成观众。"我们就会再背对着镜子跳一遍。所以有时在教室里排练完以后为什么要上礼堂联排，就是为了让我们适应舞台。面前没有镜子时，就要这么长时间一遍遍过动作，靠感觉下意识地跳到最完美。

这就是我们和镜子的关系，作为一名芭蕾舞演员，恐怕这一生都离不开镜子了。

我平凡，所以被喜欢

口述者：方龄蒂（小海带）

平凡的我

自从我做了芭蕾舞演员，旁人问得最多的一句话就是：“你一定特别爱芭蕾吧，你一定特别喜欢舞蹈，不然你怎么会选择去考舞校，去选择这个职业呢？”其实并不是我选择的芭蕾，是我妈帮我选的，这是她未完成的一个舞蹈梦。

我属于比较晚熟的，有时候不清楚自己在做什么，容易有从众心理，想法很容易受到他人的影响。我从小就被父母保护得特别好，他们很宠爱我，我也是一切都听从他们的安排，没有太多自己的想法。我妈让我学跳舞，我就马上答应了。我小时候对很多事情都没有特别强烈的欲望，没有觉得自己必须怎么样。当年舞校毕业，我面临着考芭蕾舞团还是出国的选择。当时我参加了美国的一个芭蕾舞大赛，获得了奖学金。我爸问我：“你是想出国还是想留在国内？”我说都可以。我爸说：“那你还是留在国内吧，起码你生病时我们能照顾你。”我从小就容易生病，于是我就答应了爸爸。就这样我考进了中央芭蕾舞团做了一名群舞演员，2023 年是我进团的第八年。

虽然我个性比较被动，但是我很能忍耐，上学时我从来不会跟老师说自己哪里疼、哪里不舒服，都是自己忍着。比如脚破了，班里有的同学就会跟老师说，我就不会。自己脱掉足尖鞋时，血能从裤袜一直渗到鞋面上。我小时候性格内向，也比较怕老师，我情愿跺脚跺到发麻，也不跟老师说。因为要是跟老师说脚破了，她或许会说大家的脚都破了，就只有你不能跳吗？我不想被她说，就自己忍着。后来我还研究了一个偏方来缓解脚痛，就是先把消炎止痛的胶囊掰开，然后将粉末均匀地撒在伤口上，这样能起到麻痹神经的作用，就可以靠这颗消炎药坚持完一整堂芭蕾课。现在一想起以前，就是在芭蕾课上脚痛的感觉。

我 10 岁进舞校，上一年级时，早上我经常睡不醒，五点闹钟响了屋里的灯还没亮，只能摸黑穿袜子，到了教室才发现一只正一只反。当时女生是住两个宿舍，每个屋住八个人，大家绝对不提父母，只要谁一提就全都惹哭了。隔壁屋的同学过来借个水壶，看到我们哭也跟着哭。情绪是会传染的。

进舞团比在舞校要快乐一些，我能更有想法地去生活。因为我从小稀里糊涂的，不知道每天为了什么而生活。现在长大了，就知道自己当下应该做什么，过得要比以前更充实。

当我进了舞团，成为一名真正的演员时，我才感受到了一点儿自由。现在的生活跟以前是不一样的，包括跟老师、教排（教师排练者）的关系也是不一样的。虽然我还是很尊重他们，但是排练时大家是互相配合完成的，不是谁必须完全服从谁。他们也很清楚如何跟演员相处，绝对不会硬碰硬。在这样的环境下跳舞，才会有一种舒服的感觉。跳舞本身就是发乎其心，如果你总是被外界的情绪所影响，就永远无法抵达自己的内心，更感受不到自己的身体。

其实在舞团里，同事之间的氛围也很重要。我现在的副业是做自媒体，我会拍一些演员的日常生活片段，评论区里有粉丝问过我："你是刻意剪辑成这种和谐的效果吗？"其实我没有刻意去营造，因为无论怎样剪都不会改变其真实性。

我经常会梦到自己登台误场，然后一整晚都睡不好，脑神经高度紧绷，第二天起床后感觉特别累。尤其在舞校时我会经常做类似的梦，进团之后就好多了。

在舞校有的人会偷偷练功，有的人会偷偷上私课，这在当时都是很正常的事情，现在我有点后悔当初没有去找老师补课。我小时候觉得补课太累，现在就觉得那时应该上，无论是对你的专业还是对未来的发展都是有益的。我工作后没有多余的时间去学习，只有小时候抓紧时间学，才有更多的选择和可能性。我现在总是在后悔以前为什么没有听长辈的话多学一点儿。

我们早上 6 点半出早功。芭蕾老师就住在学校操场旁边的家属楼里，每天她都会站在阳台上观察我们，看看有谁在偷懒没有跑步。久而久之，我们也练就出一种特殊本领——一抬眼就能感觉到她有没有在看你。每天早功结束后，紧接着就是芭蕾课，然后才是文化课。外人总说"舞蹈生头脑简单，四肢发达"，不是我们不想学，而是一上午体力和精力都被彻底消耗了。早功跑完 20 圈，再上一个半小时芭蕾专业课，等上文化课时想打起精神都很难。

我记得上政治课的时候，我们都趴在课桌上休息。文化课老师知道我们练累了，讲课的时候会故意小声一点儿，画重点时他才叫醒我们。他真是特别体谅艺术生。毕业时他坐在侧幕看着我们不停地哭，看起来特别伤心。当时我还有点儿不理解他，因为我们和他的关系不像跟专业课老师那么深。可能他把我们当作自己的孩子一样，即使一星期就只有一次政治课。

■芭蕾专业课后，疲惫的学生们在上文化课

我们跟芭蕾老师就像母女一样，有时候她说你一句，你还不能跟她顶撞，只能忍着，但是内心又不服。其实我们知道她是爱我们的，她说我们一定是为了我们好，哪怕她的话很刺耳，这些都不会影响我们之间那种深厚的感情。

老师与学生的相处也要把握一个度。她对你不严厉，你可能就出不来；她对你太严厉，你就会感到束缚。

这是那一代人的教学方式。她们小时候接受的教育肯定比我们更严苛，等她们成为老师教我们的时候，如果还用以前的方式对待现在的学生，肯定是不管用的。现在的“00后”心态更成熟，他们有更多自己的想法。大数据时代，他们能更快地在网上获取信息，随便一刷就是教育、思想，包括情感方面的话题。无论是心理年龄还是看待事情的角度，跟我们“90后”都不一样。我们这一届，很多人未来会当芭蕾老师，教育他们的肯定是我们这一代。我们需要去转变思想，寻找适合他们的教育方式。

跳芭蕾对我而言更像是一种习惯。当你连着跳两天《天鹅湖》，累到受不了时，会说："好累，不想跳了，要不我明天辞职吧。"连着跳三四场时，我就会不断涌现这样的念头。特别是群舞演员，有时会累到半死，还没有一句表扬。因为主要演员本身就自带光环，观众看的更多的是她们。她们跳完有鲜花和掌声，而我们跳完一场感受更多的是疲惫。独舞演员和领舞演员比我们相对好一点儿，毕竟她们也有充分表现自己的机会。群舞演员就必须把自身的棱角磨平，24 个群舞演员需要跳得像一个人一样整齐，好像所有人都是一个人的影子。但是每一个群舞演员都是一个个体，把 24 个人变成一个人是一件很难的事。哪怕你今天特别努力，跳得特别好，只要其中一个人出问题，就会影响我们整个群舞，观众会说群舞水平不够。作为中央芭蕾舞团这种顶级舞团的群舞，质量不达标就会被淘汰。这种压力、这种累，我们几乎每天都要面对。

即便我有时会有不开心，但我还是会坚持跳，跳舞已经变成多年的一种习惯。

我觉得，当我有一天真的不跳芭蕾时，才能体会到爱它到底有多深。我一直觉得自己没有那么爱芭蕾，因为芭蕾也不爱我。这种关系就是相互的，它足够爱你，你才会十分爱它；它没有那么爱你，你也不会去一直追它。舞团里每过一段时间就会有演员挂靴，看到他们离开时，我就在想，如果离开的人是我，那一刻肯定会有很多不舍，无论是离开同伴还是真正告别舞台。其实我内心对芭蕾的依赖比我想象中要多，这让我重新认识了自己。如果真的有一天不让我跳芭蕾舞了，我不再感受到大幕一拉开的紧张和局促了，我可能真的会不习惯；如果让我坐在台下做一名观众看台上跳舞，我肯定会觉得自己没有跳够，哪怕还只是一名群舞演员。

芭蕾舞是一门诚实的艺术，不是能靠走关系，跟领导相处好，就能让你跳主要演员的。所以作为演员，你不需要花太多心思在舞蹈之外的事上，只需要一心一意对待好这份职业，做好每一个 Plie，转好每一个圈，像匠人一样打磨好每一个动作，才可以成为行业内的佼佼者。在我们小时候，舞校老师就已经清楚每个人的潜能，包括我们自身的条件，预计我们最终能够跳到哪一个位置。

芭蕾舞演员其实很单纯。我做自媒体之前，只跟舞团里的演员们打交道，很少接触我们行业外的人。自从我做自媒体以

■ 方龄蒂小时候与舞校同学在一起（右二）

后，就开始跟社会上的人有更多的交流。我才发现芭蕾舞演员们真的很单纯，他们怎么说就怎么做；你看他们的眼睛，心里想的和表现出来的差不多。他们经过这么多年舞校和舞团的历练，必须心无旁骛才能把舞跳好，在为人处事上也和跳芭蕾舞一样，因为后来我都是看书、看电影才了解到一些社会规则、人际交往和职场生活，真的没有想象中那么简单。芭蕾舞的圈子实在太小。

我小时候遇到很多事情都是自己去消化，不会去向别人倾诉，自己的性格就从内向变得越来越不自信了。我特别害怕别人看到我的缺点，总是担心不好的一面被别人知道后，自己会被嫌弃。这种性格跟原生家庭是有一定关系的。虽然我父母都很疼爱我，但他们总是以他们的方式去爱我，就是要求你在外人面前展现出最完美的你。我从小就是近视眼，但我记得爸爸常跟我说："你在外面不要戴眼镜。"我就问他为什么不能戴，他说你一戴眼镜别人就会知道你近视。我小时候也不懂，就只知道戴眼镜是不美的、是不好的。那时候我走路也有点儿驼背，我爸爸就天天唠叨。其实我知道自己驼背不美观，但我更在意他觉得我不美。他会在意别人怎么看我，而不是不管别人怎么看他都觉得女儿最完美。那时候我就想，别人的父母也是这样吗？刚进团时，在一次现代舞排练中我忽然意识到这个问题。排练前我们都会先热身，我戴着眼镜，因为不戴确实看不清楚。忽然，我听到了教室外走路的声音，以为老师来了，我就迅速摘掉眼镜。旁边的同事看到我的举动特别惊讶，她不明白我为什么这样，我也不知道如何跟她解释。那一刻我下意识觉得应该这么做，她问我我才意识到自己的行为有点儿夸张，我甚至都不知道自己从什么时候开始变得这么没自信、这么敏感。这令我痛苦。现在我已经25岁了，很多事情能想开一点儿，不再那么纠结。偶尔我也会跟我爸聊，也慢慢学会去理解他。

第一次谈恋爱的时候，自己太在意了，我都感觉自己得了抑郁症，一点儿都不夸张。每天都有很多负面的情绪，但又不知道如何去消化它。后来我和男朋友分手，心都碎了，第一次品尝到失恋的滋味。分手后我身边的朋友都觉得我跟以前不一样，像完全变了一个人，变得封闭，把真实的自己完全藏了起来。

人总是要找到一个出口去释放，在舞校时我会写一些东西，写完发在网上跟大家分享。那时我就已经养成记录的习惯，老师还在我父母面前表扬过我，她对我特别放心，因为我有自己的小世界。就算班里吵吵闹闹，男孩都爬上桌子了，我依然在做自己的事，包括看书、写作业。有一阵我还喜欢写小说，我从小就喜欢通过这种方式表达自己。当时我有一个笔友，她也爱写小说，写完后我们还会相互交换着看。那是我小时候的乐趣。

当我对芭蕾舞有了清晰的认知后，才发现完美离我特别遥远。一提完美我就容易向后退缩，因为我够不到。我天生转开不好，就特别抵触站在把杆中间，一般大家都特别想站把杆中间的位置，因为老师会看你、会管你。但好多不开的人都跟我一样，她们并不愿意站在把杆中间。把杆中间代表着完美，你站在那个位置上身体的缺点会被无限放大。这种不开不是你使劲就能转开的，我使了不少劲，出了很多汗，真的很想转开，一扭头再看镜子里的自己，怎么还是不开，仿佛被泼了一盆冷水，瞬间就懈劲了。

芭蕾对身体条件要求很苛刻，你没有条件而跟它去较劲，最后难受的一定是你自己。我们班很多人都不开，就像脚背不好一样，都是硬伤。脚背不好的人也理解不了转不开的人。芭蕾课上老师常说我“你就是不使劲”，我知道我使劲了但就是达不到芭蕾的开。不是你不努力，是你努力了别人看不出来，只有自己真正了解自己的身体。我们舞团里曾经有一个女演员，从学校到进团，所有人都说她不开，后来她在国外上了一门课找到了方法转开，才意识到学了这么多年是自己转开的方法不对。也不是谁都能像她一样幸运，她能悟到，你就是悟不到。

我在舞台上跳舞负担多于快乐，因为我不开，也不能接受不开。可能别人会觉得是我不努力，其实每一天我都很努力地跳舞，如果真的是我自己不努力，可能也不会这么难受。我对努力的认知就是这样，努力没有那么简单。

我一跳芭蕾舞就会想很多，自己不开就一定要转开，驼背就一定要挺直，到最后就变成我不断在跟身体做斗争，而没有真正享受跳舞。

跳舞是身体整体的配合与协调，不是局部的某一点在用力。从身体核心发力延伸至四肢末梢，如果只有一个点使劲就不是在跳舞。我小时候特别容易钻牛角尖，总是纠结在转开这一个点上。我天生不开，但是芭蕾要求你必须转开，开、绷、直、立，开字当先，不开跳的就不是芭蕾，所以就必须得想如何转开。主要演员跟群舞演员不一样，她们对动作有调整的空间，比如你不够开，就可以稍微调整身体方向，让观众觉得你开。群舞演员都被赋予一个标准、一个方向，你无法脱离群体而去独自跳舞。

但群舞演员是必不可少的。主要演员与群舞就像红花与绿叶，主演离不开群舞，群舞也需要衬托主演。比如《吉赛尔》二幕鬼王带领着众幽灵那段舞，如果没有群舞，也很难营造出悲伤的氛围和舞台效果。

有时一部舞剧要演五场，主要演员有A、B、C组，群舞演员只有一组，就得连续跳。坦诚地讲，跳古典芭蕾《天鹅湖》

跳到想吐（主演跳到中间可以下去，群舞演员必须要一直站在台上），有一种跳下舞台就不想活了的心情，而且站第一排和第二排累的程度是不一样的，第二排没有第一排那么累。

当然主要演员比群舞演员压力大很多，他们的承受能力需要更强。

跳芭蕾有时会感到孤独。你要钻研角色，还要追求完美，必须经历这样一个过程。

芭蕾带给我的是更多的艺术审美。芭蕾最早是一种贵族舞蹈，我们从小接受的教育和看到的世界是不一样的。现在家长会带孩子走进剧院欣赏芭蕾，在他们眼里芭蕾就是高雅艺术。

芭蕾舞是有门槛的，不是谁都能欣赏得了的艺术，哪怕是像我这样的芭蕾舞演员的父母，他们看古典芭蕾只是觉得美、好看，但不能真正欣赏。相比之下，他们更喜欢看《红色娘子军》，这是他们那代人的一种情怀，音乐一响就能马上进入剧情。

特别有趣的一件事是，舞校期中考试老师要求家长们来看课，当时是我爸爸来的，在新楼的教室里，最开始我们做把杆动作，他都认真在看，到了中间第一个动作，他不见了，后来才知道他去逛北京的花鸟鱼市场了。

父母把你送到舞校学芭蕾，不代表他们真正了解芭蕾。很多父母当初都是因为学跳舞可以纠正体态、强身健体，才送自己的孩子去学的。

青春期

我们舞校在三年级开始学双人舞。刚开始男孩、女孩都有点儿羞涩。我们双人舞老师很帅，是我们的校长，他比我父母的年龄都大，但他是我们心目中的白马王子。他有着古铜色的皮肤、健硕的肌肉线条，每次上课都穿着一件白色 T 恤。每堂课女孩们都很积极主动，争着抢着要做示范。

双人舞老师和我们的芭蕾老师是夫妻。

我经常惹芭蕾老师生气，每次都跑去她家门口道歉，校长看我来了，说：“你怎么又来了？”然后，他瞄一眼芭蕾老师，说：“怎么又罚孩子？”她说：“让她站着。”过一会儿，他小声跟我说：“进屋里坐吧。”我便小心翼翼地走进去。他倒了一杯水递给我，示意自己的太太不要生我们的气了，那一刻，我不再感到那么委屈了。

我们男女生之间还没有特别明确的“喜欢”的感觉时，就从小天天生活在一起，一起长大到18岁。

我特别后悔没在舞校期间谈一段恋爱，就是因为小时候太听话，外界又竖立了各种条条框框。青春期时有好多男孩追我，我长相并不出众，而且那时不会化妆也不会打扮自己，性格还比较内向，相处七年，我跟有些男孩一句话都没有主动说过。在四年级时，有一个男孩追我一直追到毕业，他是男孩里芭蕾舞跳得最好的。在六年级时，有半个班的男孩都追过我。当时就有点儿不理解，因为我在班上各方面并不是最优秀的。后来我跟他们开玩笑，我说：“我就是传说中的氛围型女孩。”我属于接触时间越长越想跟我在一起的那种女孩，其实很多男孩可能都喜欢有点儿内向的女生。

如果当时能谈一段恋爱，对艺术的感知、舞剧的理解一定是不一样的，因为很多芭蕾舞剧都是关于爱情的。如何去爱一个人，不是只靠说而是要去感受。

不会演戏是芭蕾舞演员的通病。有一天我跟同事聊天，我说当了这么多年演员我都不会“拥抱”。这到底是为什么？那一刻我无法将内心的情感传递给舞伴，对方都感受不到，观众就更难产生共鸣。他说：“如果我是你前男友，你是怎么抱他的？”我才想起以前我们都没有彼此好好地拥抱过，没有那种心贴着心的感受。当时因为各种因素，没有全身心投入去谈那段恋爱，有时候想想也挺可惜的。

舞团里另一个同事跟我一样抱不出感觉，然后编导演示了一遍，抱了她一下，一下就触及她内心最柔软的地方，那一刻她说自己的心都化了。

其实做动作没那么难，把情感传达到位才是最难的。

谈恋爱能学到很多老师不能给予你的东西，你会成熟得早一些。当时我们班谈恋爱的人不少，但是老师一直在打压，明面上一对情侣都没有，都是暗地里偷偷在谈。

芭蕾舞演员很容易以貌取人，有位老师曾跟我说“不要跟跳舞的人谈恋爱”，因为他们身边都是漂亮姑娘，他不会那么珍惜你。你要是在普通人里，就是天仙一样的存在。

我们去澳大利亚演出，跟舞校曾经的校草一起吃饭，我就问他：“你从舞校出来以后的感觉是什么？”他说：“外面的女孩真的没有咱们舞校的女孩好看。”

我从小不爱追星，帅不帅跟我没关系，但我闺密喜欢追星。我们芭蕾舞学科的男神是马晓东（现中央芭蕾舞团的首席演员），她一直想跟他表白。有一次她拉着我，在舞校主楼 204 教室门口堵他，那会儿比较流行大头贴、QQ 聊天，她问：“哥哥，你有大头贴吗？”他说没有，然后她追着人家要了个 QQ 号，开心了大半天。

镜子

芭蕾舞演员离不开镜子，我们从小就养成了看镜子的习惯。舞校老师常常对我们说：“你别看镜子了，看你该看的方向。”

■ 方龄蒂小时候在舞校的舞台上起舞

■ 考入中央芭蕾舞团后，方龄蒂在舞台上跳舞

但我们都喜欢看镜中的自己，看动作是否达到芭蕾的标准，看自己的形象是否优美。舞校七年，我们在教室里排练一直面对着镜子，进舞团一上舞台忽然看不到自己就没有了安全感。主要演员适应得很快，刚进团的小演员就要学会去适应。

我小时候不想看到镜中不完美的自己，不想跟镜中的自己交流。现在我特别喜欢照镜子，镜子中能看到自己每天一点一滴的变化，我开始学会接纳自己。

芭蕾舞演员的身体记忆很强，一个剧目你演过多场后就不会忘记动作。对我而言却不是，每次复排就跟重新学一样，就是身体没那么敏感。有些人身体的记忆能力很强，一放音乐她们就能跳出来。我就得在这方面下苦功夫，自己不是天赋型，就得靠后天的努力来弥补。

演出时我会逼着自己高度集中，因为我的脑子总是断片，很容易忘动作。芭蕾课我必须得站第一排，需要老师盯着我。

我宁愿当不为人知的沙粒，也不愿意成为一颗最亮的星。

我小时候一紧张都能听到自己的心跳声，感觉心脏随时要跳出来一样。站起来回答问题，我会紧张到满脸通红。长大后我还是会有点儿紧张，特别是登台前。按理说当演员这么多年不应该再紧张，但我就是心理素质极差。这就是一种不自信，做任何事都容易否定自己，如果你真的自信就不容易紧张。

自媒体上有很多比我年龄小的粉丝，她们经常会遇到情感方面的问题，更多是因为自己对自己的一种不肯定、不自信，造成她们情绪上的困扰。

原来我以为我是因为跳得不好才会紧张，其实不是，我哪怕跳一个特别有把握的动作也是会紧张，就是单纯的紧张。登台对我而言还是有点儿难，那一刻你就必须要迈出那一步。

2023年，我第一次参加中央芭蕾舞团创意工作坊的直播。直播那天我特别紧张，别人安慰我说“没事，到时候你就不紧张了”。他们都不了解我，我真的紧张到声音颤抖。我做任何事都要准备充分才会有安全感。舞团每天12点上班，6点我就起床了，从来都不睡懒觉，甚至是在周末。

我每次回看自己的视频总会嫌弃它，觉得不完美。人很容易在当下产生成就感，当时你就很欣赏自己剪的视频，甚至别人说你不好，你会觉得是他没眼光、没品位。慢慢我才发现一个好的短视频不能只以导演的视角去看，而是要跳出来站在观众的角度去想，什么样的短视频我会点开看，什么样的短视频能触动我的心。

芭蕾舞演员比较自恋、自我，我常常会这样，做视频反而能从另一个角度审视自己。

敏感的、不完美的人更适合做一个创作者。我问过一个舞蹈编导：“你是一个敏感的人吗？”因为我觉得创作者应该都是敏感的人。

艺术太完美是不好看的。芭蕾舞剧里每个人物都是立体的、多面的，就是因为他们有缺点，你才有共鸣；如果他是一个完美的人，也许你就不那么感兴趣了。

我的自媒体世界

进团后我开始尝试做自媒体，再一次找到了释放的出口，才慢慢将自己打开。我发现接触自己不擅长的领域，把它做好，是一件很有意思的事。如果做一件事完全看不到未来，我就会感到不快乐，感觉人生没有意义。不是说你每天做的事情没有成就就是没有意义，能追寻自己的快乐就是有意义的。

自媒体是我与世界连接、感知世界的一种方式，我记录自己每一天的日常生活，通过镜头捕捉生活中的小美好，发现它并且分享它。以前我的生活里只有芭蕾，现在除了芭蕾还有自媒体。

疫情前我开始做自媒体，那时没有投入太多心思，主要还是以跳舞为主。谈恋爱时我开始拍一些情侣视频，我喜欢拍视频，我男朋友喜欢拍照，我们那时经常在视频号上分享我们的日常，那时我的视频号还挺火的，有 4 万粉丝。现在自媒体太多，一发视频有几十万个赞很正常，以前有几万个赞就算很火了。我曾有一个视频获得 30 万个赞，我觉得自己做自媒体还是有天赋的。我和男朋友分手后，就没心思再去做，视频号空了好一阵，我有好多粉丝都是 CP 粉，有些人都知道我男朋友是谁，他们特别不能接受我们分手。后来只要我一发视频就会看到一些恶意评论，有的粉丝说话比较主观，导致我没有心情再去发新视频。我特别想分享但又不知道怎么面对粉丝，分手对我个人包括视频号都有很大的影响。

后来有一阵，我只分享自己的生活，没有拍舞团。我也怕团领导说我，担心在网上发舞团的视频会带来麻烦，因为我只是一个群舞演员，代表不了国家院团。

我开始尝试拍一些芭蕾舞团演员们的日常，比如《堂吉诃德》的后台花絮，我更多在拍主要演员，自己很少出镜，偶尔在视频中出现一下，或者后期剪辑补点儿话外音。

2021 年，中央芭蕾舞团创意工作坊邀请一些不同行业的老师给编导讲课，其中有一节课是讲自媒体，舞团里的一个同事让我去听课。一大早我就跑去听课，编导们还没到我就先到了，课上人很少。这个老师对我印象比较深，因为他之前就看过我的视频，他觉得我的视频形式和方向是正确的，未来可以做得更好。

我不喜欢虚度光阴，总想找点儿事来做。下课后，我又向他问了很多关于自媒体的问题，包括做自媒体遇到的瓶颈等。他跟我说“你需要立一个人设”，我就记住这一句。后来我按照他说的改变了视频形式，以日记的形式更新，还起了一个花哨的名字，就是为了立一个人设，标签自己，包括“喝冰美式”也是想让大家记住我。每一个视频都是按照这个标准在做，做到了 20 万粉丝量，粉丝开始期待我的视频，这个号才慢慢做下去。如果当时没有人在背后推着我，我就很难向前走。因为我性格上还是有点儿被动，从小到大受到的多是打击，能有人默默地关注我、鼓励我，我就能获得更多能量，从而变得自信。

在做自媒体这件事上，好像冥冥之中有人在帮我，包括拍摄时团里演员们都很配合。我担心过别人会不会不想被拍，等真正拍起来才发现担心是多余的。一些新进团的演员，我会问他们愿不愿意出镜，如果他不愿意你也能看出来，那些老演员基本上都不用问，他们甚至拿着我的手机自己拍，我能感受到他们与我之间的那份信任。

我不是一上来就发跳芭蕾舞的视频，而是先让大家对芭蕾舞演员感兴趣，然后因为想看演员所以会看舞剧。

拍视频其实也是一种创作，就跟编导编舞蹈一样，都是从无到有的一个过程。一个短视频只有两三分钟，从收集素材到剪视频，后期如何加“梗”，这些都要编创。能从中获得小小的成就感，为平时枯燥的芭蕾训练添加一些乐趣。

以前我觉得剪辑视频挺容易的，不累，等到真正做的时候，才发现隔行如隔山。刚开始一晚上30秒的视频都剪不出来，现在一晚上我能剪2分钟的视频，慢慢地熟能生巧。我白天除了跳芭蕾，只要一有空就剪视频，挤时间去剪，晚上睡觉前会想想明天要剪的视频主题。刚开始视频素材少，你就得做加法；后来素材慢慢变多，就开始做减法。其实做减法比做加法更难，因为你要果断地去做取舍。

我的视频就是最简单的叙事形式和拼接手法，没有特效和复杂的剪辑。舞团里很多演员都有自己的视频号，大家都爱剪日常生活。怎么把日常剪得有意思，就跟写作文一样，一支笔、一张纸就可以写作文，但是你如何叙事、如何分段，最终有没有意思，粉丝爱不爱看，就得靠你自己去感悟生活，发现生活中能触及大家内心、能与他们产生共鸣的点。这个点不是固定的，有时是搞笑风格，有时又有点emo，因为人不可能一直是开心的。我的视频不是纯搞笑，我知道搞笑视频能获得更多赞，但是我想遵从自己的内心，虽然我的视频点击率不是很高，但还是有人爱看，就像每天追电视剧一样。当你把最真实的情绪通过视频传递出去，他们也能感受到那个最真实的你。

和粉丝就像谈恋爱一样，你心情波动时他们也能感受到，他们会一直在想你有没有好一点。这种方式能牵动他们一直想看视频的心，而且也能拉近我与普通人的距离。

有时在路上碰到粉丝，我愿意跟他们聊，我很好奇他们为什么喜欢我的视频，听到最多的回答是因为真实。他们了解到原来这就是芭蕾舞演员每天的生活，既有意思又贴近生活，打破了他们曾经对我们的刻板印象。所以，我一定会坚持做真实的视频。哪怕我今天要拍一个以快乐为主题的视频，如果我不开心，视频里也一定会呈现不开心的元素。

我刷到过粉丝的评论："因为你的平凡，我们才喜欢你。"这让我特别有感触。我的视频里大多是积极向上的生活状态，镜头里出现的都是非常优秀的芭蕾舞演员，而我是他们中最平凡的那一个。这就会有一种看日剧的感觉，日剧里主角总是平凡的，而主角身边的人都很优秀，所以并不是你平凡就会被生活打压，而是平凡的你依然能找到自己的闪光点，因为这个世界上大部分的人都是普通人。

跳舞是吃青春饭，做自媒体也是一样。未来到底能做多久我不知道，大家能喜欢我的视频多久我也不知道。它的淘汰速度应该比跳舞还快，可能过几年大家对你的喜欢会逐渐变淡。现在我的视频流量已经开始下滑，当然其中也有我的原因。因为我的主业还是跳舞，在做视频上花费的精力是有限的，我必须去平衡。有时视频没有剪好，但也不能不更新视频；有时会接一些商务合作，这些都会影响视频的质量。

品牌方看我的账号有一定知名度会主动找我合作，当然我的视频也要跟他们的商品契合，如果你直接跟品牌对接就简单，跟 PR（自媒体运营推广）对接就比较麻烦。有时候不能理解他们去改视频和文案。

我与舞团目前是一种离不开的关系，需要的话我愿意帮舞团做宣传，没有舞团我也达不到这样高的知名度。当然舞团也有舞团的规定。有了足够的粉丝量，正常情况下能变现，但我不能直播带货，如果连商务合作都不接，自媒体就是零收入。但因为有网络流量，也不方便出去教课。这些我都能理解，我是一名芭蕾舞演员，芭蕾舞本身也是寻找一种平衡。

鞋与恋人

我小时候就会干针线活，缝鞋对我而言不算什么。

挑选一双舞鞋就跟谈恋爱一样，是相互感受的关系。你用心去感受对方，他才会感受得到你。一双合脚的鞋就像长在脚上一样，就是我们身体的一部分，你穿着它把动作完成好，观众也会觉得你跳舞好看。每双鞋感觉都不一样，有一批美版GM（Gaynor Minden）的鞋真的很舒服，鞋底断板的位置刚刚好，不前不后特别适合我的脚。《舞姬》会做很多Suivi这个动作（用脚尖连续不断地碎步跑），其他人都觉得脚疼，但我觉得一点儿都不疼。也就只有那一批鞋最舒服，之后很少再找到特别合适自己的鞋。不合适，你就只能去适应舞鞋，去驾驭它。

有一年中芭演员考核，我跳的是《大红灯笼高高挂》，我第一次跳剧中三太太的角色，当时我是跟前男友跳，我穿了一双红色的足尖鞋，平时我们几乎都不穿红色的芭蕾舞鞋，特别是群舞演员不会有机会穿到，那双鞋我到现在一直留着。后来我又留了一双鞋，是2021年跳《牡丹亭》时穿过的鞋。

我容易往回看而且爱留小物件。我小时候特别爱写日记，内向的人可能都爱写吧。毕业时整理书，发现有好几箱日记，有时候没事就会翻开看看。现在长大了，很少再去想从前，但也不是向前看，更多是一种迷茫。我不会去规划未来，感觉一天24小时都不够用，总是在挤时间，没有一刻空闲。我好像连逛淘宝、刷手机的时间都没有，每天的时间都被排满了，只能活在当下，对未来空想不如不想。芭蕾都是一个动作接一个动作去做，Passe没做怎么转圈，应当先解决好眼前的事。

芭蕾舞演员跳到30岁就要去想未来。在体力、精力各方面都还不错的时候，也许你还没有开窍；等你学会更好地控制身体享受舞台时，可能你的年龄也大了。很少能遇到跳芭蕾很早就开窍的人，包括现在中芭最年轻的首席演员，她也是进团跳了几年后才开窍的，而且她已经算非常快的了。

梦想

我有一个特别不切实际的梦想，是当一名动画导演。虽然我不会画画，但是我从小就爱看动漫，尤其喜欢宫崎骏的作品。宫崎骏的作品画风并不美，但它的剧情、人与人之间的关系，包括久石让的音乐都让我印象深刻。我小时候想学画画，但是妈妈不让学，她就想让我跳舞，因为她更喜欢跳舞。失恋后我就开始学素描，只学了两天，身边刚好有一些做动画的朋友，我跟他们聊动画，他们就说："你趁早打消这个念头吧，很难。"

其实动画是很治愈人的。

我做视频也一样，最注重的一定是内容和 BGM（背景音乐）。每次看宫崎骏的作品，好像都有一只无形的手能触摸到我内心最柔软的地方。我也希望自己能创作动漫，带给他人这样的感觉。我虽然没能成为动画导演，但也在以影像的方式去表达。芭蕾与观众是有距离的，影像能更直接地触及他人的内心。

生活不只有芭蕾

如果未来我有孩子，我不会要求她一定学芭蕾，要看她自己喜不喜欢，另外要看她的自身条件够不够。如果她跟我心态一样，我不会让她去学；如果她特别想跳芭蕾，但是条件不够，

■ 我们在一起（左方龄蒂，右甘露）

我更不会让她学专业，业余跳一跳自己开心就好。没有这个自身条件，还有这份强烈的喜爱，那跳芭蕾舞就是一种折磨。

跳芭蕾一定得有天赋，它会决定你能走到哪一步。我有一个同学身体条件特别好，她不需要压腿，她经常在教室里坐着看着我们压腿，她说："你们这么压有用吗？"当时我就很无语，对她而言的确不需要那样压腿就可以达到，可是对我来说不是。

我们这一代人很难长期坚守在一个岗位上，我还是想出去看看外面的世界。很难想象是什么让团长那一代人从舞校毕业当演员到现在这个位置，一生都只想着芭蕾。

我们对待芭蕾和跳舞的心态跟他们不一样，也没有好或不好，因为时代在变化。以前跳芭蕾会付出生命的全部，就是所有的一切都奉献给它，那个时代就是这样，如果现在还那样，身边的人反而会觉得你很奇怪。因为生活不只有工作，努力工作并享受生活，也是一种活法。

侧幕的舞者

甘露

红帽、彩袜、铃铛，今天的你，又收到了什么新年礼物？

有一份新年礼物是最特别的——汗水，芭蕾舞演员的汗水。她们刚刚结束了一场国际芭蕾演出季的盛大演出。

从观众席看去，缤纷的裙摆随音乐旋转，我们看到的是她们踮起生命的高度，是脸上灿烂的微笑，是手臂自如的舒展，是鲛人吐珠的曼妙。

也许你也好奇，她们轻盈跃进了那看不见的幕布两侧，然后会怎样？

那是侧幕，是连接真实人生与戏剧的一座桥。

2010年，我们创作了一部系列纪录片《我们在跳舞》，是关于侧幕的舞者。

华丽光鲜有时尽，一转身，瘫倒在地，蹙眉咳嗽，大汗淋漓；在侧幕，是背后看不见的付出。

所有看似严肃的东西背后，都有其独有的幽默。

离演出还有几分钟时，除了排练室的演员，大部分演员已经来到那块永远从容不迫的神圣的大幕背后，同在别的场地一样或压腿或小跳一段。

大幕升起，舞剧开始。

在侧幕，她们逆着光，只打出黑鸟般的剪影，分辨不出她们内心是真的轻松，还是只有自己才能听到猛烈的心跳。

正如在光亮之中观察芭蕾舞演员，那些常规的生活表面，也只是一个屋内的光会被纱帘带动的剪影。

在她们笔直的背影前方，心灵究竟投射于何处？

当我们没有真的了解一样东西的时候，就容易浪漫起来。

加缪的诗意的荒诞正是这样流泻于台前幕后——

急有时：

刚刚跳完一小节的群舞退回侧幕，女群舞在搭衣架旁四方的木质扁盒里急踏两下松香粉，又叉着腰兜转到旁边幕帘区位上台。

大汗淋漓的男群舞那紧实的肌肉贴着紧身衣难以剥离，需要伙伴的搭手拉扯。

她缝得服帖的舞裙背后的线在某次抬腿回旋时终于经受不住而裂断，守候在旁的服装师赶紧上前缝上几针，然后贴着演员汗湿的背咬断线头。

他像丛林的麋鹿，来不及弯腰多喘息两口，便追着化妆间去抢妆，像在追一只兔子那样。

缓有时：

前一秒，她们还是舞台上展翅的雀，立着脚尖，绽放指尖，如一阵风抓寻不到；

后一秒，跨入幕布遮掩的阴影，她们嬉笑着自嘲两句刚刚犯下的细微的错误，偶尔夹杂着野性的字句，快速地抽取可湿水的纸巾轻擦两下脸上的汗，几秒钟后她们又将优雅地踮起脚尖和男演员扮着公主、王子那些高贵的角色。

刹那之前，他还在理裤腿、扎着裤腰；

刹那之后，他的头向上斜扬，眼神专注而清高，每一丝线条都饱满向上，成为一棵向阳的大树，汲取完充足的水源，不顾一切地拥抱着光，全身心地投跃而出。

听见有演员在独自练习时放着一首英文歌，略感哀伤的男声不经意宣泄出一点心境：

（歌词大意：）

每天醒来日子照旧，挣扎着这无形的束缚。

Every day when I wake it's just the same. Pluck the ways and I can make my escape.

从黑暗中走出，去到遥远的梦开始的地方……

From the dark fall apart, to place so far where dreams are.

光阴悄然流逝，我害怕这变化。但我能看到你，为我指明方向……

■ 甘露（左一）与两位舞者

So so many many days in veins I awe the change. Then I see your face and you show me the way.

这个世界如此真实，实在精彩。

我自由了，无拘亦无束。

There's more to believe and so much more to see.

I'm free, free to be me.

纪录片已过去数年，但今天芭蕾舞者们依然像那时一样努力着，向前走着。仿佛外边的岁月影响不了舞台灯光的映照，他们一代代不断塑造着那些经典的角色，挥洒着自己的青春。

新年前夜里，家家团聚，而他们也许还在练功，还在想着如何改进自己的动作，如何将美传递出去。

留在耳畔的，是他和她的喘息，克制的、轻微的、爆发的、浓重的，那是鲜活的生命的节奏。

侧幕那些地板听得见，木箱听得见，厚重的墙壁听得见。

他们的喘息，是岁月的回声。

新年，除了我们自己，也想给予他们最大的祝福。

新年快乐！

完美不存在

口述者：祁劲松

我在朝鲜拍电影

20世纪90年代，西哈努克亲王（柬埔寨王国前国王）跟中国外交部提出他的儿子西哈莫尼王子想拍一部电影时，希望中方和朝鲜支持，我国外交部答应了。西哈莫尼王子是混血儿，长相很标致，穿衣、吃饭都很讲究，浑身上下散发着贵族的气质，并且是受过高等教育的人。当年他们在北京的东交民巷15号有一栋宅子，一年中大概有半年住在这里。西哈莫尼王子当时不常在柬埔寨，他在法国当老师，教芭蕾舞。他的基本功练得特别好，跳得很棒。1991年，西哈莫尼王子想拍一部关于芭蕾的电影，想找一男一女两名芭蕾舞演员。当时朝鲜还没有跳芭蕾舞的演员，但我们国家已经有了。后来确定由我们国家出演员，朝鲜提供剧组拍摄人员和场地。西哈莫尼王子先是到了中央芭蕾舞团里挑演员，选定了我和一名男演员。随后他开始给我们俩排练，就在现在中央芭蕾舞团二楼最里面的那间小教室里，排了一个星期左右。西哈莫尼王子教我们舞蹈动作的时候，一招一式都能看出他的功底特别好。排完舞以后他就走

■ 刚考上舞校时的祁劲松

了，走之前他说："过一段时间会有人过来帮你们办理去朝鲜的手续。"没过多久，外交部的工作人员就通知团里说要给我们办护照。

离开北京的前一天晚上，我们都住在西哈莫尼王子在北京的家里。第二天一早，我们坐着一辆中巴车去了北京首都国际机场旁边的一个专用机场。除了我和男演员、西哈努克亲王一家，还有洪森（当时柬埔寨的首相），一起乘坐中国民航提供的专机出发去朝鲜。从国内到朝鲜感觉并不是太远，飞了三四个小时。当时外交部还给我们两个演员配了一名翻译，这名翻译长期从事接待西哈努克亲王的工作，也会说柬埔寨语，他一路上很仔细地教我们礼仪，因为当时我们特别年轻，不了解这些规矩。

一下飞机，迎接我们的是一场特别隆重的欢迎仪式，很多朝鲜人举着花、喊着口号迎接我们，我还保留着当时的一张照片。出机场后，我们就被送到了西哈努克亲王在平壤的一栋别墅里，我们跟他们住在一起，但不在一栋楼里。当时的朝鲜挺贫穷的，但我们的吃住都被安排得很好。他们几乎不让我们出去，我记得唯一出去的那次，就是他们带着我们一起去参观革命纪念馆，当时还给我们发了一枚朝鲜的徽章。其余大部分时间我们都在他们搭建好的一个摄影棚里拍电影，除了我和男演员跳的那段舞，西哈莫尼王子还带了他们国家的两个演员跳了一段，他自己还跳了一段柬埔寨舞，然后他和我跳了一段双人舞。

我们就这样一直拍，拍了近10天，基本上我们每次在拍的时候，西哈努克亲王都在旁边看，跳完以后他就鼓掌。当时我们还不太懂得规矩，翻译催促我们赶紧起来行礼：“快起来，快行礼，快感谢！”我们就行了各种礼。当时大家都跳得还挺累

■ 1991年，祁劲松到达平壤机场

的，都流着汗。之后每次拍完，我们根本不需要翻译讲，只要听见有掌声就出来行礼，表示感谢。因为对于柬埔寨人来说，西哈努克是他们的国王，拥有很高的地位。

朝鲜的化妆师给我们化的妆，西哈莫尼王子走过来跟我说："妆化得不错，你跳得也不错。"他跟我跳完以后，再排舞时也很少提要求，整个拍摄过程进行得算是挺顺利的，基本一遍就过。他的芭蕾功底特别深，练得非常到位。我记得那段芭蕾舞叫《梦幻》，讲的是主人公做了一个梦，梦见柬埔寨在打仗，他在梦中非常向往和平，大概是这个意思。当时西哈莫尼王子在柬埔寨的职务是教育部长，他年轻时一直在欧洲教芭蕾舞。

拍摄那些天，我们吃早饭碰见了就会一起聊会儿天。但不管在哪儿碰见西哈努克亲王，我们都要马上行礼，像柬埔寨人一样蹲下来，双手合十，不是鞠躬那种。西哈莫尼王子总照顾我们，有什么好吃的，他总说："给两位中国演员多拿点儿。"那段生活让我们感到愉快。

以前我对拍电影没有多大兴趣，经过这次后我觉得挺有意思的。它是一部纯粹的舞蹈电影，就是你把这段舞跳完，导演觉得满意了就行了，没有让说台词，是以纯粹的舞蹈形式来表达。

在这个过程中，朝鲜领袖金日成宴请了西哈努克亲王，我们都去赴宴了。金日成踏入宴会大厅前，我们就已经坐好了，我记得他穿了一双像老北京布鞋那种千层底的黑色布鞋。上菜的服务员全都是男性，每个人脚上都穿着一双千层底布鞋，走起路来几乎没有声音。桌上的菜肴并不是特别多，但是每一盘都摆得很漂亮，最多的就是小菜了，各种各样的，还有打糕，做得非常精致漂亮。

那部电影拍完后，我们就结束了在朝鲜的行程，回到了国内，那也算是完成了一项任务。后来电影制作出来后，我收到了这张碟片，整个电影有 20 分钟，没有一句话，全部是舞蹈音乐，听说后来还在法国获得了舞蹈电影的奖项。

拍电影的时候我也就 20 岁出头，前些年西哈莫尼国王（2004 年登基为国王）再次访问中央芭蕾舞团，跟我们全团一起合影时，我们都人到中年了。他还专门送了我一些小礼物，那一瞬间让我想起 20 多年前那段美好的经历，原来我跟电影曾经这么接近过。

共同的术语

芭蕾最早是欧洲宫廷的一种舞蹈，是慢慢发展演变而来的艺术。它是所有舞蹈和艺术门类的基础，也是全世界都懂的一种肢体语言，可以说是一张文化名片。

刚开始我在学芭蕾的时候，并不了解芭蕾术语的真正含义，专业老师告诉我们这个动作叫 plie，那个是 battement tendu。即使老师说了一些动作的意思，但当时的我们还是不太清楚，我还问过对这方面有研究的朋友这些动作到底是什么意思。我后来也考证过一些术语，我们所学的很多东西跟它最初的含义还是有些不一样。比如 fondu 在法语里就是“融化”，它的动作质感柔软，并不是我们常理解的“连贯”；还有 assemble，它是一个小跳动作，五位脚准备，一只脚沿着地面擦向旁，同时另一只脚绷脚，两脚空中集中五位再落地。最初我们强调的是一只脚向旁，另一只脚绷脚，然后落至五位，实际上 assemble 是“集中”，这个动作的重点是空中集中，其实强调的点有差异，理解得不同，最后做出来的动作的质感就会不同。

舞校经历

在那个年代，我们几乎不了解什么是芭蕾舞，当时我能考

■ 1991年，西哈莫尼王子与祁劲松在舞团排练舞蹈

■ 1991年，祁劲松在平壤与西哈莫尼王子拍摄舞蹈电影《梦幻》

上舞校，自己也觉得很不可思议。记得在我上小学五年级的时候，有一天我在上数学课，我们学校的校长走进教室，在数学老师耳边说了几句话，老师就马上跟我们说："现在暂停，全体起立！"然后我们就站起来了。这时又进来了两位老师，在教室里走了两圈，他们盯着我们每个同学看，随后就把我拉出去了。当时我也不明白为什么会被拉出去。接着，这位老师就在教室外面很严肃地拿着尺子从上到下地量我，量完跟我说：你什么时候去什么地方参加舞蹈考试。我感到有些莫名其妙。后来我就回教室正常上课了，下课后我们数学老师跟我说："刚才那位是北京舞蹈学院的老师，他们来武汉招生，应该是看上你了，你跟你家长说一下，去考试吧。"然后，我就回家跟母亲说了这件事。我父亲是军人，他们当时也根本没听说过芭蕾舞，就不太乐意让我去考。我无奈之下去求我大姨，我跟她很亲近，她很宠我。那时正赶上她生完闺女在家坐月子，我就跟她说："大姨，我想去试试，能去北京看天安门多好啊！"她说："行啊，我陪你去。"她说服我爸妈，然后把自己还在吃母乳的小闺女放她妈家里，就陪着我去考试了。我家在武汉汉口，初试是在武昌的湖北艺术学院，从我家到那里要过一条江。

到了考场，我第一次看见这么多人排着长队。武汉的夏天特别热，我大姨说："天太热，咱俩去买根冰棍吃吧。"我们正吃着冰棍，就听见一个男老师叫我："你还不快点儿进去，还吃呢！"声音很熟悉，我一回头，他不就是当初把我从教室里拉出来的那位老师吗？当时我 11 岁，完全不了解，长大后我才知道他们在武汉贴了招生启事，有很多人去报名。他们筛了一轮又一轮，竟然没有筛到一个合适的芭蕾苗子，他们就决定到武汉各个小学里去找，就这样我被他们挑上了。当时面试我的有曲皓老师（曾是北京舞蹈学院教授），还有把我拉出去的那个男老师。

那天我从早上9点左右进的考场，经过初试、复试，老师让做什么我就做什么，倒是不紧张，一直考到了傍晚6点钟。当时是一批又一批学生轮着考，只要被刷下来就能走，我就一直被留到了最后。我大姨刚生完闺女，在月子里还溢乳，不停地往外渗，把外衣都弄湿了，她也顾不上那么多了，就站在考场门口一直等我。她看到别的小孩都出来了，教室外的人都差不多走完了，我怎么还没出来，她特别着急。我记得那天到最后留了我们三四个人。我出来的时候天已经全黑了。

我们经过这次严格的专业考试后，还参加了文化课考试。我被北京舞蹈学院顺利录取了。

即使收到了录取通知书，我父母还是不大愿意让我去，他们觉得离家太远了，不放心。我们学校的老师专门来我家跟他们谈了很久，说孩子身体条件还不错，能选上很幸运，去北京也挺好的，让她去吧……最后，他们终于同意了。

到了北京后，我才知道那年武汉就我一个人被选上了，当时前后跟我一起考试的孩子都没考进来。芭蕾的挑选真的是太严格了，差不多千里挑一，那一刻我才觉得自己很幸运。在芭蕾行业里，其实我的自身条件算一般的，可想而知，那时候武汉的芭蕾人才有多么稀缺、芭蕾这个行业的标准有多么严苛。

我小时候并没有学过芭蕾，但是我喜欢跳舞，业余时间在少年宫跳。虽然我不了解芭蕾，但至少是接触过一点儿舞蹈的。

到了舞校之后，我们也不知道芭蕾是什么，只知道要努力学习。我们一、二年级都是打基础，老师让学什么就学什么，我们也没有什么多余的想法。那个年代的人都很单纯，就是希望把要学的都学好。等我真正深入学了芭蕾舞以后，才慢慢体会到芭蕾的美。等学到了三、四年级时，竞争肯定是激烈的，

■ 1991年祁劲松在影片拍摄现场向西哈努克亲王行礼

■ 1991年，祁劲松在影片拍摄现场向莫尼克王后行礼

但我们班学生不算多，有 15 个男生、15 个女生，总共 30 人。

我是 1979 年进的舞校，当时学校换了一个新的模式培养我们，所以给了我们特别多登台演出的机会。比如高班师姐们毕业演出跳《舞姬》《天鹅湖》的时候，我们就会在里面跳个小小的角色。那时候我们才上一年级，就开始穿服装上台表演了，也没觉得上舞台特别紧张。当时我们可以跳的剧目很少，不像现在这么丰富，现在芭蕾舞演员们一年要跳十几部戏，以前一年最多跳两三个，像《天鹅湖》《堂吉诃德》《雁南飞》，早就跳得滚瓜烂熟了，日复一日重复地练习，所有的动作都变成了我们的身体记忆。

一年级的时候我特别想家，天天想着如何能偷跑回家，老师经常给我做思想工作。我给父母写信说："我要回武汉，我宁愿去扫大街也要回去！"他们收到信很着急，安慰我说会来北京接我。随后我爸联系了一个正在北京出差的同事，请他帮忙到舞蹈学校给我办退学手续，因为我实在太想回家了，天天哭。学生办的老师就跟他说："小孩们都这样，都哭，哭个一年半年的适应了就好了，别一哭就退学，再劝一劝，让孩子坚持下去！"到最后我也没退成学。那时候没有手机，公共的座机电话也很难接上，我们只能靠写信，一封信来回至少也得半个月。那时候我才 11 岁，所有的生活必须学着自己安排和打理。

我还记得，我们一年级的时候全班女生头上都长了虱子。我们学校里有一间开水房，平时下了晚自习大家都是拎着水桶去接开水，再回宿舍刷牙、洗脸。所有的舞校学生一星期顶多能洗一次澡。我们每天跳舞都出很多汗，练功衣湿了干，干了湿，都捂馊了。女孩头发又长又多，平时自己没洗干净，结果头上全都长了虱子。老师就用土方法拿煤油往我们头上浇，再用布马上包上，洗完都是一盆盆混着虱子的黑水。就这样折腾了好几次，才把我们的虱子清洗掉。后来等我们长大一些，我们就知道把热水打回来，在公共洗手池里多用点儿热水兑上凉水自己洗一洗头。我们小时候都不知道这些常识，都是经历了以后自己琢磨的，没有条件就只能自己创造条件。

以前条件确实艰苦得多，现在舞蹈学校条件实在太好了。那时候教室里是木地板，我们都是在木地板上跳的，哪有专业地胶啊，我们直到毕业都没有赶上，地胶是后来才铺的。因为是木地板，时间久了上面都带着小毛刺，条件好一点儿的话，就在上面绷上一层麻布，至少不会被毛刺直接扎到，但会比较滑，如果你控制不好就很容易摔跤。但不管条件如何，我们都得坚持跳，所以很多时候人都是被逼出来的。

那时候芭蕾这门艺术刚刚进入中国，跟国外相差那么多年，国外都已经有几百年历史了，中国的芭蕾才发展了几十年。当然现在我们中国的芭蕾发展得很快，硬件条件跟国际已经同步了，专业演员的水准也已经很高了。

把杆中央

那时候在舞校我们每个星期轮换一次把杆，如果你上周站在旁边把杆，这周或许就能换到中间把杆，不是说你总站在固定的某个位置。等到了重要的考试，老师肯定要把优秀的学生放在中间，差一些的安排在把杆两旁，但平时上课时都是轮着的。老师常说："不能永远把你放在中间，你会骄傲。"我们老师在这一点上还挺公平的。我小时候也没有太多的竞争欲望，因为越长大我越意识到自己的条件算是一般。虽然我也很想跳好，但实在是有太多局限了。最基本的高脚背我就没有，对于芭蕾舞演员这也是最致命的。另外，我软度不够突出，只是够用。对我们这一行来说，其实你的身体条件倒不一定要达到完美，够用就行。不过我当年这个“够用”跟现在的芭蕾专业的演员比就属于太硬了，以前的孩子身体条件跟现在的真的没法比，现在很多演员的身体条件都实在太好了。物质、营养各方面都很优越，包括她们比较早就懂得保护自己的身体。以前我们不懂，就是拼命练，训练也没有讲究科学，也没有那么多视频可以参考。

那时候我们几乎一个星期都不能出学校大门，很封闭，像待在一个象牙塔里。学校里的两个舞蹈教室里各放了一台电视，我们只有周末才可以去看，但还都被男生们占着，他们要看比赛、看球，女孩们基本抢不着看。那时候还没有手机，宿舍公用电话也用得少，我们整个宿舍楼里只有一部电话，能打进来也未必能接得着，想家只能自己忍着。

现在有的舞校学生为了芭蕾很疯狂，晚上在被窝里偷偷练功，还有催吐，催吐到手指关节上面的皮都被磨破。我们那个年代不太明白这些事情，我也不催吐，也不过度控制饮食，平时该吃什么就吃什么。当时在小卖部里能买点儿话梅糖、维生素饼干、双棒冰棍就很不错了，当时也没有那么多好吃的零食可以诱惑我们。平时我们不能出校门，周末也必须得跟老师请假，准假后你才能出去。周六有时我会去北京的亲戚家住一晚，周日再返校，有时候会出去溜达下买点儿吃的。那时候老师不发零用钱，只发饭票，一个月 22 块钱的饭票，是在食堂买饭用的。零用钱如果家里给，你就能买点儿零食，其实也没什么可买的。我基本都是吃食堂，一天三顿饭，每天吃得最香的一顿就是在晚自习结束以后，8 点半到 9 点半，大家把晚饭留下的剩菜剩饭拿开水泡一泡，在宿舍围坐在一起边吃边聊，那时候最幸福，因为疯狂的一天快结束了。

在舞校，特别是在一年级时，我印象最深的不是跳芭蕾舞，是学校规定我们每天帮着厨房择菜，8 个人一桌，一起择豆角什么的。菜择完后才能吃早饭，我们择了整整一年。

我们从早上练功上课到中午 11 点半，吃过午饭还能睡会儿午觉，下午两点半再接着上课，作息挺规律的。不像现在的孩子们内卷那么严重，现在学校午休基本被排练占满了。

三年级时，我们开始正式穿足尖鞋。那一刻，我感觉自己是个芭蕾舞者了。

不能轻易抛弃的舞鞋

我们那个年代没有“缝鞋头”，只有“修鞋”。我的一双足尖鞋会坚持穿很久，其间会经常拿去修。鞋头被磨烂以后，学校有专门的修鞋室，舞团也有。你把鞋放在那边，有专门的师傅给你修，如果鞋太软就给你修硬，太硬就修软，修好了拿回来我们继续穿，我们会特别珍惜一双鞋。现在的演员每个人都有自己的鞋楦，以前可都没有。你穿多大码，36 码，然后就直接拿走，好像买拖鞋一样，所以你就得用自己的脚去适应舞鞋，只要鞋能穿在脚上、码合适就行了。鞋一般都会放在格子柜里，一个格子里放很多双鞋，有 36.5 码或 37 码，你要在里边拿一双适合你的。如果能碰到一双很舒服的鞋，我们就像中奖了一样，特别开心，会穿很久，不舍得扔。每次一说发鞋了，大家都争先恐后地跑过去，怕最好的那双被人挑走了。我脚背不算好，但脚腕很有力量，所以也不太挑鞋，而脚腕力量弱、脚腕松的人就特别挑鞋。如果碰到鞋头太硬的，我就会穿上足尖鞋把脚伸到教室的暖气管下面去烤一下。我们以前的老舞蹈教室里会有一根离地面 10 厘米的暖气管，围绕着整个教室，如果把鞋在下面烤一烤、压一压，就能稍微变软一点儿。现在那间教室应该没有了，现在是北京戏曲学校的教室了，不在现在的北

■ 1985年，祁劲松在北京舞蹈学院毕业照（后排右四）

京舞蹈学院里面。

国内演员开始“缝鞋头”的习惯，是从巴黎歌剧院芭蕾舞团的一个主要演员来团演出的时候开始的。当时我们演《希尔维亚》，那个主演就很爱缝鞋，她告诉我们：“你围着鞋头缝一圈，能立得更稳，而且落地声音会很轻。”之后团里的演员们才开始缝鞋，在这之前都没有缝鞋这一说。

我属于那种比较乖的学生，没有太多想法，所以在舞校那7年，过得还挺快乐的，也没有厌倦过舞校的生活，就是简简单单地顺着这条路往前走。毕业后有一次我们在上海，老同学们聚会聊天，聊了很多以前学校的事，我什么都不知道。可能我属于神经比较大条的那种，对很多事不太敏感。在舞校我除了学芭蕾，还喜欢弹钢琴，我花了大量的时间去练琴。晚自习有好一段时间，我都独自在练琴，并没有跟着同学去教室练芭蕾。其实我学钢琴的条件也不好，手比较小，八度都够不着。身边的朋友还说："你钢琴弹得还不错，要不去改行吧。"但一看我的手，朋友又说："算了，你还是跳芭蕾舞吧。"其实这些在我生命中都没有白学，也许冥冥之中自有天意，谁知道当初学钢琴会与我后来从事的工作有关系呢。

从舞蹈演员到翻译

那时候，我们舞校的班级氛围很好，同学之间的关系都不错，没有恶意竞争。我们 79 级的大部分同学现在还都从事着跟芭蕾相关的工作，但都差不多到了退休的年龄，只有一个女同学先去了美国，后来改行当了影视演员。

现在不少舞校学生毕业后改行也比较普遍了，考北京电影学院、中央戏剧学院等艺术院校或者其他大学的也不少，但以前这种学生屈指可数。

当初我也有很多机会可以改行，但是我还是选择了芭蕾。

在舞校四年级时，我参与演出过一部电影，叫《飞来的仙鹤》。电影里需要一些小仙鹤跳舞，当时我们班的女孩都去拍了。拍完以后，导演单独找我谈话，说："你特别上镜，别跳芭蕾舞了，去拍电影吧。"他跟我提了好几次，但当时我没有特别当回事，还是接着去跳芭蕾了。说实话，那时候小，我对拍电影一点儿都不动心，根本就没有想过要改行，好像改行离我很遥远。后来，我刚进入中央芭蕾舞团当演员时，有一次也是朋友拉着我去拍一个舞蹈的片段，拍完以后摄影师跟我说："你还在芭蕾舞团跳什么舞呀，去演电影吧。"我听完笑一笑就回去

■ 祁劲松在舞校读书期间

了，也没有再去想。因为我小时候从来不看电影，对电影毫无兴趣，也不想去追求它。所以命运很有意思，就是你的每一次选择可能都会改变你的人生。那个年代的人也没有那么多其他心思，我们进了芭蕾这行，就只会想着芭蕾，基本没再想过别的。现在这一代人跟我们不一样，每天接收着各种各样的信息，她们也会有更多想法和想追求的东西。

毕业后，我们班基本上一半人留在北京，另一半人去了上海，去上海的大多数人后来当了老师。留在北京的好几个人那年还都幸运地考进了中央芭蕾舞团，也有人后来去了国外。那个年代流行出国，当时能出去的都出去了。

我特别感谢我的芭蕾老师，她接我们班时我读四年级，她不只教我们跳舞，还会跟我们谈心。因为她是演员，她很清楚我们每个人能跳到什么程度、到达什么位置。她跟我说："你真的很努力，但是你的条件有局限性，跳不了主角，其实你可以提前想想，以后做点儿别的。"我后来进团后，她也这么跟我说过，其实她很早就在提醒我们想想别的路。我一直对英语和钢琴感兴趣，我那时候就开始努力地自学英语。

我是一个特别能坚持的人，只要认准一件事就每天去做，并且能长久地坚持下去。

当演员的时候，我坚持背了很长一段时间的英语单词，别人还在睡觉，我就起床，找一个安静的地方开始背单词，规定自己一天至少背七到八个，每天背。出去演出时，我会随身带着一本英文字典和一个小本子，我会看一些英文资料，遇到不会的词就背。背单词的过程很枯燥，但在这件事上我很执着，完全是靠自己的毅力坚持下来的。

进团前，我没有想过自己能在舞台上跳多久，其实我的老师找我聊过后，我就知道自己应该不会跳太久，所以就提前开始做准备，寻找适合自己的路。

进舞团我跳了五六年，刚开始是群舞，后来升到独领舞。跳领舞时我跳过《天鹅湖》里的三人舞、性格舞的领舞，在《堂吉诃德》里跳卖艺女，包括三幕的女傧相。在舞台上，我觉得跳完就完了，没觉得跳得有多么享受。退下舞台以后，我也没有觉得特别遗憾，就觉得退了就放下了。我在怀孕前就已经不跳了，结婚生育算是我人生的转折点。

后来，我在芭蕾团里当了十几年的翻译，团里当时所有从国外引进的芭蕾舞剧，每一部的排练都是我来翻译的，最早是在教室里做，后来在舞台上。在舞台上待久了，你就很熟悉舞台上的很多东西。若不进入这行，你不会懂行业内的术语，比如"腿子"，不会知道这是什么意思，刚当翻译时我也不知道，后来我就问舞美队里的老同志，他们说“腿子”就是遮挡舞台的边，我就随时拿个小本子记下来。我就这样不断地积累了十几年，慢慢地积累了很多有用的专业术语。

我帮演员翻译的时候，外国专家一张嘴我就知道她大概要说什么，因为我自己也是演员，她讲的那些内容我都特别了解，而且她说的也是我能理解的，基本上她说我也在说，后期完全能做到同声传译。不像有的舞蹈翻译，专家说完了她才整段翻，然后演员才理解反应，这样就不利于更好地排练。在语言和专业方面，对我来说没有任何问题。

经过很长时间的磨炼，我有了很丰富的专业翻译的经验，后来在舞台上翻译的时候就特别顺溜了。有一次，俄罗斯芭蕾大师娜塔莉娅·玛卡洛娃来团里排《天鹅湖》，她在舞台上跟我交流，她只管演员，舞台上的其余事她不管，这些都交代她的

祁劲松与俄罗斯著名芭蕾舞大师娜塔莉娅·玛卡洛娃女士

私人助手去做。她助手也叫玛卡洛娃，常来跟我对接工作，她就跟我说：“其实你特别适合做舞台监督。”她还特意跑去跟当时的老团长说了这件事。后来老团长就来找我，问：“你想试一试舞台监督吗？”我说：“嗯，我想试。”

成为舞台监督

其实我转岗做了舞台监督后，反而比当演员的时候更喜欢也更留恋这个舞台。当年在舞台上跳舞时我没觉得有什么，后来在舞台下指挥着看别人跳时却很享受这个过程。当你既是参与者又是旁观者时，看舞台的角度就不一样了。当演员的时候就是单纯地跳舞，对周围发生的一切没有那么敏感，只要音乐一起，你就出场，跳完也就结束了。有时候做演员也是幸福的，什么都不用管，只要跳好你的舞。但当舞台监督，你就会发现除了跳舞，还有很多需要关注的事情。一台演出是一个整体，并不是单一的，比如灯光、舞美、乐队，演员今天的状态……是这一切综合起来的效果的最终呈现。当你转换视角时，才会对芭蕾有一个相对完整的认知。

当上舞台监督后，了解音乐必须是第一步。前舞台监督给我上过一段时间的音乐课，不是讲怎么识谱，而是讲怎么理解音乐、节奏和每个乐器的特点，包括如何去运用。这对我的帮助特别大，本来我就学过钢琴，有一些基础，再加上他讲的这些内容，我对音乐就理解得更清晰了。

我最开始看指挥的总谱是比较费劲的，一小节里会涉及舞台上所有的乐器，你要做到一目十行，一页纸你看五六个小节后就翻页，看的时候既要横着看也要竖着看，因为一小节里会出现五六种不同的乐器，横着看你只能看到一种。

你不仅要学会读谱，还要能把谱子背下来，就像指挥一样

友人送给祁劲松的漫画

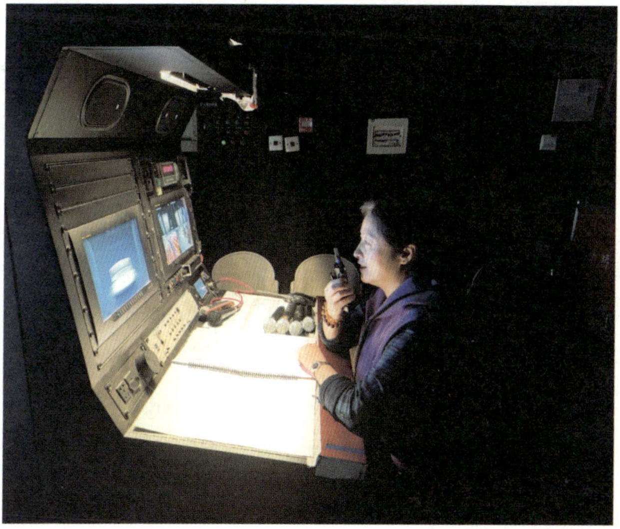

2023年，祁劲松在工作中

背谱子。你的耳朵得特别灵，要清楚这一拍里会出什么音，是哪个乐器在这一拍里奏响的。看总谱难就难在你需要掌握这些，当然我也不用像专业的指挥对音乐那么专业，能读懂就可以了。

经过了一段时间不懈地努力，我学会了读总谱，能一目十行地看，轻松地掌控它。

以前我爱看琴谱，因为我弹过钢琴，琴谱对我来说相对容易，旋律就在谱子上，一目了然。现在我反而更愿意用总谱来指挥演出，因为琴谱比较单一，只有一个旋律，但总谱里有所有乐器的旋律，一看谱子你就知道现在应该是哪个乐器哪个音出来，它比琴谱更细致、更精确，也相对方便，我更享受看它。这对我来说是一个突破性的进步。

芭蕾带给我的是一种思维方式。指挥需要经过长年专门的训练，他们有专门的老师教，我除了前舞台监督教我，剩下的都是自己去摸索、去琢磨，因为音乐和谱子就摆在这儿，你除了要会读谱子，还要自己找到方法去记，脑子里得有这些。

舞台监督是从芭蕾舞剧的开始到结束，指挥整个舞台的运行。演出之前，你要检查演员、乐队、指挥是否到位，还要检查舞台布景和灯光设备。演出过程中，你必须清楚灯光、布景有哪些变化。如果演员的服装出现什么问题，你得及时处理，安排人员救场。演出结束，你要把握谢幕的节奏，什么时候关幕、什么时候再开幕都是很有讲究的，要根据现场的准备情况和气氛来及时决定。这和当演员最大的区别是，一场戏两个小时，演员在舞台上那十几、二十几分钟是高度集中的，到侧幕就可以稍微缓一下；但是作为舞台监督，要持续两个多小时高度集中，一点儿都不能走神，特别耗神。但凡你走一丁点儿神就容易出错，是真的会出错，哪怕是你特别熟的剧目，即使你从头到尾清楚每一个动作和音乐，一旦有人跟你说话打个岔，你就很容易把某个变化忘记，还来不及处理它就过去了，在演出过程基本连一分钟都不能歇。我记得有一次演出舞剧《小美人鱼》，国外编导要求特别严，我就累到每次中场休息的时候都去拉肚子，拉完肚子再接着回来指挥，整整拉了一个星期，高度紧张加疲惫。

因为那部舞剧变化特别复杂，编导要求又很高，不允许你出错。有的剧目，如果我指挥稍微晚一点儿，演员自己就知道。这部剧谁都不知道，大家都是在一个蒙的状态中，他们都得听我的，我极度紧张，那段时间累到我整个人都虚脱了。这种累跟演员的累还不一样，演员累完了有时候挺爽的，更像是一种释放和解脱。

除了这些固定要做的，我还有很多突发的紧急事件要处理，每次正式演出都挺让人担惊受怕的。有一次在外地演《红色娘子军》，第四场刚刚开始，舞台上的灯突然掉下来摔碎了，满地都是碎碴。当时所有人都没法决定，要听我指挥，我就赶紧通知后台准备关幕，包括管音乐的人，告诉他什么时候停。正好这段是女主角琼花跟连长跳一段舞，这段结束我就让他们赶紧关幕，暂停音乐。一关幕，大家松了口气，因为地上全是碎玻璃碴，演员们很容易受伤。工作人员需要快速上台收拾，处理干净以后，我再通知开幕、放音乐。那一刻除了我，谁都没办法决定，只能我一个人承担。所以做这个工作内心压力特别大，一点儿都不能松弦。这些年不知道死了多少脑细胞，特别伤神。后来，我问女主演没事吧，她说没事，她跳时用余光瞄着地上的碎碴，轻轻绕过，还好赶上她是个很有经验的演员，也幸好当时舞台上只有两个演员，要是人多就更麻烦了。团领导在观众席里看整场演出，等谢幕后，团长上台跟我说："多亏是你，要是不关幕，演员怎么跳啊！"因为不关幕演员永远不能停，这事想起来还挺后怕的。

一场演出是不能去弥补的，是唯一的。类似的事儿还有很多，最紧张、最严肃的时候就是幕一拉开那两个小时。有的剧场会给舞台监督单独提供一个房间，就是怕你分神，这个还是挺重要的。这时候需要孤独，因为你不知道下一场演出会碰到什么事情，谁都没有办法来替你决定，甚至是团长，对了、错了就在那一刻。

我喜欢并热爱这个舞台，好像现在这个舞台和我以前跳舞时不是同一个了。我现在一看到它就觉得心里很踏实、很开心。

读总谱对于舞台监督来说很重要，国内很少有人懂这个。国家大剧院现在也有，他们也在要求舞台监督具备这个能力，也许目前他们还没有我们这么完善。我在这方面还算有优势。有时候你需要把总谱和演员结合起来看，如果演员和音乐没有合上，你只看总谱就发号施令，出来的灯光效果就会跟演员的动作脱节，搭不上，就达不到完美的效果。这时你就应该放弃音乐而主要观察演员，看演员在一个什么状态下能跟音乐和灯光的效果融在一起，能达到一个最完美的效果，这是你需要思考和消化的。我会根据每一个演员的特点来考量，有的人起步快一点儿，我就会快一点儿；有的人起步慢一点儿，我就会调慢一点儿。这种细节得有一定的经验积累才能做到。如果你跳过芭蕾舞，你才知道这个动作什么时候起范儿，一般人是很难了解的，有可能会手忙脚乱，看谱那个过程根本顾不上抬眼去看演员。

虽然做这个工作挺有压力的，但是每一场演员的表现和习惯都不一样，你对音乐的分配也不一样，所以最终出来的效果也不会完全一样，对于我来说还挺过瘾的。比如《红色娘子军》的一场有一段娘子军的连歌，结束以后，当第一个音符出来的那一刻，大幕就要立刻呈现出蓝天，这是最好的时机。所以你必须得严格要求自己，如果稍微马虎一点儿，让观众晚一点儿看到蓝天，虽然也没有人抱怨，但是我觉得一定要让观众看到最好的，有最好的感受，晚一点儿早一点儿都不好，我就特别较劲这个点。由于剧场的不同，你叫完以后，有时一秒就马上出现蓝天，有时三四秒后才出现，有时五六秒都等不到。它不出现的情况下，你只能靠经验和直觉，得自己猜。在国家大剧院演《红色娘子军》，从通知开幕一直到大幕拉开，中间只需要三四秒，我就会早早地把这个时间空出来。如果在天桥剧场的话，时间就不一样，你就必须要做调整，这是一个很细微的事情。别看《红色娘子军》是这么熟的剧目，可是每到一个新剧场，设备不一样时，这个点就挺要命的，我都会不断地去调，为了找到一个最合适的时刻。

在这一点上我特别追求完美，就希望能把我认为的最完美的一刻呈现给观众。

有很多东西到最后真的是凭感觉，而往往感觉还真是对的。不是说你受过训练就能做到这一点，可能就是我对这行是有感觉的。就像舞蹈演员一样，有人就觉得这个动作很容易做，有人做半天也做不好。

碰到新剧目的时候，我还是会特别紧张。因为你不熟悉，跟演员一样，哪怕自己跳了很多年，但是每演一部新剧还是会紧张，会担心有失误。舞台上的失误是藏不住的，可能演员的小失误稍微润色一下就能缓过去，但是大幕、灯光失误了就是硬伤，很明显。

我最享受最后一场结束的瞬间，我跟演员是一样的心情——释放和解脱甚至感受到自由。

只要我的身体允许，我就会把舞台监督一直做下去，但是我也不知道自己的身体能不能长期承受得了这种压力，因为这个工作对身体消耗挺大的。

在侧幕

在做舞台监督之前，我喜欢在侧幕看演员们跳舞，是纯粹的欣赏，你可以很放松地看你想看的。后来我在工作状态下看，心都是悬着的。作为舞台监督，心里必须清楚这场演出有几处变化，所以不管多精彩，你只能看一小会儿，紧接着马上进入工作状态。一般在整段的大双人舞里，舞台是比较稳定的，我会稍微看一看。我已经很久没能像一个观众一样坐在台下看芭蕾舞了。在新剧目的合成阶段，我会坐在观众席上看，但是也跟观众的心理不一样，我在工作，虽然坐在下面，心还是在指挥台上。

在侧幕，你能看到演员最真实的一面，她下来怎么累、怎么喘气，登台的一瞬间她就笑得像花儿一样。芭蕾不像体育竞技，运动员比赛时可以挥汗如雨，气喘吁吁，不必控制表情。芭蕾舞演员是不行的，你在底下即使累得要命，也得以最优雅的姿态上台，装出不累的样子，这些都是演员的基本素养。我们小时候上性格舞课，专业老师就会要求你，比如跳舞的时候要笑，要有精气神，一定要等一段组合结束，跑下舞台的时候你才能喘气。如果你在跳舞的过程中稍微不在状态，老师就会看见，会让你不停地练，久而久之也就练出来了。芭蕾舞演员在某种程度上也像一个匠人，每天不停地重复做同样的事并一直坚持。

芭蕾伴随着我的一生。学芭蕾最大的好处是教会你如何吃苦耐劳，如何保持专注。这两点其实在每一位芭蕾舞演员身上都能看到，无论主要演员还是群舞演员，都是吃了很多苦但依然无怨无悔地坚持下去，从而变得很坚韧。这些品质都是芭蕾舞赋予我们所有人的，这或许就是芭蕾舞带给我的最大的收获。当然我们也容易一根筋，这既是优点也是弱点。相对来说，我们没有跳其他舞的人头脑那么灵活。因为芭蕾是一个贵族舞蹈，本身就有很多规矩，不管你跳到多高的位置，你依然跳不出这个规矩，它不像现代舞那样可以按照自己的意志自由发挥。可能我比较听话，倒是没有觉得被这些规矩所束缚，老师教什么我就把它学好，不像有些同学更自我，想法更多。

年轻的这一代跟我们那一代最明显的变化是，他们的条件比我们优越太多。在我们那个年代，能够得上芭蕾舞标准的人其实挺少的，即使能基本达到标准，身体条件也不如现在的人好。现在符合条件的人也越来越多了。

因为互联网，现在的演员每天能了解到大量的信息，看得多，能跳的舞蹈成倍增加，有更多的机会可以去抓住。我不觉得他们因此失去专注度，反而觉得他们比我们更有能力去驾驭生活和事业的关系，在舞台上跳舞的同时又快乐地享受生活。

舞蹈动作已经变成我们身体的一种自然反应、一种肌肉记忆了。你每天都在练，持续不断地练，当音乐响起的那一刻，动作自然就出来了。对于旁人来说，他可能会觉得：动作这么多，你们是怎么记住的？其实是从小的训练，老师教完你动作组合和音乐节奏，你需要课后练习、记动作，慢慢地就能掌握。

为了记组合，小时候我们不仅把老师气跑，还被她责罚过。每换一套新组合，第二天大家就都容易做错。那时候大家都是小孩，都记不住，有些学习好的同学就能用心记住。不过记组合是最基本的，你这都记不住，老师怎么去给你提更高的要求，所以她们会再三强调记组合。芭蕾的动作是由很多组合组成的，每一个组合都在为上舞台打基础。

完美来自不完美

芭蕾对演员的身体条件和艺术感觉都要求极高，有点像金字塔尖上的艺术，但人是不可能达到完美的，而这个艺术却时时刻刻要求完美。

完美是相对的。完美来自不完美，世界上没有百分之百的完美，就是因为不完美，才衬托出了完美。就像每一场演出一样，什么叫完美？完美就是意味着演出中没有任何失误，其实都是相对于不完美而出现的完美。

芭蕾舞演员总想去达到那个完美，所以她永远在不停地追求完美。每一天每一场演出都有不完美，她才去不懈地追求心中的那个完美。但是完美真的太难了，可能她在某一场演出中体验过某一刻转瞬即逝的完美，但那种时刻也不可能一直有。尤其是芭蕾这种现场艺术，现场发挥没有挽回的余地，不可能停下来重来一遍，也不可能后期剪辑，完美更像是一种缺憾美。舞台艺术跟芭蕾舞演员的状态、当时舞台的灯光、现场的氛围，包括观众的反应都是有直接关系的，不是说你跳得好就好了，所有这一切的元素是一种综合的呈现。

优秀的芭蕾舞演员除了具备卓越的身体条件，还需要有悟性的头脑，以及一颗热爱芭蕾的心。头脑太重要了，如果你具备好的条件但没有好的悟性，你也很难有效地控制自己的身体；如果你只有悟性，但并不热爱芭蕾，你也很难坚持下去，达到那个高度。所以想要达到完美，三者缺一不可。

芭蕾的技术技巧和人物表现，都需要靠头脑去理解、去分析、去琢磨。一方面是记动作；另一方面是你对动作的理解，怎样才能达到完美的效果。比如做同样一个动作，你是这样做的，有的人是那样做的，用了另外一种方法，但她的效果或许比你好。表现人物时，你需要想这个动作表现的是什么人物，预想出来的是什么效果。老师给你排练，为什么每个人表现出来的都不一样，因为每个演员对角色的理解和处理是不一样的。比如主要演员通常会有三到四组，都是跳一样的动作，但是每个人跳出来的感觉就是不一样。这个时候靠的就是头脑，有人这么处理就看着舒服，有人那么处理就差点儿意思。

即使最好的演员也会差那么一点点，但这一点点是很难达到的，也是从一名演员到一位艺术家的距离。

芭蕾舞是一门残酷的艺术，我不愿让我的孩子去学芭蕾，很多芭蕾舞演员都不会让自己的孩子去学。当然这也得看先天条件，如果孩子的条件真的很好，也可能会让他走这条路。因为芭蕾的先天条件是父母给的，没有办法改变太多，很难靠后天的练习去弥补。

如果再给我一次选择，我还是会选择芭蕾。如果我的先天条件足够好的话，我可能会选择一直当芭蕾舞演员。

足尖鞋

甘露

拍摄舞剧《大红灯笼高高挂》时，我常去中央芭蕾舞团。中芭的大门旁边有一个卖芭蕾用品的小店，每次路过，我都忍不住进去看看，只是看看而已。想想实在没有我能用上的东西，看看就走了。

店不大，只有两个售货员，还好她们都不算热情。但有一次，我刚走进去，一个新来的售货员看了看我，说：“你穿36码的鞋。”

我有点儿紧张，下意识地挺直了背，伸了伸脖子。

“要足尖鞋还是软底鞋？”

那一瞬间我打算买一双芭蕾舞鞋：“足尖鞋，红色缎面儿的。”好容易被人认为是跳芭蕾的，我索性就虚荣一回吧。

售货员把鞋递过来时神情中有些诧异。我付了钱，拿着鞋说了声还挺贵的就离开了。后来我才知道，平时演员们常穿肉粉色的芭蕾舞鞋练功跳舞，极特殊的剧目才会穿红色。而且拿到一双新的芭蕾舞鞋，一定会试穿，这是极重要的程序，一双不合脚的芭蕾舞鞋是绝不会穿上舞台的。

尽管露了一回怯，但想想电影《红菱艳》，那双红色的芭蕾舞鞋就在我手里。回到家，我把机器一放，全部心思都在鞋上了。虽然拍过很多次芭蕾舞鞋，但它确实是第一次被我握在手里。鞋底和前半段硬硬的，估计穿上也不会有任何舒适感。鞋带是需要自己试好后缝上去的。我还真试了试，立了一下，脚差点儿抽筋。

我那一天的疯狂行为就这样匆匆结束了。那双红色的芭蕾舞鞋成了我房间的装饰品，那时的我还不知道和它的缘分竟然会这么深。五年后，这双鞋以最美丽的方式，握在我拍摄过的一个 10 岁的专业学芭蕾的小女孩手里。她的性格和我一样冲动，那天正好是她的生日。

对于芭蕾舞演员来说，鞋简直就是自己的亲密爱人，彼此相依，不离不弃。它窥见过她曾经最羞涩的容颜，陪她经历过隆重的喝彩，也共同享受过谢幕过后深深的孤寂。据我所知，很多演员都珍藏着她们的第一双芭蕾舞鞋。在化妆间，她们的化妆台前常常应有尽有，放着化妆品、小说杂志、吃了一半的零食，还有不可或缺的芭蕾舞鞋，新的、旧的都有。这时你也不要吃惊，虽然鞋和吃的放在一起的确有些不雅，但这足以显示舞鞋在她们心目中的崇高地位。

演出前，她们都会反复检查自己的鞋。我曾见过一个女演

■ 2005年，甘露与收到生日礼物的小女孩，女孩手中拿着那双红色的芭蕾舞鞋

员在侧幕穿鞋，穿了脱，脱了再穿，来来回回6次。在芭蕾舞团，无论男女都会女红，从11岁左右进行芭蕾专业训练开始，他们就随身带着针线包。团里演员每天9点练功，练功前或者休息的时间，你就能看到演员们劈着腿在地板上横七竖八地坐着，手里穿针引线。这种情景让人恍惚。

她们常常研究改造自己的芭蕾舞鞋，有在绑带上加一段专用皮筋的，有用粗线在鞋头上密密缝上一圈的……第一次看到演员们在地板上叩鞋时，我以为她们在生气发泄，后来才知道，她们是以这种方法让鞋变得柔软一些。拿到一双新的足尖鞋时，她们都会用手使劲掰几下，有时候还会请男孩帮忙踩踩鞋头……准备工作做好后就该穿鞋了，她们首先在脚趾上包好脚尖套，如果有橡皮筋，就先穿过橡皮筋，穿上鞋，脚平放在地上。她们把橡皮筋的位置调节到脚腕的地方，接着再绑缎带。缎带并非越长越好，也不是绕的圈数越多越好。她们先把脚弓一侧的缎带越过脚背绕上脚腕，在脚腕最细的地方绕一圈，固定在内侧，再把脚外侧的缎带反方向绕一圈。缎带是完全展平的，贴着脚绕，这样在脚背上两根缎带交叉出一个很漂亮的十字。最后，她们把两根缎带在脚腕的内侧打个小小的结，剪去多余的缎带后，把结小心地塞进旁边的缎带中，从任何方向都不应看到结头，否则会影响整个腿部线条的美感。之后，她们再站起来，立起脚尖来试试看。即使这些都准备好了，演员们还会经常缝缝补补，完美是她们不能放弃的，哪怕生活中没有，也要在一针一线上去成就。

我一直认为芭蕾舞鞋的发明是上帝一次疯狂的举动。演员们常常随身带着创可贴、脱脂棉和止疼片，以便随时拯救她们的脚趾，减缓她们剧烈舞蹈后的痛楚。

男孩们常年穿软底鞋跳舞，薄薄的鞋底使他们的脚底磨得全是茧子。姑娘们常年穿着足尖鞋，她们的脚趾都已变形，大脚骨异常突出，趾甲常常瘀血，脚尖部分和趾甲间长满茧子……芭蕾女演员都是从很小起就用脚去适应舞鞋，脚趾长得较齐的女孩会发现自己的优越性；而如果谁的一个脚趾特别长，突出在其他脚趾之外，那她在练习脚尖动作时就会感到困难。有的人穿舞鞋要掉两次以上脚趾甲盖儿，有些孩子的10个脚趾甲盖儿都掉没了，自己还要强，不愿去告诉老师，就直接用束头发的橡皮筋缠住脚尖，缠得紧紧的，不过血了，然后穿上足尖鞋，立起脚尖把脚踩麻了，这样就感觉不到疼痛，就可以在掉了脚趾甲盖儿的情况下练舞。跳完后再将橡皮筋拿掉，血立刻往上涌，那一瞬间疼得令人崩溃。

这是很多跳芭蕾舞的专业舞者小时候都干过的事情。她们现在讲述这一切时是平静的，她们说成长中快乐的事多了，几乎忘了自己小时候还干过这么多疯狂的事儿。她们最不自信的就是自己的脚，大热天上街看到各式的凉鞋，想买，但想想自己的那双脚，就打消了念头，实在是不敢穿凉鞋的。她们想着今后不跳了给脚美美容，整整看，让它能好看一些。

她们爱自己的脚。演员们相互间碰着、磕着倒没事，却介意踩着、撞着对方的那双脚，即使是不小心。她们很忌讳踩着别人，也在意被别人不小心踩着，的确微妙。有个女主演告诉我，有一天她一个人出去逛街，刚走出芭蕾舞团的大铁门，就被一个急着赶路的陌生人踩了一脚。她当场大叫一声，同时还说了句：“别踩了我的饭碗！”对方被吓了一跳，引得路人纷纷观望。吼完后她自己倒觉得不好意思，还直跟对方说对不起。她说没想到当时会蹦出那么一句话，完全是下意识的，想想都觉得好笑。

疼痛对人是有挑逗性的，最初你抗拒，发现痛过后的快乐，你就已然上瘾了。

人生，都是逗号

口述者：王晔

■舞者王晔

完美的脚

也许在我还没上学、八九岁在少年宫学跳舞的时候，就有了八字脚。不是因为穿足尖鞋，是因为练芭蕾舞练的。穿足尖鞋会导致大脚骨异常突出，但是我的脚很幸运，没有，它还算正常。我以前没有见过大脚骨很夸张的变形，后来我看到同事的一双脚，我很震撼，她脱下舞鞋的那双脚真是惨不忍睹。我的八字脚跟练芭蕾有直接的关系，第一是每天练转开的动作，第二是长时间穿足尖鞋也会让脚变形。像我这样相对正常的脚已经算幸运了，但脚趾甲脱落、瘀血、长老茧这些没有办法，这对芭蕾舞者来说就是不可避免的。

八字脚也不是一朝一夕变成的，是整个肌肉走向让脚不由自主形成的。我们会经常参加一些行业内的社交活动，要穿那种高跟鞋，我只走到一会儿，还没穿多久腿就酸了，因为和我们穿足尖鞋跳舞使的劲儿完全不同。虽然跟足尖鞋踮起来几乎是同样的高度，但是这样走路对我而言是极为紧张的状态，我得使着劲儿，好像在跟脚一直较着劲儿，不顺，会感到不舒服。跳中国舞的舞者不常有八字脚，只有练芭蕾舞的舞者才会，而且根本不需要刻意去形成，你到了一定的时间，具体什么时间我也不知道，可能在舞校一、二年级，12 岁左右，就已经形成了。因为一年级在地面的时候，也都有各种转开练习。

我在学校没有经历那么多的伤痛，现在疼的时候就修，修完了以后好一些了，一点点恢复再练，再落入这样的循环。脚痛的话，最开始肯定是破皮。我小时候练舞时，破皮了也不能休息，老师们都是过来人，她们当然知道这个其实不算什么。慢慢地脚会越来越痛。这些都属于外伤型的，先是破皮，然后是掉趾甲。如果好久不穿足尖鞋，等穿上新鞋以后，脚趾甲会感觉钝痛，接着整个脚趾甲盖儿都瘀青了，会痛到钻心。再之后就是各种关节痛，看似很小的地方，却难以忍受。每次大夫给我扎针，我心里都特别虚，很害怕，不知道他扎到哪儿会特痛，但不扎又不行。

我觉得在台上呈现的就是完美的脚。芭蕾舞演员的脚有硬性的标准：高脚背，脚大一点儿最好，脚大感觉很稳当，还会显得腿的线条更长，在舞台上优点会放大很多，你会觉得她的腿一下子长出一截。这只是入门级的标准，你还得把这双脚练出来，不然的话只能称作大脚丫，不能称为美丽的芭蕾脚。如果用正常人的脚跟我们作对比的话，我们所有脱掉芭蕾舞鞋的脚都是不完美的，甚至是丑陋的。如果是按世俗那种对漂亮的标准来看，我觉得世界上没有一位芭蕾舞演员的脚是漂亮的，即使她的脚没有过于变形。毕竟她从一个舞蹈专业的学生成长为初级的职业演员，也穿了 7 年以上的芭蕾舞鞋，并且每一天都接受专业训练，也会有整整 7 年的印迹体现在每个舞者的脚上。所以，我觉得芭蕾舞演员最漂亮的也最完美的脚，就是穿着芭蕾舞鞋在舞台上起舞的那一刻。因为那一刻她的双脚会说话，那就是一双完美的脚。

我总是提醒自己不要过于追求完美，当然有些事情我也很较劲，也追求完美，比如在生活上的一些方面。这是因为跳舞已经潜移默化地影响到我的生活，这么多年很多习惯是舞蹈这个职业带给我的。比如，有的时候处理事情特别理性，一个个要想得很清楚、很周全，考虑事情特别细致甚至有些苛刻。

舞鞋

脚舒不舒服只有自己知道，观众只看到在舞台上的那双漂亮起舞的完美的脚。我为了台上的那只脚好看，十年如一日地训练，让它能有足够的力量，当踮起脚尖时它能更好地支撑我的身体。

我还会修改我的舞鞋。每个舞者的习惯不一样，也是根据自身的情况，没有说必须怎样做，或者去遵循哪些步骤，不是这样。当我每次拿到一双新的芭蕾舞鞋，首先，后面割板，割完板把里面的鞋底撕掉，这时候里面的板子要撕得有弧度，从里到外是渐薄的，这样会更加服帖。接着，我就开始缝鞋头，要一针一针地缝，一定要选择结实的线。鞋头缝完要上胶，因为不上胶的话，很容易就会软、会塌。如果是要演出的鞋，我还要多一个步骤：即使这双舞鞋的鞋带是机器扎上去的，我也想为了在跳舞的时候完全不分心，能尽兴地塑造人物或者是表演剧情，会再给它缝一道，特别加固一下。就算机器扎得已经非常牢固了，可能也会有 0.1% 甚至 1% 的概率开线。这种加固是大多数演员有的习惯，并不是只有我自己。从专业上遗留下来的问题，让我多少会有些强迫症，并一直带到生活中去。

改造一双鞋对我来说通常需要一个半小时。不同的剧目准备的鞋量也不一样，有些剧目要准备两双鞋。比如跳舞剧《舞姬》就需要穿两种不同颜色的鞋，一双肤色的鞋、一双粉色的鞋，一场演出就需要两双，我就会成倍准备好舞鞋并提前改造好。排练量大的时候，基本上三天会穿废两双鞋，而且是完全不能再去将就的程度。如果我要自己花钱买鞋，我应该早就破产了，因为最普通的鞋也得 100 多元。我的好多同事买美国的 Gaynor Minden 鞋，也叫 GM，700 ~ 800 元一双。那个鞋就不需要再改造了，甚至还可以洗。我试过那种鞋，我自己穿着不舒服，所以还是坚持自己去改造。每年长时间的巡演时我会准备好多双鞋，就感觉力不从心，根本改造不过来，每一天只要有一点儿空闲，排练间隙、中午饭后，手里都拿着新鞋摆出一堆工具抓紧时间改造。鞋很硬，改造鞋不是绣花，它完全是个体力活儿，我每次缝完手要痛半天，用刀划鞋板的时候还特别恐怖……可是我不做的话，鞋就不舒服，不舒服在舞台上怎么漂亮？必须先舒服才能漂亮啊！在外面巡演的时候，我就把各种工具和鞋放到团里统一的演员鞋箱里，等它运到，我就见缝插针地做。像 GM 那种鞋根本就不费事，只需带两双就行了，一双现代芭蕾的、一双古典的，自己随身拎着就走了，都不需要放行李箱，还可以穿完整个演出季，只是它并不适合我。

鞋是我最重要的东西，除了舞伴真的就是鞋了。在舞校毕业那会儿，老师说过一句话：“你穿上足尖鞋以后，你就知道穿足尖鞋的舒服，脱不下来了。”我们当时心里绝对不是这么想的，以为是老师诓我们的，因为当时觉得穿足尖鞋跟受刑一样。现在穿上足尖鞋后，跳舞好像觉得更省劲儿，确实像小时候老师说的一样，整个人感觉更好。若我不穿足尖鞋就是普通人，穿上鞋之后才是演员王晔；穿软鞋练的时候也是王晔，但不是那么立体的王晔，它仿佛有了魔力。再舒适的鞋，连续穿上一两个小时后也不舒服了，当然还是大拖鞋最舒适。我从小就知道，为了舞台上好看，我就必须在台下遭罪。我还是比较喜欢穿软鞋练把杆，脚擦地的时候更有感觉，每个关节都能活动得很开，每个骨头都很有意识。若直接穿足尖鞋的话，我需要在穿鞋前有一段时间让脚放松和舒服。

演出前我通常会在新的舞台上走上一圈儿，一定要在没有把杆和道具进场之前感受一下这个舞台的氛围。这样，我才知道我表演时动作的幅度，表演的位置大概靠前还是中间还是怎样，等到布景、道具什么都已经放置好了，我会再次自己上台感受一下。

进团

我是多少有些强迫症的人，我喜欢改造别人，就像我改造鞋一样，我也喜欢改造自己，这样带来的结果都不太好。我小时候特别害羞，不敢说话，也很内向。我妈给我钱让我去买报纸，或者像问路这些事，我都不敢去做。来北京工作后，只有自己一个人，我才开始有变化的。

从上海舞校毕业的上海人，当时在我们舞团里只有我一个。

我毕业的时候就一个想法，一定要出去。当时，中芭、广芭、上芭和大学舞蹈专业都要我了，老师分析说中芭这个舞台更大啊，你可以跳很多不一样的作品；坏处就是你要从头开始，竞争更大，舞团对你也一点儿都不了解。我来之前给自己的定位就是独舞演员，因为我觉得我不太能成为中芭的主要演员，我没有想到会走到今天，签了主要演员。我现在就是非常淡定的那种状态。每个人都有自己的优势，我知道我的弱势，我也知道我的优势谁也没有。这么多年就是因为这个优势走到现在，走得很踏实，其他人都撼动不了。我进团是从群舞开始跳的，芭蕾舞的每一个级别都经历了，只是很意外地收获了主要演员这个位置。

成为主要演员后，我很需要自己独处的时间，我并不觉得那是孤独，只是不想被人打扰。我有时感觉自己很神经质，在吃饭或洗澡时突然会想到舞蹈的某个动作、一个连接点，或者舞剧的一个人物……只有拥有自己独处的时间，我才能从头到尾地捋清人物和想透剧情。这一刻在外人看来也许是孤独的甚至是不合群的，但我需要这个孤独的时间。如果没有，就很难往前走。

我不得不佩服我们舞团的几个首席演员，她们肯定有我做不到的地方，她们拥有自己最顽强的东西。她们在舞台 20 几年了，到现在还是这么自制和自觉，我觉得我做不到。

女演员

如果女演员赶上特殊时期的时候上台演出，只能忍，不疼的话还好，疼的话就自己吃药。我也会担心穿 tutu 裙，怕出现状况。生活中遇到这种情况我都不担心，但是真正上舞台演出，我就非常担心这个事，会害怕万一，这个是不可控的。当大幕拉开后，观众只会看到舞台上呈现的完美的角色。包括演出时赶上生病也要跳，只要没有大碍，演员都会争取上台演出，因为很难有人能替你，没有观众会知道这个演员生病了。大幕拉开，音乐响起的那一刻，我就已经不是我自己了，常常感觉自己像变了个人一样，可能今晚我跳一位贵族，我就只是那个贵族。

双人舞

接触双人舞是在学校的时候，我记得我们是在五年级开的双人舞课，有些学校是从三年级开始。那会儿都处于青春期，会有害羞的心理，也会夹杂着好奇，想碰对方又不敢碰，所以很多恋情都是从那会儿萌发的。人在懵懂的时候，真的有可能产生一种非常单纯的情感，想想还挺好笑的，有些人的缘分就因为那个，确实就是她的缘分了。这个就很难拿捏那个度，你要是真的很容易跳这个舞剧跟这个舞伴好上，跳那个舞剧跟另一个舞伴好上，这也比较夸张。但如果你完全不投入感情，那表演时呈现出来就会差点儿意思。你必须先感动自己，才能感动别人。所以，演戏也是，剧情是虚构的，但演员的情感却都是真实的。首先你自己心里要很干净，才能成为一名专业的舞者。

但是一段好的感情确实会帮助我，我可以在剧中、人物中去找那个感觉。所以，感情生活中你要有一些东西的话是可以体现在舞台上的，你是有感受的，是可以表达出来的。有些人没有感受的话，她可能就只能硬找。记得小时候老师总说："你应该笑。"你心里没有怎么去笑。有时老师也会问："你谈过恋爱吗？"也有一些所谓老天爷赏饭的人。她可能并没有谈过真正的恋爱，可能通过借鉴影视或身边朋友的经历，就会有这种感受出来，这当然属于极少数的。其实演员有这个经历很重要，哪怕你受伤，对你来说也都是珍贵的感受。

音乐的快与慢，现场伴奏跟录音的感受是不一样的。比如说这么慢……来来来，慢一点儿慢一点儿；快快快就两圈，平时说好这里三圈的，就两圈。

有时剧场的地胶、地板不好，有很多棱，我们在舞台上要避开那些地方，或者有时候服装突然出现问题，挂住了或者是别的问题。最明显的就这三个：第一，现场合乐时，基本上两三个动作以后，女孩和男孩都知道音乐是否合适了。像平时排练我们就会边跳边说“这段音乐快了，我们快一点”，嘴唇甚至都是闭合的，发出很轻的声音，只有舞伴才能听到，要不就露怯了。第二，男孩扶女孩的重心出现了偏差。男孩有点儿感觉把控不住时，女孩会说“别动”或“左边、右边”，类似这种微小的调整。第三，服装挂住了需要“撑”一下。有经验的演员在舞台上是顺其自然地做，不会让人看到她在“撑”衣服，在表演人物的同时一带而过，但是老演员、团领导肯定能明白。演出的时候也有一些不确定的突发状况，像谁的头饰掉了，谁的道具掉了，这种小东西一旦掉在台上肯定会阻碍群舞、主要演员跳舞，而且掉在地上也影响观众的观感，观众的眼睛就不会专注在演员身上了，会把注意力放在那些穿帮的东西上。怎么样在人物情境中把掉落的物件拿下台，或者是随机应变地处理，这些问题都是上了台演员们需要考虑的，会产生各种各样奇思妙想的主意。有一个特别好笑的事情，不是我，是我的同事，他在跳《罗密欧与朱丽叶》那场戏时脚突然抽筋了。他在台上抽筋没时间到台下去做一个急速的恢复，怎么办呢？前面有一段群舞过场的舞蹈，群舞围着他的时候——我们那会儿跳吉卜赛女——用很大的裙子遮起来，让他在裙子后面缓一缓。

一对舞伴，默契就是排练。默契很重要，这个默契不光是动作上的。作为一个好演员，你给他戏，他能接得住。而且，这个戏有时候可能会有突发状况，本来咱俩应该是这样的，遇

■ 1996年，王晔考入上海舞蹈学校学习芭蕾

■ 2023年7月，王晔在上海挂靴。她说："从这里开始，从这里结束。"

到突发状况，我变了下方式，你得接住，不然你愣在那儿，观众一下子就看到了。我在团里合作最多的一位舞伴，我们俩合作的都不是古典的。古典剧中彼此间的交流相对是固定性的，像新古典主义芭蕾《罗密欧与朱丽叶》，现代芭蕾《敦煌》《鹤魂》，虽然大概剧情或这个时候去表现这个意思，但有时会存在突发状况，比如今天情绪不佳、音乐长了……你这句话说完了音乐还没结束。好演员再怎么样都能接住戏。现在，我也算团里的老演员了，需要以老带新、带舞伴，最小的主要演员我也带过，我能感觉到真正的好演员，那不用说了，那真是要历练很多年。有些年轻的演员他就是天生的，他可以接住，他可能唯一缺少的就是舞台经验。如果说真的发生突发事件以后，老道的演员或成熟的演员能做到处事不惊，怎样都能圆过来。这就是团领导经常说的，你进团多一个月都不一样，这真的是没办法。

我有过无数次演出是在北京天桥剧场。因为天桥离我们舞团很近，我经常一个人溜达过去。我作为主演的时候，脱掉服装、拆掉头饰，换上平时的衣服走回团里宿舍的路上，突然想起自己忘了拿棉鞋，记得它是落在舞台侧幕边上了。因为每次演出结束以后，各部门通常都会很迅速地收拾好离开剧场，尤其在夏天，大家的撤离速度太快了。等我折返回去取的时候，舞台两边的侧幕都已经升起来了，舞台又恢复了空旷，只有我一个人。我从舞台的中间走过去，就这么走过去，又是不一样的感觉。20分钟前还是各种灯光、掌声，下面是座无虚席的观众……现在舞台全黑了，幕布都升起来了，只剩下舞台中间的一条安全线，是那种闪光发亮的警戒线。当我一个人走在那儿，倒不是孤独，就是觉得很不一样。我先走到舞台中央，穿过它的时候看了一眼台下，一片漆黑。这时候的舞台侧幕条那一片比较脏乱，有擤的鼻涕纸、空水杯，感觉就像一个废弃的剧场，等第二天再来的时候，有人在那里拖地打扫，一切又都恢复了。

我也有过带着妆出剧院门的时候，尤其是在外地。在法国我们演完《天鹅湖》，为了抓紧时间，我带着很浓的妆去逛了卢浮宫，走了一下午。可能因为在国外，虽然化这么浓的妆，别人也觉得很正常。在国内我演出完也经常会这样出门，比如两场演出之间，也不是很累的剧目，中间有 3 个小时的间隔，我就会出去走一走。现在的路人也都见怪不怪的，即使是坐地铁，也没有人会一直盯着我看，没准儿以为是扮 cosplay 的。疫情防控期间，口罩、帽子一戴，更是什么都看不见，或许别人还会以为我是哪位电影明星呢。

我觉得很多东西，包括艺术，如果你走专业的道路肯定都是痛苦的。然后，走了专业，你还想要追求完美，那就更痛苦了。生活不也是这样吗，生活本就已经挺痛苦的了，你在某个地方又想追求完美，而但凡追求完美、追求极致就是痛苦。曾经有人跟我说过这一点，我现在才细想过来，他说：人生都是逗号，无论你经历什么都是逗号。什么是结束？只有句号，它才是圆的。

一座城上的芭蕾

甘露

〈大地上有这么多金黄的日子〉
他们在后边走在后边
〈金黄的花在微风中摇曳〉
你靠前边一下子笑了

——顾城《虎坊桥》

一辆公交车驶过虎坊桥路口拐弯处，车上70岁老爷爷的目光被带回到7岁，他对身边不认识的人絮叨道："我小时候来北京时，它就在这儿了。"

半块阳光盖住米白色的方形乳酪，这就是虎坊桥路口中国书店的模样，上面是书店，底下是一个洋派的咖啡馆。

老爷爷仿佛看见了自己，那个穿着大花棉裤在北京南城胡同里乱跑的小孩子，和个头儿比他大得多的哥哥们丢着地上的石子，钻出羊肠小道，就瞬间被这高大又独立的建筑倒影笼罩着，那一年的阳光也是这么和煦。

130多年前，这个中国书店还是康有为、梁启超等人创办的强学会书局官营印刷机构。

再后来，这个印刷机构被上海商务印书馆收购，改名为京华印书局。直到 1954 年又改为高等教育出版社印刷厂，归新闻出版总署管辖，也就是老爷爷小时候最早见到它的模样。这一年是中华人民共和国成立五周年，第一部宪法颁布，战乱的阴霾逐渐散去，一切都井井有条地走上了正轨。1954 年同年还发生了一件事，东城区香饵胡同的一个四合院里，一所专业的舞蹈机构在北京悄然成立，定名为北京舞蹈学校。在国家安定以后，诸多文艺爱好者终于能够放下心来，将自己家里下一代送进学校。这些幸运儿得到了苏联舞蹈专家的指导传授，因此，中国第一代芭蕾舞演员及其他舞蹈艺术人才在这个舞蹈的摇篮中成长了，这些人为 1959 年中央芭蕾舞团成立后的人才来源提早打好了基础。

公交车从这站直行，走过琉璃厂，赶超了前方 100 米送快递的绿色邮政车。时间被红绿灯绑架了一会儿，从一个漂亮的有芭蕾舞演出预告的大广告牌旁溜走，才能抵达太平街北口。老爷爷扶着门把手小心地走了下去，然后走进南城老砖楼里去了。中央芭蕾舞团像一块收纳着青年舞蹈希望的核，核外面是养育了北京城不少中年、老年的一层层老房子，金黄的树叶在阳光下轻舞着，合乎人们的年纪。芭蕾舞团的演员们晨练、上街、进超市，也融进了这个有着历史感的城市中。

于是，在城市的街上，不同人的弧度就显现了出来。随意地走在街上的普通人，以各种姿势走着，步履有些沉重；当芭蕾舞演员走在人群中，肩膀却显得那么轻盈，他们的面貌出现在沉甸甸的人群中，好像雨雪压不弯的麦秆，他们那挺直的脖颈落在老人的眼中，让那双疲惫浑浊的双眼亮了一下。

一辆出租车和绿色邮政车发生剐蹭，停在了大广告牌下面。路过的老人们热情地给站在那里的司机提建议：“干吗呢？大家好好说话。”他们自愿充当起了调解员，不忘教育一番双方司机，直到交警到来。

路过的芭蕾舞演员静默地等待着红绿灯，踏着斑马线，嘴抿成一条线。他们看到了，却没有走过去。在路上他们总是缄默的，他们的嘴闭得这么紧，和街上其他来来往往的年轻人一样。

他们不爱唠叨，更热衷于把青春挥扬于行动。

当年轻人赶着早班，学生们赶着上学，把吸管插进牛奶盒，啃着面包迈上地铁，这交义往复的地铁带着他们从那段苦闷岁月中冲进了新世纪。一条地下漫长的通道，环绕着城市的皮肤，流动着，经过一个个建筑群、商业区、巨大的鸟巢、水立方、后海酒吧……一条线路竟承载着一座城的历史轨迹。

早晨的薄雾淹没了这巨大城市。

一座普通的房子，只是这巨大钢筋巨轮上一个不起眼的小点，从街对面望过去，那铁门里走出一个纤瘦的人影，一个男生，或一个女生，永远的八字脚，长长的天鹅颈，背脊笔直。

他们停住八字脚，望着这座城市，不知在想什么。如果借用《1900》的说法，他们一辈子在那个舞台上跳舞，从这边侧幕，旋转到另一边跳下，一张台子就这么大；可是走出门，走到街上，望出去的是一张无尽的舞台，他们知道如何在有限的舞台上跳舞，但知道怎样在城市这无限的台上跨越吗？

但或许这个男生或这个女生心中想的并不是这回事。

她要去街角斜对面吃一碗热腾腾的炸酱面换换口味，他要为下次外出巡演多买些快用完的一次性漱口水。他们顺着墙面往前走着，斑马线对面，那个70岁的老爷爷从他家巷子口出来，牵着自己的小孙子。在他们等着红灯变绿时，戴着安全帽的工人拿着钳子修理路灯，邮政车从一旁经过，打铝盆的榔头哐哐敲着，从洗发店走出来的小妹妹在玻璃的反光上照着自己的新发型。一个日子，又一个日子。

绿灯亮了，太平街那双可以在城市地面优雅转圈的脚，果断地走向了城市。

城市啊，金黄的、薄绿的、淡蓝的城市啊，每个人都有属于他的城市。

有些人，他们生于此，长于此，也要埋于此；有些人，他们只要跳跳舞，便是一生。

心在悄然跳舞的人啊！

后记

甘露

人生没有完美，这句话经常会在生活中听到或者在书中读到，但是之前听到都没有走心，直到有一天从爸爸的口中说起。

爸爸离开我已近十年，那句话是他十年前对我说的。那次从北京回成都看他和妈妈。刚吃完丰盛的午餐后，妈妈就出门买东西去了。爸爸少有地唤我到客厅，说露露我要跟你说一件事。当他刚开口我就有不祥的预感。我看着爸爸，他非常平静地说自己得了肺癌，现在恐怕已经转移了。那一刻我没有蒙也没有崩溃，我不想在他面前表现出这些。我们都沉默了一会儿。我不敢看爸爸的眼睛。眼泪忍不住往下掉，但是我还是没有说话，我懂我父亲就像他懂我一样。爸爸没给我擦掉眼泪。他早就预料过这种悲伤。过了一会儿爸爸说了他的一些想法，我看到他也用手擦了擦眼睛。爸爸跟我说了他的担心和愿望。我以为他会说说对我的期待。从小到大我一直想做像他一样优秀的人，读书时他对我也是要求严格。可是意外的，爸爸说："人生没有完美，女儿这句话你要记住。爸爸知道你很努力，爸爸有你也很骄傲，但是接下来的生活中，最重要的是要按自己的方式快乐地生活，这是最重要的。爸爸也想多陪伴你们，但是我心里很清楚，现在情况不是太好，你现在很成熟，我也不想瞒你了。你妈我还没跟她讲……”还有很多话，我们大概聊了半个小时，妈妈的脚步声响起，我和爸爸都默契地擦干了眼泪。若无其事地给她开了门。

我遵从爸爸的想法，暂时没有告诉妈妈。我知道他会亲自告诉她，在他认为合适的时候。我尊重我的父亲。我甚至崇拜他。爸爸生病到他走的这个阶段更印证了这一点：他是一个多么值得尊重和爱的人。

爸爸说四年前的一次体检，其实已经查出疑似恶性肺癌，他决定不去做进一步的检查和手术了。这是他的选择，他想尽力过有质量的生活。他知道如果告诉我们，可能家里人会劝他去做一次次的治疗，而且他的情况开刀切除也并不一定适合。爸爸本来就懂医。回想那四年，爸爸确实在按自己想要的方式和我们生活着。

爸爸几乎从没向我主动说过要某样东西，我回想起他之前曾经说过想要一支录音笔，因为爸爸喜欢写作，但是眼睛老花，写东西比较伤眼睛，我觉得录音留下来一些资料也比较有意思。在我心里爸爸一直与时俱进，不是落伍的人。当时我觉得他的这种想法特别好，就以最快速度给他挑了支录音笔寄给了他，还在电话里教他如何使用。没想到那时候是他觉得时间紧迫，是时候要做这样的事情了……

生病的情况就这样被他瞒了四年。他自己承受了全部的事实。从小到大，我是一直被他呵护的女儿，即使在他生命的最后之时，也在拼命地爱我和保护我。

他是有文化的人，有文化和有知识还不一样。他是一个特别的人，选择坦然地面对，平静地告别。他爱君子兰，我现在懂了他是爱它的气节。他就是这样一个内心高贵的人。

那场父女的对话过去近一年后，爸爸离去。离去前他虽然虚弱但体面地躺在病床上，我拉着他的手。用体面这个词，因为爸爸虽然经历着病痛无休止的折磨，可是他依然保持着一种体面。妈妈也很贤惠，一年来任劳任怨无微不至地照顾着他。我们是一对含蓄的父女，知道深爱着对方，可是很少说一些肉麻的话。我从小到大也只是在信中或者父亲节给爸爸的卡片中写过。但是此时，我想跟爸爸说，您感到痛苦，您就放心地走吧。妈妈我们会照顾的。我永远爱您。爸爸最后的时刻，神志却是清醒的，他说："露露，我也爱你。我很知足，我有个好妻子、好女儿、好女婿。我想多陪你们一些日子，多活个十年十几年，但是遗憾现在不行了，我们来世再相见。"这是爸爸留给我最后的话。

令人伤感但温暖的告别。

愿我们珍惜自己不完美的生活。有时候，珍惜即是挽留。

2023年，我也想以这本充满时间记忆的书，纪念我的爸爸。

也谨以此书，献给那些在自己的生活中尽力起舞的人们。

图书在版编目（CIP）数据

不完美的舞者 / 甘露著. —北京：中国工人出版社，2023.11
ISBN 978-7-5008-8082-0

Ⅰ.①不… Ⅱ.①甘… Ⅲ.①随笔－作品集－中国－当代 Ⅳ.①I267.1

中国国家版本馆CIP数据核字（2023）第210975号

不完美的舞者

出 版 人 董 宽
责任编辑 葛忠雨
责任校对 张 彦
责任印制 黄 丽
出版发行 中国工人出版社
地　　址 北京市东城区鼓楼外大街45号　邮编：100120
网　　址 http://www.wp-china.com
电　　话 （010）62005043（总编室）　62005039（印制管理中心）
（010）62379038（社科文艺分社）
发行热线 （010）82029051　62383056
经　　销 各地书店
印　　刷 三河市万龙印装有限公司
开　　本 710毫米×1000毫米　1/16
印　　张 12.375
字　　数 288千字
版　　次 2023年12月第1版　2025年10月第3次印刷
定　　价 78.00元